教育部人文社会科学研究青年基金项目
（项目批准号：15YJC880119）
广东省教育厅创新团队项目
（项目批准号：2018WCXTD016）

民办高校分类管理
政策工具选择研究

曾小军◎著

中国社会科学出版社

图书在版编目（CIP）数据

民办高校分类管理政策工具选择研究／曾小军著 . —北京：
中国社会科学出版社，2020.5
ISBN 978-7-5203-6150-7

Ⅰ. ①民… Ⅱ. ①曾… Ⅲ. ①民办高校—学校管理—研究—
中国 Ⅳ. ①G648.7

中国版本图书馆 CIP 数据核字（2020）第 047171 号

出 版 人	赵剑英
责任编辑	冯春凤
责任校对	张爱华
责任印制	张雪娇

出　　版	中国社会科学出版社
社　　址	北京鼓楼西大街甲 158 号
邮　　编	100720
网　　址	http://www.csspw.cn
发 行 部	010-84083685
门 市 部	010-84029450
经　　销	新华书店及其他书店

印　　刷	北京君升印刷有限公司
装　　订	廊坊市广阳区广增装订厂
版　　次	2020 年 5 月第 1 版
印　　次	2020 年 5 月第 1 次印刷

开　　本	710×1000 1/16
印　　张	19
插　　页	2
字　　数	308 千字
定　　价	99.00 元

凡购买中国社会科学出版社图书，如有质量问题请与本社营销中心联系调换
电话:010-84083683

目　　录

第一章 绪 论

第一节 研究背景

我国人口众多，对高等教育的需求巨大，政府主导的公共教育资源供给难以满足民众日益增长的高等教育需求。改革开放以来，中国民办高等教育从无到有、从小到大、从弱到强，在我国高等教育体系中的重要性日渐凸显，承担着越来越多的高等教育大众化及普及化的任务。然而，在民办高等教育蓬勃发展的过程中，涉及民办高等教育的相关法规、政策的滞后性和缺陷性逐渐显现，成为我国民办高等教育发展道路上的阻碍。为推进民办高等教育的持续健康发展，民办高校进行营利性与非营利性分类管理的观点，早在 2002 年民办教育促进法起草过程中，就被提出来进行了激烈的讨论，并随着民办高等教育的飞速发展，逐渐进入民办高等教育政策议程的中心。

2010 年，国家颁布的《国家中长期教育改革与发展规划纲要（2010—2020 年）》明确提出"积极探索营利性和非营利性民办学校分类管理""开展对营利性和非营利性民办学校分类管理试点"。随后全国诸多省市在其颁布的中长期教育改革与发展规划纲要等政策文本中，也提出了对民办学校进行分类管理的政策目标。2013 年 11 月 9 日，在北京召开的党的十八届三中全会通过了《中共中央关于全面深化改革若干重大问题的决定》，明确提出要"深化教育领域综合改革"，强调"鼓励社会力量兴办教育"。2015 年 1 月 7 日，李克强总理主持召开国务院常务会议，会议通过对教育法、高等教育法、民办教育促进法进行"一揽子"修改的修正案草案，提出对民办学校进行营利性与非营利性分类管理，表决提请全国人民代表大会常务委员会审议。2015 年 2 月，教育部提出研究制定民办学校分类管理配套政策。2015 年 12 月，《民办教育促进法》二度修改暂缓表决。2016 年 1 月，《民办教育促进法》二审公开征求意见。2016 年 4 月 19 日，中共中央全面深化改革领导小组审议通过了《关于加强民办学校党的建设工作的意见（试行）》《民办学校分类登记实施细则》和《营利性民办学校监督管理实施细则》三个文件，强调支持和规范民办教育发展，要建立营利性和非营利性民办学校分类登记、分类管理制度。2016 年 6 月 1 日新实施的《教育法》删除了"任何组织和个人不得以营利为目的的举办学校及其他教育机构"的规定，为修改《民办教育促进法》做好了上位法的准备。2016 年 11 月 7 日，第十二届全国人民代表大会常务委员会第二十四次会议审议通过了《关于修改〈中华人民共和国民办教育促进法〉的决定》，新修订的《民办教育促进法》定于2017 年 9 月 1 日起实施，从法律上明确了对民办高校实施营利性与非营利性分类管理这一重大改革举措，由来已久的民办高校营利性和非营利性划分之争终于尘埃落定，我国民办高校分类管理的新征程就此开启。2016 年 12 月，国务院、教育部等部委又相继出台了《关于鼓励社会力量兴办教育促进民办教育健康发展的若干意见》《民办学校分类登记实施细则》和《营利性民办学校监督管理实施细则》，中共中央办公厅也同时印发了《关于加强民办学校党的建设工作的意见（试行）》，我国民办高校分类管理的政策体系逐渐形成。

总体而言，自《国家中长期教育改革和发展规划纲要（2010—2020年）》明确提出"积极探索营利性和非营利性民办学校分类管理"以来，全国大部分省（市、自治区）在本地相关规划中提出，开展营利性和非营利性民办学校分类管理改革试点，探索建立民办学校分类管理制度。民办高校分类管理随之在全国各地得到广泛的讨论，相关政策也在逐渐启动。由于我国民办高等教育本身具有投资多元、举办多元及诉求多元等特征，加之民办高校分类管理是一个系统工程，涉及法律修订、政策设计、理论探索和社会环境营造等多种因素，这就决定了民办高校分类管理改革势必会遇到各种各样的难题。那么，我国该如何推进民办高校分类管理？有哪些可供选择的政策工具？该选择哪些政策工具？基于对这些问题的追问，从政策工具选择视角对民办高校分类管理进行有针对性的探讨，促进民办高校分类管理政策落地，就显得非常必要。

第二节　概念界定

一　民办高校与民办高校分类管理

2002 年教育部颁布的《民办教育促进法》对民办教育内涵进行了诠释，其中第二条规定："国家机构以外的社会组织或者公民个人，利用自筹资金，面向社会举办学校及其他教育机构的教育活动，适用本法。"法规主要从"定位、设置主体、经费来源"三个方面对民办教育概念进行界定。学界则主要从"举办者、经费来源、服务对象和范围"三个方面来综合界定民办高等教育的内涵。如徐绪卿认为，"民办高等教育是国家机构以外的社会组织和公民个人，主要利用非财政性的自筹资金，面向社会独立兴办、以股份制形式合作举办、与政府部门或公办学校联合举办的并由有关组织或公民个人经营的实施高等学历教育和非学历教育的教育形式"。[①] 郭占元认为，"民办高等教育是指教育层次达到大专（含高职）以上的教育活动，必须符合民办高等教育内涵的三个方面，既包括民办高等教育机构，也包括民办高等学校，具体包括：各种独立的民办大学，民办高等职业学校，民办函授或专修学校，中外合作办学的高等教育机构，国有民办二级学校（民办高校）"。[②] 参考政府颁布的相关法规和学界的相关界定，本书将民办高校定义为：国家机构以外的社会组织或者公民个人，利用自筹资金，面向社会举办的高等学校及高等教育机构。本书研究的民办高校主要是指具有颁发学历文凭资格的普通民办高校，包含独立学院。民办高校分类管理指的是，按照一定的标准，将民办高校划分为不同的类别和层次，并对不同类型的民办高校进行差别化管理。本书研究的民办高校分类管理，主要集中探讨民办高校营利性与非营利性分类管理问题。

二　政策工具与民办高校分类管理政策工具

关于政策工具的概念界定，目前学界还没有达成共识，有代表性的定

---

① 徐绪卿：《新时期中国民办高等教育发展研究》，浙江大学出版社 2005 年版，第 8 页。

② 郭占元：《当代中国民办高等教育发展概论》，吉林科学技术出版社 2005 年版，第 50 页。

义大多将政策工具限定在实现政策目标或结果的手段这一特性上。如陈振明给政策工具下的定义是："人们为解决某一社会问题或达成一定的政府目标而采取的具体手段和方式。"[1] 陈庆云认为，政策工具是实现政策目标的手段[2]。张成福等认为，政策工具是政府将其实质目标转化为具体的路径和机制；政策工具是连接政策制定与政策执行之间的中间桥梁，是政策制定走向政策执行的关键所在，是政府得以推行政策的手段和方式[3]。综上所述，可以得知政策工具是政策制定与政策执行的纽带，是政策制定向政策执行转变的关键所在，是政府推行政策的手段和方式。基于对政策工具内涵的把握，本书把民办高校分类管理政策工具界定为政府尤其是教育行政部门为解决民办高校的分类管理问题，促进民办高等教育持续健康发展而采取的具体手段和方式。

从 20 世纪 80 年代开始，政策工具研究逐渐成为西方公共管理学与政策科学研究的热点问题，研究触角也开始拓展到教育管理领域。目前对政策工具有系统性研究的学者，比较有代表性的是英格拉姆（Ingram）和施耐德（Schneider）。他们对政策工具的分类与教育政策领域的政策维度高度契合，是教育领域政府监管理想的政策工具类型。他们将政策工具进行分类的假设前提是：公共政策出发点是让客体去做他们以其他方式不可能去做的事情，设计政策的目的就是使其能对社会产生影响，促使处于不同情境下的客体作出决策并采取行动。他们还总结分析了客体对于某一社会目标不采取行动的五个原因[4]：（1）客体可能认为没有法律指示或者批准他们采取相关行动；（2）客体可能没有收到采取相关行动的激励；（3）客体可能缺少采取相关行动的能力；（4）客体可能不认同实现该目的的方式或者该目的背后的价值取向；（5）客体在高度不确定的情形下难以理解问题的性质而不知所措。在以上五个原因假设的基础上，他们提出了相应的政策工具，即权威工具、激励工具、能力建设工具、符号和规劝工

---

①　陈振明：《政策科学——公共政策分析导论》，中国人民大学出版社 2003 年版，第 170 页。

②　陈庆云：《公共政策分析》，北京大学出版社 2006 年版，第 81 页。

③　张成福、党秀云：《公共管理学》，中国人民大学出版社 2001 年版，第 103 页。

④　宁骚：《公共政策学》，高等教育出版社 2011 年版，第 172 页。

具以及学习工具。为此，本书将基于对民办高校分类管理政策工具内涵的把握，借鉴英格拉姆（Ingram）和施耐德（Schneider）对政策工具类型的分类，从权威工具、激励工具、能力建设工具、符号和规劝工具以及学习工具五个维度构建分析框架，剖析政策工具的内涵及其在民办高校分类管理中的功能。

（一）权威工具

权威工具是政策制定者或公共机构执行指派任务的法定权力，是政策部门用来达成政策目标的手段。在政策领域，权威工具主要被运用在各种政策管制上：一是法规。法规是用于组织实施、解释或废除法律及政策的一种表述。二是许可。许可是批准某类活动的特许。三是命令。命令是权威部门对行动者以政策声明或强制令为形式的一种决定。四是处罚。处罚是机构的制裁措施。权威工具在民办高校分类管理中的功能主要体现在：明确规范民办高校主管部门的职责和职能，确立各类民办高校的分类标准、法律地位、法人属性、产权关系，规范各类民办高校的办学行为，营造并维护民办高校良好的发展环境。

（二）激励工具

激励工具主要是指通过提供正向的利益回报而诱使人们遵从的工具。激励工具的运用往往基于这样一个假设：即行为主体追求效用最大化，只有给他们提供足够的切实回报，他们才会去积极地采取政策倡导的相关行动。收费是一种典型的激励工具。收费可以带来"消费者响应"，通过收费使组织更加关注客户的需求；激励工具的另一具体表现是绩效指标。它通过在组织间依赖和培育竞争本能，以及通过运用道德压力，改善管理绩效和提供互动意识。此外，协议、授权、拨款、税收优惠等都被视为激励工具的具体表现形式。激励工具在民办高校分类管理中的功能主要体现在政策引导和激励方面。政府部门可以运用激励工具提供动力机制，引导各类民办高校按照国家政策意图方向发展。

（三）能力建设工具

能力建设工具是指通过提供信息、资源和培训等方式，提高个人、群体或组织的生存与发展能力。能力建设工具假定政策执行过程中的问题不在于激励，而可能在于决策或采取行动以实现政策目标时缺乏必需的信息、技能或资源。① 如果希望目标群体有充分的动机去参与活动或改变他们的行为，那么就要给予目标群体必需的资源。能力建设工具适用的情境包括：第一，决策者可能不知道更有效的政策选择是可得的，或者他们没有意识到改变他们决策或行为的需要或机会，因此，他们既不搜索也不考虑任何针对他们当前的行为模式的替代选择；第二，机构或目标人群知道一个备选方案，并且意识到改变当前状况的需要和机会，但是他们可能缺乏关于这个备选方案的相关特征的精准信息；第三，决策者可能做出对达成政策目标有害的决策或行动；第四，决策者可能意识到了政策偏好的活动的工具性价值，但是缺乏足够的财政的、组织的、社会的、政治的资源或支持来执行。在上述情况下，政府就需要资源，通常是某种形式的授权、直接支出或补贴、贷款、贷款担保、凭证、技能培训或咨询，来影响下级决策者或政策执行者的行为。② 能力建设工具主要包括：一是基本保障金。能力工具与资金密切相关，资金是一个组织维持生存的主要资源，提供基本保障金是组织预防风险的一项重要的能力建设。二是技能培训。这是为保障组织或个人能在知识上加以提升以应付多变的社会。三是信息。信息工具是对在运转中的信息的搜集和学习。四是咨询服务。政府可以发起多种形式的咨询，以服务于建立共识、坚定信念或者应对实施环节中的特殊问题。能力建设工具在民办高校分类管理中的功能体现在：一方面，能够增强政府尤其是教育主管部门对各类民办高校的服务、管理和监督能力，以保证民办高校在预设的轨道上正常发展；另一方面，能够提升各类民办高校在招生、教学、科研和社会服务等方面的自主能力，为增强民办高校在高等教育市场上的竞争力储备能量。

（四）符号和规劝工具

符号和规劝工具假定人们行为的刺激来自内部，并以他们的信仰和价值观为标准来决定是否接纳政策并作出相关行为③。个体将正义、公正、义务、平等、错误等文化概念带入决策情境，个体在决策情境中感知到的

---

① 曾小军、苏美权：《自费出国留学中介监管的政策工具选择研究——基于政策文本的内容分析》，《广州公共管理评论》，社会科学文献出版社 2016 年版，第 135 页。

② 侯华伟、林小英：《教育政策工具类型与政府的选择》，《教育学术月刊》2010 年第 4 期。

③ 林小英、侯华伟：《教育工具的概念类型》，《教育理论与实践》2010 年第 9 期。

诸多价值观是以激励为基础的政策工具所不能控制的。① 如果目标群体认为这些行为并不违背他们的价值观，而且与他们的价值观保持高度一致，那么目标群体就更倾向于接受并遵循这些值得的行为；符号和规劝工具的具体表现之一是象征，它试图让人们相信与政府相关的特定活动或目标是优先的和重要的；表现之二是基本原理，它把包含政策偏好的相关行为与积极价值观的精心策划的解释和辩护进行了整合，而不仅仅是政府支持的简单声明；表现之三是标签，包含着比喻和符号，符号将偏好的行为与有积极价值的象征联系起来，政策通常与积极的符号相联系，而尽量避免否定的符号；表现之四是劝诫，采用的是决策启发的方式，也是较为普遍使用的政策工具。② 符号和规劝工具在民办高校分类管理中的功能主要体现在：能够运用一些引导性或启发性的词语，规避一些可能与政策相冲突的价值话语，突出政府倡导的话语系统，对民办高校起到一定的引导和启发，使其在行为过程中考虑到政策规定体现的价值和偏好，从而按照政策意图方向执行政策。

（五）学习工具

学习工具主要指引导组织或目标群体通过自身的学习行为，提高判断和决策能力，以应对模糊或不确定的情境。学习工具包括解除管制、战略规划与自我评估等。学习工具的具体表现之一是解除管制，就是减少政府对各类组织在某些方面的管制，将部分权力下放。解除管制和权威工具是相反的，它本质上是赋予机构响应政策的权力，是"自下而上"地推行政策，而管制是"自上而下"地推行政策。表现之二是战略规划，就是在整体上、宏观上、对所管辖的组织制定长远的发展规划和行动计划。表现之三是自我评估，就是通过组织内部人员的有效参与，准确地找出组织的优势和特色，找准组织的劣势和不足，并加以改进以提高自身水平。学习工具在民办高校分类管理中的功能，主要体现在通过组织目标群体积极参与到相关法律政策的学习，同时通过下放权力、培育第三部门对民办高校开展评估，以及通过制定民办高校中长期发展战略规划、引导民办高校

---

① 吴合文：《高等教育政策工具分析》，北京师范大学出版社 2011 年版，第 82 页。

② 曾小军、苏美权：《自费出国留学中介监管的政策工具选择研究——基于政策文本的内容分析》，《广州公共管理评论》，社会科学文献出版社 2016 年版，第 136 页。

开展自我评估等方式，提高各类民办高校的适应力及自组织运转能力。

第三节　文献综述

一　国外相关研究现状

（一）教育政策工具研究现状

政策工具选择研究可追溯至威尔逊在《行政学之研究》（1887）中提到的政府"执行方法"问题，即政府选择何种公共政策工具达成公共目标。20世纪80年代以前，西方学者胡德、科恩、维尔德、巴格修斯等人主要从政治途径研究政策工具选择；20世纪90年代，受公共选择学派影响，卡安、莱恩等学者开始尝试从经济学视角研究政策工具选择；20世纪90年代以后，萨拉蒙、布耶赛尔、特恩等学者开始整合政治与经济视角的研究，运用综合模型或从政策网络的角度研究政策工具选择。目前，政策工具选择研究已成为当代西方公共管理学和政策科学的研究热点，其研究触角也逐渐拓展至教育经济与管理领域。

国外学界对教育政策工具研究主要分为两类：一是从类型学视角探讨教育政策工具的分类。如范福格特（2001）在《国际高等教育政策比较研究》中将高等教育政策工具分为系统层次的政策工具（提供资金、规划、评估和调节）和院校层次的政策工具（筹措资金、规划、评估和调节）[1]；莱文（2004）在《教育改革——从启动到成果》中采用麦克唐奈和埃尔莫尔的政策工具分类，将教育政策工具分为命令、诱导、能力建构和制度改革[2]；福勒（2007）在《教育政策学导论》中借用的也是麦克唐奈和埃尔莫尔的政策工具分类[3]。二是从应用视角探讨教育政策工具的选择。如美国经济学家弗里德曼（1995）主张引入市场化工具对教育进行干预[4]；斯蒂格利茨（1998）指出，政府可以通过经济资助、法律保护、

---

①　[荷] 范福格特：《国际高等教育政策比较研究》，浙江教育出版社2001年版，第145页。

②　[加] 莱文：《教育改革——从启动到成果》，教育科学出版社2004年版，第69页。

③　[美] 福勒：《教育政策学导论》，江苏教育出版社2007年版，第22页。

④　黄瑶：《弗里德曼教育经济思想研究》，硕士学位论文，沈阳师范大学，2015年，第6页。

签订合同、授予经营权等政策工具，委托私人部门生产并提供教育类公共产品①；哈佛大学校长德里克·博克（2001）主张通过加强市场力量、补贴、制定程序性规定等政策工具干预高等教育②。

总体而言，国外对教育政策工具研究还不够系统。理论研究主要限于对教育政策工具特性、类型的探讨，没有教育政策工具选择模式或机制的探讨；应用研究也较为泛化，从政策工具选择视角对私立高等教育进行系统探究的少，而且研究范式大多以规范研究为主，实证研究相对不足。

（二）私立高校政府治理研究现状

20 世纪 90 年代以来，西方私立高校不断深入发展，西方学界逐渐将目光转向了私立高校的营利性与非营利性分类管理。美国、日本及欧洲许多国家在私立高等教育机构管理上做出了严格的营利性和非营利性划分，并制定了有区别的准入制度、监管制度、资助制度等。西方学者对私立高校政府治理的研究主要集中在分类管理、财务监管和财政资助等方面。

1. 关于私立高校分类管理

在营利性和非营利性的划分依据方面，美国法学家提出"禁止分配限制"来作为营利性与非营利性私立大学分类的标准，即不把扣除成本之后的净收入分给组织成员的是非营利性私立大学，相反能够在组织成员间分配的是营利性私立大学。③ 而理查德·鲁克认为非营利性私立大学的办学动机是追求声誉，而营利性私立大学的办学动机是获得利润，因此是否"以营利为目的"是区分营利性和非营利性私立大学的首要标准。④ 托马斯·伍尔夫（Thomas Wolf）在分析包含非营利性私立高校在内的非营

---

① ［美］斯蒂格利茨：《政府为什么干预经济》，中国财富出版社 1998 年版，第 105—106 页。

② 黄双：《德里克·博克的高等教育思想及启示》，硕士学位论文，湖南师范大学，2013 年，第 5 页。

③ Hansmann, H. "Reforming Nonprofit Corporation Law", University of Pennsylvania Law Review, Vol. 129, No. 3, 1981.

④ ［美］理查德·鲁克：《高等教育公司：营利性大学的崛起》，于培文译，北京大学出版社 2006 年版，第 14 页。

利性组织时，认为其具备非营利分配性、组织性、民间性、自治性和志愿性。① 弗朗西斯卡和安德烈亚斯（Francesca Pucciarell，Andreas Kaplan）通过 SWOT 分析法分析了高校在兼顾营利性和非营利性属性的过程中，内部的优势和劣势以及面临的机遇与威胁，指出提高市场占有率和机构声誉，自主加强与核心利益相关者的合作是应该关注的焦点。②

2. 关于私立高校财务监管

丹尼尔·C. 利维（Daniel C. Levy）认为私立高等教育的出现往往来自于政府以外的主动，政府和政府的政策通常并不是该部门出现的主要动力；现实情况中，政府监管因世界区域和国家而异，有时甚至因省或其他次国家实体而异，并且政府资助和监管的变化往往在很大程度上取决于所涉私立高等教育的类型。③ 约翰·康奈尔（John F. Connel）在对分类管理中政府拨款进行研究的过程中发现，营利性私立大学的目的就是追求利益的最大化，与非营利性私立大学的目的并不一致，应对其财务状况进行合理监管。④ 瑞吉娜·赫林格和弗朗西斯·琼斯（Regina E. Herzlinger，Frances Jones）认为，私立学校和公立学校收取学费的差距增大，公立学校拥有更大的价格竞争优势，对私立高等教育机构的规模和多样性产生不利影响，解决这一问题的举措之一就是增加学生补助或提高公立学校学费。⑤

3. 关于私立高校财政资助

詹姆斯·杜德斯达在《21 世纪的大学》中指出："许多国家的大学，不管是公立的还是私立的，都受到公共政策的调整，政府可通过有关优惠

① Thomas Wolf. Managing a Nonprofit Organization：Updated Twenty – First – Century Edition. New York：Simon & Schuster Inc，1990，p. 30.

② Francesca Pucciarell，Andreas Kaplan. "Competition and strategy in higher education：Managing complexity and uncertainty". Business Horizons，Vol. 12，No. 1，2016.

③ Daniel C. Levy. "Public Policy for Private Higher Education：A Global Analysis". Journal of Comparative Policy Analysis Research & Practice，Vol. 13，No. 4，2011.

④ John F. Conne. "Administrative Compensation in Private Nonprofits：The Case of Liberal Arts Colleges". Quarterly Journal of Business & Economics，Vol. 44，No. 1，1982.

⑤ Regina E. Herzlinger，Frances Jones. "Pricing public sector services：The tuition gap ". Policy Sciences，Vol. 13，No. 4，1981.

鼓励性措施使私立大学能接收私人捐赠资金、享受税收优惠。"① 在资助作用方面，杰弗里·A. 萨默斯（Jeffery A. Summers）探寻了私立文科院校办学资助的变化对净学费收入的影响，并对私立文科院校的学费率进行了分析；利用模型的估计参数计算了机构资助和学费变化对净学费收入的影响，并得出结论：助学金的增加和学费的增加都会增加样本学校的净学费收入，这些学校的援助分配方式能够提高入学率，并使学校从这些资助中获得净收益。② 米勒德（R Millard）认为美国对私立高等教育的援助可以追溯到这个国家高等教育的开始，对私立高等教育的财政资助形式包括特殊服务合同，以及公共和私营机构对学生的一般援助等，其中最重要的是学生援助和直接机构援助。一些州政府还在医学、牙科、法律、护理、相关卫生领域和教师教育等特殊领域提供奖学金或助学金。③ A Asonuma 考察了日本高等教育体系，认为其特点之一是拥有庞大的私立高等教育部门。然而，新的融资改革改变了国家大学金融的结构和性质，为了增加财政资源，私立大学需要与国立大学展开竞争。④ 尽管来自政府的资助一直很重要，但是哈恩（R Hahn）指出在新兴市场经济体中，公共财政经常被证明不足以资助高等教育的必要扩展或建立一种分化的职业和大学教育体系，因此，私人金融已成为世界许多地区高等教育成功的重要伙伴。⑤

此外，国外关于私立大学政府治理还有一些其他视角的研究。如退出机制方面，日本、美国等国家对私立学校退出问题也有一定的研究。如日本学者喜多村和主编的《学校淘汰的研究》⑥ 以及中村忠一所著的《大学倒闭》⑦，对日本私立大学的倒闭和政府管制进行了深入分析。美国也规

---

① ［美］詹姆斯·杜德斯达：《21 世纪的大学》，刘彤译，北京大学出版社 2005 年版，第 38 页。

② Jeffery A. Summers. "Net tuition revenue generation at private liberal arts colleges". *Education Economics*，Vol. 12，No. 3，2004.

③ R Millard. "State Programs to Provide Financial Support for and Coordination of Nonpublic Higher Education". *Educational Finance*，Vol. 11，No. 5，1974.

④ A Asonuma. "Finance reform in Japanese higher education". *Higher Education*，Vol. 43，No. 1，2002.

⑤ R Hahn. "The Global State of Higher Education and the Rise of Private Finance. Issue Brief". *Institute for Higher Education Policy*，Vol. 22，No. 6，2007.

⑥ ［日］喜多村和：《学校淘汰的研究》，东信堂股份有限公司 1989 年版，第 275 页。

⑦ ［日］中村忠一：《大学倒闭》，东洋经济新报社 2002 年版，第 156 页。

定了营利性私立大学和非营利私立大学不同的市场退出方式；关于私立学校的破产，主要适用联邦破产法典以及各州对私立学校的特别规定。①

通过梳理国外文献，可以发现，国外在私立高校政府治理方面的研究比较宽泛，涉及准入登记、财务监管、资助激励、退出机制等方面，但是缺乏具体的指向性和系统性，具体针对私立高校分类管理的系统研究较少。

二 国内相关研究现状

国内学者对教育政策工具的研究尚还处于起步阶段，研究主要集中在以下几个方面：一是从一般原理视角对教育政策工具进行理论探讨。如黄忠敬（2008）对教育政策工具的分类与选择策略进行了探讨，把教育政策工具分为命令性工具、激励性工具、能力建设工具、系统变革工具、劝告或劝诱工具，强调在选择教育政策工具时，要综合考虑政策目标、政策工具本身的特点、手段与目标的适切程度以及具体的情境。② 邓凡（2012）探讨了政策网络中的教育政策工具选择，指出政策网络是教育政策工具选择的核心环境，在教育政策网络中，教育政策工具应根据不同的网络类型来选择；在操作层面，教育政策工具的选择要强调教育政策工具的优化组合以及教育政策工具的执行力和评估。③ 李津石（2013）指出，我国教育政策工具研究尚处于萌芽阶段，理论研究前景广阔；在教育政策工具研究过程中，需要积极借鉴国内外公共政策工具研究最新成果，并充分考虑我国教育政策执行的特点，加强对我国社会转型期教育政策的工具型解读。④ 黄明东，陶夏（2018）对教育政策工具的复合属性进行了分析，指出教育政策工具在应然层面上具有多元主体性、形式多样性以及商品性等复合的属性特征，未来教育政策工具属性内涵的扩充势必以这些属

---

① 应倩：《民办学校破产能力及相关问题研究》，硕士学位论文，上海交通大学，2009 年，第 12 页。

② 黄忠敬：《教育政策工具的分类与选择策略》，《国家教育行政学院学报》2008 年第 8 期。

③ 邓凡：《政策网络中教育政策工具的选择》，《现代教育管理》2012 年第 12 期。

④ 李津石：《教育政策工具研究的发展趋势与展望》，《国家教育行政学院学报》2013 年第 5 期。

性作为基点。①

　　二是基础教育领域的政策工具研究。如岳经纶、温卓毅（2008）从政策工具视角分析了农村义务教育专项资金，指出财政型工具在义务教育政策领域实施效果不太乐观，一方面政府间纵向关系不明、责任不清，没有一套合理的成本分担机制，其功用受到限制，造成教育财政资源浪费；另一方面缺乏"办事预算"的约束和宏观发展战略的引导，运用财政型工具显得过于超前，无法缩小城乡差距，而且使县乡财政赤字增加，濒临破产。因此只有重构整个政策预算模式，理顺政府间纵向与横向的关系，才能完全发挥政策工具的积极作用，使现实状况的改善与政策绩效预期相吻合。② 赵爽（2013）从政策工具视角对某市中小学教师交流政策进行了反思，指出强制性和诱导性教育行政指令是开展教师交流的常态政策工具，使得教师交流政策颇具激进和功利色彩，增进公共利益需要选择正确的政策工具，包括准确理解和定位政策工具，明确政策工具作用对象的特殊性。③ 彭虹斌（2014）对基础教育新课程改革中的政策工具选用进行了研究，指出在 2001 年开始的基础教育课程改革中，我国各级政府所采用的政策工具主要有命令式工具、制度变革工具、督导检查工具、舆论宣传工具、激励型工具、能力建设型工具和学习型工具；此次课程政策工具使用的特征在于：国家的行政力量因素助推了命令式主导的政策工具的选用，命令式、制度性政策和督查、检查工具只能促进引起外在改变，能力建设工具难以体现针对性；课程政策工具的使用要关注教师价值观的改变，关注课程实施层面。④ 荣利颖（2014）对教育聚焦作为我国农村中小学布局调整的主要政策工具进行了研究，审视了教育聚焦的产生和发展，从政策工具的选择、分析和评价三方面加以阐述，并据此提出促进教育资源整合和优化的建议。⑤

---

① 黄明东、陶夏：《教育政策工具的复合属性透视》，《教育学术月刊》2018 年第 3 期。

② 岳经纶：《专项资金与农村义务教育：政策工具的视角》，《深圳大学学报》（人文社会科学版）2008 年第 4 期。

③ 赵爽：《政策工具视角下 T 市中小学教师交流政策反思》，《当代教育科学》2013 年第 20 期。

④ 彭虹斌：《新课程改革中的政策工具选用研究》，《教育科学研究》2014 年第 2 期。

⑤ 荣利颖：《教育聚焦：农村中小学布局调整政策工具分析》，《中国人民大学教育学刊》2014 年第 2 期。

　　三是高等教育领域的政策工具分析。如林小英、侯华伟（2010）采用西方公共政策学者提出的政策工具概念类型，对北京市民办高等教育政策文本进行了分析，指出教育政策工具的概念类型包括权威工具、激励工具、象征与劝诫工具、能力建设工具、系统变革工具和学习工具；各种政策工具被使用的频率是不同的，不同教育政策工具类型暗含不同的行为假设，即将政策方案转化为政策目标的行为机制，这一机制影响了教育行政部门在治理高等教育领域时对政策工具进行选择的偏好。① 吴合文（2011）对改革开放以来我国高等教育政策工具的演变进行了分析，指出要在复杂的高等教育改革中顺利实现政策目标，必须在公众参与和民意调查基础上识别政策目标群体的态度、价值观、行为方式等特性，并在此基础上选择合理的政策工具，这是高等教育政策执行科学化和民主化的必要前提。② 吴合文（2011）还在其专著《高等教育政策工具分析》中对高等教育政策工具的区分和选择进行了系统探究，但其研究比较泛化，没有具体针对民办高等教育的政策工具选择研究，且缺乏实证特色。③ 李津石（2014）研究指出，以我国高等教育领域"211"工程"985"工程等为代表的"教育工程"，可以看作是一种能力建设导向的教育政策工具，是产生于我国特定的政治经济条件下，在高等教育领域行之有效的政策工具；教育工程在实施中有一定局限性，在实践中不断完善这一教育政策工具成为提高我国教育治理能力必须面对的挑战。④ 郧浩（2014）在系统回顾我国高校人事制度改革历程、梳理相关政策文本的基础上，从政策工具运用与创新的视角，对1978年以来中央政府及各部委出台的55份高校人事制度改革相关政策文本进行了统计分析，总结了政策工具运用过程中表现出来的特征：政策工具选择逐步走向多元，但仍以强制性政策为主；伴随政策权力下放，政策工具创新逐渐由政府转移到高校；政策工具转型采用了渐

---

　　① 林小英、侯华伟：《教育政策工具的概念类型：对北京市民办高等教育政策文本的初步分析》，《教育理论与实践》2010年第25期。

　　② 吴合文：《改革开放以来我国高等教育政策工具的演变分析》，《高等教育研究》2011年第8期。

　　③ 吴合文：《高等教育政策工具分析》，北京师范大学出版社2011年版，第27页。

　　④ 李津石：《我国高等教育"教育工程"的政策工具分析》，《中国高教研究》2014年第7期。

进式改革，有效降低了改革推进的阻力；同时针对政策工具运用过程中出现的问题，提出了有针对性的政策建议。① 姚俊（2017）研究指出，中国高等教育的跨越式发展离不开政策工具的有效选择；在政策网络分析的基础上，提出了"关系"和"制度"双重嵌入性分析框架来对改革开放以来中国高等教育政策工具选择进行解释；研究发现，中国高等教育是以强制性工具为主、其他多元化工具为辅的政策工具选择结果，是在国家发展战略、治理方式、政策执行机制所构成的制度背景中，由政策网络的规模、边界、连接性、凝聚性、权力关系、行动者策略等网络特征所决定的。②

而就民办高校分类管理研究现状而言，新近有影响的研究主要体现在以下几个维度：一是从制度视角对民办高校分类管理进行探究。刘耀明（2011）分析了民办高校分类管理的制度逻辑，指出分类管理将改变我国民办高校原有的规则和资源体系，是对我国民办高校发展的一次结构性变革，并对这一变革的必要性和可能性进行了回答。③ 巩丽霞（2011）对民办高校分类管理制度设计进行了思考，指出分类管理制度设置不应该迫使社会资金只能在投资办学和捐资办学之间选择，民办高校分类管理的制度构建需要抓住"民办"和"高教"这两个特点，在法治的基础上，以有利于引导社会资金进入教育领域，有利于高等教育这一准公共产品质量的提高为出发点来设计。④ 阙海宝、雷承波（2016）探讨了正式制度下的民办高校分类管理问题，强调要以制度建设为重，及时修订规范制度，加强绩效考核，实行分类拨款机制。⑤ 王诺斯、张德祥（2017）则从制度创新视角对民办高校分类管理的现实困境进行了分析，指出"观念变革的滞后性阻力、营利性无人喝彩的困局、存量产权难以理顺"是民办高校分

① 邴浩：《政策工具视角下的高校人事制度改革》，《复旦教育论坛》2014 年第 6 期。

② 姚俊：《中国高等教育政策工具选择的嵌入性研究——一个解释性分析框架》，《江苏高教》2017 年第 3 期。

③ 刘耀明：《民办高校分类管理的制度逻辑》，《复旦教育论坛》2011 年第 3 期。

④ 巩丽霞：《关于民办高校分类管理制度设计的几点思考》，《中国高教研究》2011 年第 9 期。

⑤ 阙海宝、雷承波：《正式制度视角下的民办高校分类管理》，《教育与职业》2016 年第 6 期。

类管理的现实困境，需要通过相关制度创新加以解决。① 鞠光宇（2017）通过分析民办学校法人治理结构的内涵，分析我国民办高校法人治理结构发展历程和现状，探讨了营利性和非营利性民办高校法人治理结构的制度设计。② 陈文联（2018）着重从举办者视角探讨了民办高校分类管理制度的调适与创新，指出民办高校举办者在分类管理改革中陷入了选择性困境，破解困境需要地方政府将国家顶层制度设计和地方立法创新相结合，实现分类管理制度的具体化，化解民办高校举办者的种种纷扰，全面推动分类改革真正落地，其中地方制度创新要把握好三个方面：要依法保护各类举办者利益；要进一步明确营利性民办高校的相关政策；要积极引导、规范社会力量举办非营利性民办学校。③

二是民办高校分类管理的案例研究或地域研究。如宗艳霞、王世涛（2014）分析了陕西省政府《关于进一步支持和规范民办高等教育发展的意见》的不足，从民办高校属性识别、属性定位、税收优惠、财政资助及浮动式管理等方面提出了民办高校分类管理的制度创新重点。④ 罗悦（2017）以某学院为例，分析了分类管理制度下四川省营利性民办高校教师队伍建设问题。⑤ 黄洪兰、柳海民（2018）以吉林华侨外国语学院为例，探索了营利性与非营利性民办高校分类管理，指出吉林华侨外国语学院 2010 年承担了民办学校分类管理的国家教育体制改革试点项目，其在非营利性民办高校管理方面较早地、探索性地践行了新法新政中的相关制度设计，办学成效显著，能够为其他高校提供方案借鉴；同时鉴于新法新政为地方政府制度设计留下的空间较大，对民办高校所提出的要求具体而广泛，指出地方政府和民办高校仍有很多需要深入挖掘和探索的地方，如

---

① 王诺斯、张德祥：《制度创新视阈下民办高校分类管理的现实困境分析》，《中国高教研究》2017 年第 2 期。

② 鞠光宇：《分类管理背景下民办高校法人治理结构构建研究》，《高教探索》2017 年第 1 期。

③ 陈文联：《举办者视阈下民办高校分类管理制度的调适与创新》，《中国高教研究》2018 年第 5 期。

④ 宗艳霞、王世涛：《民办高校分类管理制度创新思考——兼论陕西省政府〈关于进一步支持和规范民办高等教育发展的意见〉的不足与完善》，《河北法学》2014 年第 5 期。

⑤ 罗悦：《分类管理制度下四川省营利性民办高校教师队伍建设研究——以 L 学院为例》，硕士学位论文，四川师范大学，2017 年，第 22 页。

法规建设、章程建设、党组织建设、第三方组织建设以及信息公开制度建设等。① 杨莉（2018）探讨了分类管理后四川省民办高校的扶持政策构建，指出要综合考虑四川省民办高校的实际情况，从设置过渡期、区分法人属性、制定差异性扶持政策、完善退出机制等方面，构建民办高校分类管理扶持政策。② 周春梅（2018）从利益相关者视角分析了分类管理背景下四川省民办高校登记选择困境。③ 李维民、银冰冰（2018）从政策层面和运作层面对陕西省民办高校实行营利性和非营利性分类管理的必要性与可行性进行了分析，并从立法角度就如何推进民办高校分类管理提出了若干政策建议：完善民办高校分类登记制度，完善公共财政对民办高校的扶持，拓宽民办高校筹资途径，落实税收优惠和差别化用地政策，健全民办高校退出机制，允许并鼓励有条件的学校上市，允许高校自主确定收费标准，允许高校自主确定招生规模和招生区域，允许高校自主调整专业。④ 任奉龙（2018）以辽宁省为例，探讨了分类管理背景下民办高校发展的现实困境，提出了辽宁省民办高等教育分类管理的对策：一是加强政策引导，设置改革过渡期；二是加大扶持力度，设立民办教育专项资金；三是提高教师待遇，稳定教师队伍；四是加强教师队伍建设，提高教师职业能力。⑤

三是民办高校分类管理的国际比较研究。这方面的研究主要集中在对美国私立高校分类管理经验的引介方面。如李虔（2015）研究了美国私立高校分类管理中的税收政策，指出税收政策是美国私立高校分类管理的有力杠杆，主要体现在："自动获取与自动排除"的高校组织分类税制，"义务均等与约束差异"的高校教职工分类税制，以及"合规院校优惠共

---

① 黄洪兰、柳海民：《探索营利性与非营利性民办高校分类管理——以吉林华侨外国语学院为例》，《高校教育管理》2018 年第 7 期。

② 杨莉：《浅议分类管理后四川省民办高校的扶持政策构建》，《四川行政学院学报》2018 年第 1 期。

③ 周春梅：《分类管理背景下四川省民办高校登记选择困境分析——基于利益相关者视角》，硕士学位论文，四川师范大学，2018 年，第 35 页。

④ 李维民、银冰冰：《新修订的〈民办教育促进法〉视角下的陕西民办高校分类管理研究》，《法学教育研究》（辑刊），2018 年第 4 期。

⑤ 任奉龙：《分类管理背景下民办高校发展的现实困境与对策研究——以辽宁省为例》，《中国高等教育评估》2018 年第 1 期。

享"的高校学生统一税制；在此基础上，提出当前我国民办高校探索分类管理亟须借鉴美国经验，统一税制，研究制定配套政策，具体措施包括：合理定位税率税负，营造整体公平的环境；完善涉及教育的税收制度，实行民办高校税收分类优惠；强化教育捐、融资的税收激励，助力非营利性高校发展；尊重师生基本权益，提高各类主体的获得感。① 江虹，鞠光宇（2016）介绍了美国政府对营利性和非营利性私立高校的分类管理制度，包括区分标准、管理体制、登记注册、产权界定、税收管理、日常管理、经费资助和认证等八个方面。② 李虔（2016）对国际私立高校分类管理的背景、模式和趋势进行了探讨，指出对私立高校进行营利性和非营利性的分类管理是国际上大多数国家的通用做法，主要分为以美国为代表的清晰分类模式、以巴西为代表的模糊分类模式和以乌克兰为代表的假分类模式，目前国际上多数国家采用模糊分类模式，并正努力向清晰分类模式改革。③ 胡茂波、朱梦玫、伍海泉（2018）对美国私立高校财政资助分类管理制度的变迁进行了研究，指出美国非营利性私立高校财政资助变迁由以强制性制度为主，逐渐转变为以诱致性制度为主；营利性私立高校财政资助制度变迁则以诱致性制度为主，强制性制度为辅；财政资助制度的变迁为私立高校带来了经济收益，为社会带来了公共利益；借鉴美国经验，中国民办高校财政资助制度应当明确相关利益主体及其职责，细化并落实非营利性民办高校财政资助制度相关政策，合理界定政府对其管辖范围，改变并保障营利性民办高校的经费筹措环境。④

综合看来，国内学者对教育政策工具的研究呈现出以下特点：就研究对象而言，研究义务教育的多，研究高等教育的少；就研究内容而言，研究教育政策工具特性、类型的多，研究教育政策工具选择意愿、成效、途径的少；就研究手段而言，宏观层面的规范研究多，微观层面的实证研究

① 李虔：《税收政策与私立高校分类管理：美国经验及其启示》，《国家教育行政学院学报》2015 年第 8 期。

② 江虹、鞠光宇：《美国政府对营利性和非营利性私立高校的分类管理研究》，《高教探索》2016 年第 1 期。

③ 李虔：《国家私立高校分类管理的背景、模式和趋势》，《山东高等教育》2016 年第 8 期。

④ 胡茂波、朱梦玫、伍海泉：《美国私立高校财政资助分类管理制度的变迁及启示》，《当代经济管理》2018 年第 5 期。

少，宏观与微观相结合的系统研究鲜有人涉及，多学科交叉研究尚待拓展。而就民办高校分类管理研究现状而言，大部分研究者都侧重从规范研究或实证研究单方面去研究民办高校分类管理，缺乏深入系统的，融合规范研究和实证研究的研究范式。针对已有研究基础及存在的不足，本研究将基于政策工具选择视角，从政策文本、历史和地区等多个维度构建分析框架，基于民办高校分类管理政策目标的实现，对民办高校分类管理的政策工具选择进行系统探究，以期弥合教育政策工具研究与民办高校分类管理研究的不足，推进教育政策工具研究问题域的拓展。

第四节　研究意义、研究方法和全书结构

一　研究意义

本书将构建民办高校分类管理政策工具选择分析框架，剖析各类政策工具的内涵、特性与功能，并基于对民办高校分类管理政策工具选择现实基础与理论基础的分析，融合相关实证调查数据，探究民办高校分类管理政策工具选择存在的问题及成因，这对丰富教育经济与管理学、高等教育学的学科知识，拓展教育政策工具研究问题域，充实民办高等教育政策工具选择方面的内容，具有一定的理论价值。

本书在借鉴国内外民办（私立）高校分类管理政策工具选择经验基础之上，构建民办高校分类管理政策工具选择的优化机制，有利于解决当前民办高校分类管理政策执行阻滞、成效不高等问题，对指导全国各地的民办高校分类管理实践，乃至推进国内民办高等教育管理体制改革、管理范式转变，具有参考或应用价值。

二　研究方法

（一）文献研究法

本书采用文献研究法，通过中国知网等网络资源以及图书馆资源获得大量与研究主题相关的学术论文、著作以及网络资料，深入分析当前民办高校分类管理的研究现状；并借鉴英格拉姆（Ingram）和施耐德（Schneider）对于政策工具理想类型的分析，构建政策工具选择分析框架，对民办教育管理相关政策文本进行梳理，分析政策文本反映的政策工

具选择状况；接着从政策工具应用的历史维度，分析民办高等教育政策发展历程及不同阶段的政策工具选择状况，为探究民办高校分类管理政策工具选择提供现实基础与理论基础。

（二）深度访谈法

通过运用深度访谈法，与相关人员面对面的交流，可以比较深入地获得关于他们思想和行为的第一手资料，站在被研究者的角度理解他们的行为。本书主要采用半开放访谈的形式对政府相关主管部门的工作人员、民办高校管理者、民办高校教师进行深入访谈，了解政府主管部门相关人员和民办高校相关人员对民办高校分类管理的看法和评价。深度访谈是捕捉民办高校分类管理问题或障碍的主要方式，也为民办高校分类管理政策工具选择研究提供了辅助性、论证性的第一手材料。

（三）问卷调查法

问卷调查法是课题研究中常用的量化研究方法，主要通过把标准化的问卷分发或邮寄给有关人员填写，然后对问卷进行回收、整理、统计和分析从而得出研究结果。本书主要从政策工具选择视角设计调查问卷，采取滚雪球抽样的方式发放问卷，线上线下同时开展，调查包括教职工、学生等在内的民办高校利益相关者对推进民办高校分类管理的政策诉求与评价，以期掌握更多有关民办高校分类管理现状的一手资料，为探寻民办高校分类管理政策工具在执行层面存在的问题和原因提供实证材料。

（四）比较研究法

本书选取已经开展民办高校分类管理试点的陕西省、承担国家民办教育综合改革试点任务的浙江省与私立高校分类管理卓有成效的美国作为比较研究对象，分析国内两省及美国在推进民办（私立）高校分类管理中的政策工具选择经验，为我国构建合理的民办高校分类管理政策工具选择机制提供启迪与借鉴。

三 全书结构

本书共包括五章内容。

第一章：绪论。主要包括研究背景、概念界定、文献综述、研究意义、研究方法和全书结构。

第二章：民办高校分类管理政策工具选择的现实基础与理论基础。在现实基础方面，首先对民办高校发展概况进行多维度分析，具体包括全国民办高校机构发展概况、全国民办高校学生发展概况、全国民办高校教师发展概况和全国各个省份民办高校发展概况。然后分析民办教育管理政策文本中的政策工具选择现状，具体从政策工具和民办教育管理内容两个维度构建分析框架，对政策文本内容进行量化统计分析。最后对民办高等教育政策发展历程及其政策工具选择进行分析，具体分四个阶段进行梳理。在理论基础方面，首先分析民办高校分类管理的必要性；然后从"应然"角度分析民办高校分类管理政策工具设计、选择与实施的基本要求。

第三章：民办高校分类管理政策工具选择的经验与借鉴。主要从国内、国外两维度进行。国内首先分析陕西省民办高校发展概况、陕西省民办高校分类管理政策创新以及陕西省民办高校分类管理的政策工具选择经验；然后分析浙江省民办高校发展概况、浙江省民办高校分类管理的实践探索以及浙江省民办高校分类管理的政策工具选择经验。国外主要分析美国私立高校发展概况、美国私立高等教育政策类型与特征、美国营利性高等教育的联邦财政资助与管制以及美国私立高校分类管理的政策工具选择经验。最后阐述国内外民办（私立）高校分类管理政策工具选择的经验借鉴。

第四章：民办高校分类管理政策工具选择的典型案例分析。首先分析广东省民办高等教育发展概况，包括基本情况、师生情况、办学情况和政策支持。然后基于对广东省的实证调查，分析民办高校分类管理政策工具选择存在的问题，表现在权威工具过度与缺位并存、激励工具不足、能力建设工具缺位、符号和规劝工具失灵以及学习工具缺失。最后分析民办高校分类管理政策工具选择存在问题的原因，表现为民办高校分类管理中的观念偏差、民办高校分类管理中政策工具运用能力较弱、民办高校分类管理中的利益关系尚未理顺和民办高校分类管理法制不健全。

第五章：民办高校分类管理政策工具选择的优化策略。首先分析民办高校分类管理政策工具选择优化的基本思路。然后针对民办高校分类管理政策工具选择存在的问题，从合理运用权威工具、增强激励工具的可操作性、丰富能力建设工具形式、发挥符号和规劝工具的积极作用和积极探索学习工具的有效运用五个维度，提出有针对性的优化对策。

第二章 民办高校分类管理政策工具选择的现实基础与理论基础

深化认识民办高校分类管理政策工具选择的现实基础与理论基础，是探究民办高校分类管理政策工具选择问题的前提。在现实基础方面，本章首先从"全国民办高校机构发展概况、全国民办高校学生发展概况、全国民办高校教师发展概况、全国各个省份民办高校发展概况"四个维度对我国民办高校发展概况进行分析；然后从政策工具和民办教育管理内容维度构建二维分析框架，对民办教育管理政策文本中的政策工具选择状况进行量化统计分析；最后对民办高等教育政策发展历程及其政策工具选择状况进行梳理。在理论基础方面，本章首先分析民办高校分类管理的必要性；然后从"应然"角度分析民办高校分类管理政策工具设计、选择与实施的基本要求。

第一节 民办高校分类管理政策工具选择的现实基础

一 民办高校发展概况的多维度分析

《国家中长期教育改革和发展规划纲要（2010—2020 年）》明确指出："民办教育是教育事业发展的重要增长点和促进教育改革的重要力量；各级政府要把发展民办教育作为重要工作职责，鼓励出资、捐资办学，促进社会力量以独立举办、共同举办等多种形式兴办教育；完善独立学院管理和运行机制；支持民办高校创新体制机制和育人模式，提高质量，办出特色，办好一批高水平民办高校。"① 我国民办高等教育自 20 世

---

① 中华人民共和国教育部：《国家中长期教育改革和发展规划纲要（2010—2020 年）》，http://www.moe.gov.cn/srcsite／A01／s7048／201007／t20100729-171904.html。

纪 80 年代以来，经过三十多年的发展，在机构数量、学生数量及教师发展等方面取得了巨大的进步，已经成为我国高等教育事业发展的重要增长点和促进高等教育改革的重要力量。

（一）全国民办高校机构发展概况

民办高等教育规模大小，在很大程度上可以通过民办高校机构数量来反映。为了更好地了解我国民办高校的现状，笔者通过教育部网站搜集汇总了 2003—2017 年民办高校机构数量的数据，来反映我国民办高校的数量及其变化趋势（如图 2 - 1 所示）。通过数据梳理，可以发现，民办高校在 2003—2017 年间，机构数量增长了 4.32 倍，其中 2004—2005 年间的数量变化最为明显。根据 "2017 年教育统计数据" 和 "2017 年教育事业发展统计公报"，我国民办高校的数量已经达到 747 所，占全国现有普通高等学校 2631 所的 28.39%；教育部举行的 2018 年教育发展有关情况发布会公布的数据显示，2018 年我国有民办普通高校 749 所，包括独立学院 265 所，比上年增加 3 所，占全国普通高校的比例为 28.13%；普通本专科在校生 649.6 万人，比上年增长 3.36%，占全国普通本专科在校生比例为 22.95%。硕士研究生在学 1490 人。[①] 同时，如图 2 - 2 所示，从 2011—2017 年，民办高校的机构数量在逐年上升，虽然占比有所下降，但是比例基本在 28% 上下浮动。可见民办高校的机构数量在整个高等教育发展格局中趋于稳定，而加强对民办高校的监督和管理则成为了提升民办高等教育质量的必要条件。教育部副部长鲁昕指出，"要构建非营利性和营利性民办学校分类管理、差别化扶持的政策体系，在财政、税收、土地等方面突出对非营利性民办学校支持的导向，引导民办学校为社会提供更多优质的公益性教育产品和服务。"[②] 可见，在民办高校机构数量平稳发展背景下，对民办高校实行 "分类管理，差别化扶持" 日益显得必要，将更有利于保障高等教育的公平和公益属性，满足多样化的高等教育需求。

---

① 国务院新闻办公室：《教育部举行 2018 年教育事业发展有关情况发布会》，http：//www.scio.gov.cn/xwfbh/gbwxwfbh/xwfbh/jyb/Document/1647775/1647775.htm。

② 教育部：《民办学校将构建分类管理、差别化扶持政策体系》，http：//news.xinhuanet.com/politics/2015 - 04/14/c_ 1114967569.htm。

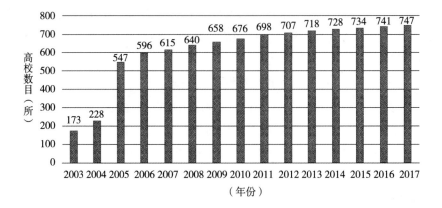

图 2 - 1   全国 2003—2017 年民办高校数量

资料来源：教育部《教育统计数据》，http：//www. moe. gov. cn/jyb_ sjzl/sjzl _ fztjgb/201807/t20180719_ 343508. html。

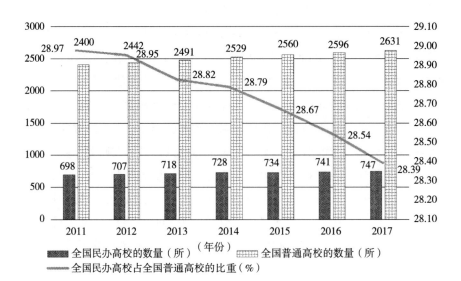

图 2 - 2   2011—2017 年我国民办高校数量变化及占比

资料来源：教育部《教育统计数据》，http：//www. moe. gov. cn/jyb_ sjzl/sjzl _ fztjgb/201807/t20180719_ 343508. html。

（二）全国民办高校学生发展概况

民办高校在校学生人数可以更全面地反映我国民办高校的发展概况，根据教育部历年的"教育统计数据"，汇总整理得到2003—2017年民办高校在校学生数量和变化趋势。通过数据梳理，可以发现，2017年民办高校在校学生人数相对于2003年的在校学生人数增长了8.04倍（如图2-3所示），其中2004—2007年是民办高校学生人数增长最快的几年，随着时间的推移，民办高校在校生人数在不断地增长（如图2-4所示）。从本科、专科在校学生人数来看，民办本科学生在校人数多于民办专科在校人数（如表2-1所示）。尽管我国最初建立的民办高校大多办学层次较低，随着现有民办高校的不断发展和升格，民办高校的本科和专科在校人数都在不断增长。其中本科在校人数增长速度更快，与专科在校人数的差距也在不断扩大。自2009年以来，民办高校在校专科生的人数基本没有太大变化，增长幅度较小，2011年、2012年和2017年甚至出现了减少的状况（如图2-5所示）。

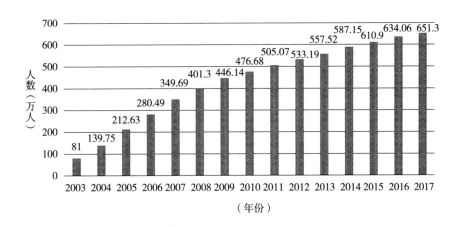

图2-3 全国2003—2017年民办高校学生数量

资料来源：教育部《教育统计数据》，http://www.moe.gov.cn/s78/A03/moe_560/jytjsj_2017/qg/201808/t20180808_344695.html。

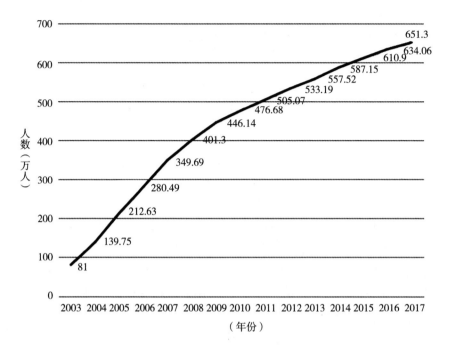

图 2 - 4 2003—2017 年民办高校学生数量变化情况

资料来源：教育部《教育统计数据》，http：//www.moe.gov.cn/s78/A03/moe
_ 560/jytjsj_ 2017/qg/201808/t20180808_ 344695.html。

表 2 - 1　　　　　**全国 2005—2017 年民办高校本专科学生数量**　　（单位：万人）

年份（年）	本科学生数	专科学生数
2005	111.5	100.5
2006	138.99	138.99
2007	186.8	162.88
2008	223.3	178
2009	252.48	193.66
2010	280.99	195.7
2011	311.82	193.25
2012	341.23	191.94
2013	361.64	195.85
2014	374.83	212.28

年份	本科学生数	专科学生数
2015	383.33	227.52
2016	391.52	242.46
2017	401.68	226.77

资料来源：教育部《教育统计数据》，http：//www. moe. gov. cn/s78/A03/moe_ 560/jytjsj_ 2017/qg/201808/t20180808_ 344695. html。

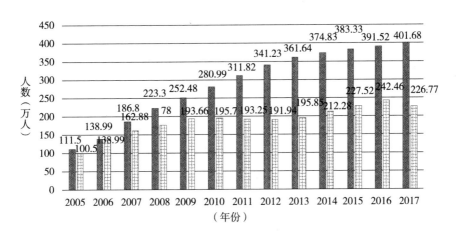

图 2 - 5　全国 2005—2017 年民办高校本专科学生数量变化情况

资料来源：教育部《教育统计数据》，http：//www. moe. gov. cn/s78/A03/moe _ 560/jytjsj_ 2017/qg/201808/t20180808_ 344695. html。

（三）全国民办高校教师发展概况

教师资源是衡量一所高校发展水平的重要指标，对一所高校的发展起着至关重要的作用。通过对民办高校近 8 年教师资源的数据分析发现，民办高校的教职工人数和专任教师人数近 8 年呈现不断增长的趋势，但增幅均不高（如图 2 - 6 所示）。截至 2017 年，民办高校教职工人数为 43.68 万人，专任教师人数为 31.62 万人。从生师比来看，民办高校近 8 年的生师比一直高于 19∶1。2010—2013 年的民办高校生师比呈不断下降趋势，2013 年后，民办高校生师比又呈上升趋势（如图 2 - 7 所示），在 2017 年达到 20.6∶1，为近 7 年以来的最高点。以上这些数据表明民办高校的师资状况近年来得到了改善，主要体现在师资队伍呈稳步发展的态势，但是发展速度依然较为缓慢。

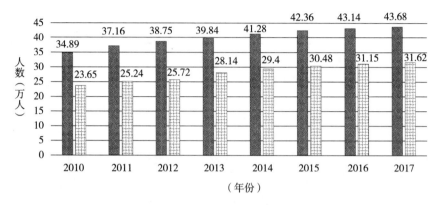

图 2-6　全国 2010—2017 年民办高校教师数量变化情况

资料来源：教育部《教育统计数据》，http：//www. moe. gov. cn/s78/A03/moe_ 560/jytjsj_ 2016/2016_ qg/201708/t20170822_ 311616. html。

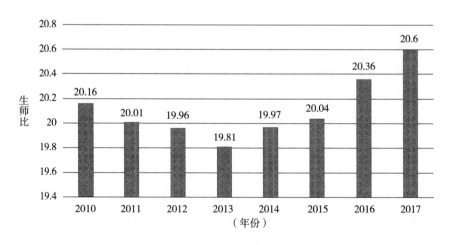

图 2-7　全国 2010—2017 年民办高校生师比情况

资料来源：教育部《教育统计数据》，http：//www. moe. gov. cn/s78/A03/moe_ 560/jytjsj_ 2016/2016_ qg/201708/t20170822_ 311616. html。

（四）全国各个省份民办高校发展概况

对全国层面民办高校的机构数量、在校学生及教师状况进行具体分析后，还需要进一步分析我国各个省份民办高校的发展概况。黎军等人通过分析全国各省民办高校数量发现，除西藏之外，全国每个省份都有民办高校，其中以广东省最多，达到54所，青海省只有1所（如表2-2所示）；从每个省本科、专科民办高校的数量来看，广东、安徽、福建、四川、河南、重庆、云南、上海、北京、内蒙古、海南的民办专科高校的数量多于民办本科高校的数量；除上述省份外，全国其他省份的民办本科高校的数量多于民办专科高校的数量（如图2-8所示）；全国各个省份拥有的各种类型高校总数的排名与拥有民办高校总数的排名基本一致，高校总数多的省份，其拥有的民办高校的总数也越多（如表2-2所示）。从这种趋势也可以看出，一个地区的高校数量与当地的经济发展水平、历史文化等有着很大的联系。①

表2-2　　　　　　　全国各省高校数量概况

序号	省份	民办高校总数（所）	民办本科数量（所）	民办专科数量（所）	高校总数	民办高校占全国高校总数的比重（%）	现有高校占全国高校总数的比重（%）
1	苏	52	31	21	166	7.01	6.40
2	粤	54	25	29	147	7.28	5.66
3	鲁	39	23	16	144	5.26	5.55
4	豫	37	17	20	129	4.99	4.97
5	鄂	43	32	11	128	5.80	4.93
6	湘	31	20	11	123	4.18	4.74
7	冀	35	24	10	116	4.72	4.62
8	皖	31	15	16	119	4.18	4.59
9	辽	34	24	10	116	4.58	4.47

① 黎军、宋亚峰：《我国民办高校发展现状及对策研究——高等教育普及化阶段到来前的思考》，《教育与教学研究》2017年第2期。

续表

序号	省份	民办高校总数（所）	民办本科数量（所）	民办专科数量（所）	高校总数	民办高校占全国高校总数的比重（%）	现有高校占全国高校总数的比重（%）
10	川	34	16	18	109	4.58	4.20
11	浙	36	27	9	107	4.85	4.12
12	赣	31	19	12	98	4.18	3.78
13	陕	30	21	9	93	4.04	3.58
14	京	16	7	9	91	2.16	3.51
15	闽	36	15	21	88	4.85	3.39
16	黑	18	12	6	82	2.43	3.16
17	晋	15	10	5	80	2.02	3.08
18	桂	24	12	12	73	3.23	2.81
19	云	20	9	11	72	2.70	2.77
20	渝	26	8	18	65	3.50	2.50
21	贵	14	8	6	64	1.89	2.47
22	沪	20	7	13	64	2.70	2.47
23	吉	17	12	5	60	2.29	2.31
24	津	11	11	0	55	1.48	2.12
25	蒙	10	2	8	53	1.35	2.04
26	甘	7	5	2	49	0.94	1.89
27	新	9	5	4	46	1.21	1.77
28	宁	4	4	0	18	0.54	0.69
29	琼	7	2	5	18	0.94	0.69
30	青	1	1	0	12	0.13	0.46
31	藏	0	0	0	6	0.00	0.23

　　资料来源：黎军、宋亚峰《我国民办高校发展现状及对策研究——高等教育普及化阶段到来前的思考》，《教育与教学研究》2017年第2期。

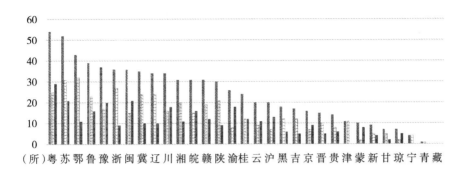

图 2-8　全国各省民办高校分布情况

资料来源：黎军、宋亚峰《中国民办高等学校研究》，民族出版社 2016 年版，第 48 页。

二　民办教育管理政策文本中的政策工具选择现状

（一）分析框架的构建

1．X 维度：政策工具维度

本书借鉴英格拉姆（Ingram）和施耐德（Schneider）对政策工具理想类型的划分，将民办教育管理的政策工具分为"权威工具、激励工具、能力建设工具、符号和规劝工具、学习工具"这五大类型，据此构建民办教育管理政策文本分析的 X 维度。

2．Y 维度：民办教育管理内容维度

作为悬架于政策制定与政策执行之间的中间桥梁，政策工具在实际运用中，还要与管理内容充分结合，才能更具针对性和说服力。2016 年 12 月 29 日，国务院印发了《关于鼓励社会力量兴办教育促进民办教育健康发展的若干意见》，为高效发展民办教育提出了"总体要求、加强党对民办学校的领导、创新体制机制、完善扶持制度、加快现代学校制度建设、提高教育教学质量、提高管理服务水平"这七个方面的意见。作为民办教育管理领域的典型性、纲领性政策，这个政策文本对当前民办教育管理具有导向性作用。基于研究的相关性、聚焦性和可操作性，本书将民办教育管理内容划分为"创新体制机制、完善扶持机制、加强现代学校制度建设、提高教学质量和提高管理服务水平"这五个具体方面,构成民办教育管理政策文本分析框架的 Y 维度。

3. 民办教育管理政策文本二维分析框架的构建

基于以上对政策工具和民办教育管理内容的划分,本书构建了民办教育管理政策文本二维分析框架(如图 2-9 所示)。

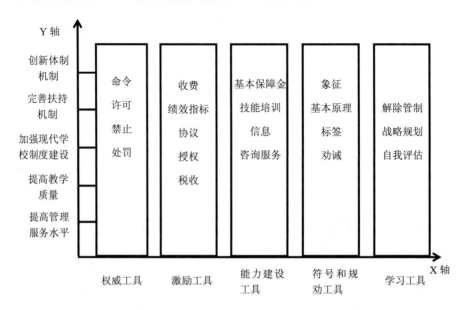

图 2-9　民办教育管理政策文本二维分析框架

(二)政策文本内容分析单元编码

2016 年 10 月 31 日,《全国人民代表大会常务委员会关于修改〈中华人民共和国民办教育促进法〉的决定》(以下简称新《民办教育促进法》)被提交第十二届全国人大常委会第二十四次会议进行三审,并于 2016 年 11 月 7 日获得通过。2016 年 12 月 29 日,国务院印发《关于鼓励社会力量兴办教育促进民办教育健康发展的若干意见》(国发〔2016〕81 号,以下简称《若干意见》)。2016 年 12 月 30 日,教育部、人力资源和社会保障部、民政部、中央编办以及工商总局联合下发《关于印发〈民办学校分类登记实施细则〉的通知》(教发〔2016〕19 号),教育部、人力资源和社会保障部及工商总局联合颁布《关于印发〈营利性民办学校监督管理实施细则〉的通知》(教发〔2016〕20 号,以下简称《实施细则》)。其中,新《民办教育促进法》《若干意见》以及《实施细则》三个政策文本目前在民办教育管理方面最新、传播范围最广、监管内容最全面、社会影响力最大、效力层次最高，具有很强的政策代表性。因此，本书将这三个政策文本作为研究样本分别进行 X 维度分析和 Y 维度分析。在进行分析前，先将《若干意见》设定为文本 A，将《实施细则》设定为文本 B，将新《民办教育促进法》设定为文本 C 来进行分类编码。把三个文本按照内容和顺序进行编码，再根据已建立的分析框架，将其分类，最终形成基于政策工具的民办教育管理政策文本内容分析单元编码表。（如下表 2 - 3，表 2 - 4，表 2 - 5 所示）

表 2 - 3　　　　　　　政策文本 A 内容分析单元编码一览表

政策文本 A 的内容分析编码		
政策条款	内容分析单元	编码
第二条	实行非营利性和营利性分类管理，实施差别化扶持政策，积极引导社会力量举办非营利性民办学校……	A1
第五条	建立分类管理制度。对民办学校实行非营利性和营利性分类管理。非营利性民办学校举办者不得取得办学收益……	A2
第六条	建立差别化政策体系。国家积极鼓励和大力支持社会力量举办非营利性民办学校……	A3
第七条	放宽办学准入条件。社会力量投入教育，只要是不属于法律法规禁止进入以及不损害第三方利益、社会公共利益、国家安全的领域，政府不得限制。政府制定准入负面清单……	A4
第八条	拓宽办学筹资渠道。鼓励和吸引社会资金进入教育领域举办学校或者投入项目建设……	A5
第九条	探索多元主体合作办学。推广政府和社会资本合作（PPP）模式，鼓励社会资本参与教育基础设施建设和运营管理、提供专业化服务……	A6
第十条	健全学校退出机制。捐资举办的民办学校终止时，清偿后剩余财产统筹用于教育等社会事业……	A7
第十一条	加大财政投入力度，财政扶持民办教育发展的资金要纳入预算，并向社会公开，接受审计和社会监督，提高资金使用效益……	A8

政策文本 A 的内容分析编码

政策条款	内容分析单元	编码
第十二条	创新财政扶持方式。地方各级人民政府应建立健全政府补贴制度，明确补贴的项目、对象、标准、用途……	A9
第十三条	落实同等资助政策。民办学校学生与公办学校学生按规定同等享受助学贷款、奖助学金等国家资助政策……	A10
第十四条	落实税费优惠等激励政策。民办学校按照国家有关规定享受相关税收优惠政策……	A11
第十五条	实行差别化用地政策。民办学校建设用地按科教用地管理。非营利性民办学校享受公办学校同等政策，按划拨等方式供应土地……	A12
第十六条	实行分类收费政策。规范民办学校收费。非营利性民办学校收费，通过市场化改革试点，逐步实行市场调节价……	A13
第十七条	保障依法自主办学。扩大民办高等学校和中等职业学校专业设置自主权，鼓励学校根据国家战略需求和区域产业发展需要，依法依规设置和调整学科专业……	A14
第十八条	保障学校师生权益。完善学校、个人、政府合理分担的民办学校教职工社会保障机制……	A15
第十九条	完善学校法人治理。民办学校要依法制定章程，按照章程管理学校……	A16
第二十条	健全资产管理和财务会计制度。民办学校应当明确产权关系，建立健全资产管理制度……	A17
第二十一条	规范学校办学行为。民办学校要诚实守信、规范办学。办学条件应符合国家和地方规定的设置标准和有关要求……	A18
第二十二条	落实安全管理责任。民办学校应遵守国家有关安全法律、法规和规章，重视校园安全工作……	A19
第二十三条	明确学校办学定位。积极引导民办学校服务社会需求，更新办学理念，深化教育教学改革，创新办学模式，加强内涵建设，提高办学质量……	A20

政策文本 A 的内容分析编码

政策条款	内容分析单元	编码
第二十四条	加强教师队伍建设。各级人民政府和民办学校要把教师队伍建设作为提高教育教学质量的重要任务……	A21
第二十五条	引进培育优质教育资源。鼓励支持高水平有特色民办学校培育优质学科、专业、课程、师资、管理……	A22
第二十六条	强化部门协调机制……	A23
第二十七条	改进政府管理方式。各级人民政府和行政管理部门要积极转变职能，减少事前审批，加强事中事后监管……	A24
第二十八条	健全监督管理机制。加强民办教育管理机构建设，强化民办教育督导，完善民办学校年度报告和年度检查制度……	A25
第二十九条	发挥行业组织作用。积极培育民办教育行业组织，支持行业组织在行业自律、交流合作、协同创新……	A26
第三十条	切实加强宣传引导。深入推进民办教育综合改革，鼓励地方和学校先行先试，总结推广试点……	A27

资料来源：国务院《关于鼓励社会力量兴办教育促进民办教育健康发展的若干意见》（国发〔2016〕81 号），2016 年 12 月 29 日 。

表 2 - 4　　　　**政策文本 B 内容分析单元编码一览表**

政策文本 B 的内容分析编码

政策条款	内容分析单元	编码
第二条	社会组织或者个人不得以财政性经费、捐赠资产举办或者参与举办营利性民办学校……	B1
第三条	营利性民办学校应当坚持教育的公益性，始终把培养高素质人才、服务经济社会发展放在首位，实现社会效益与经济效益相统一……	B2
第四条	审批机关、工商行政管理部门和其他相关部门在职责范围内，依法对营利性民办学校行使监督管理职权……	B3

政策文本 B 的内容分析编码

政策条款	内容分析单元	编码
第五条	批准设立营利性民办学校参照国家同级同类学校设置标准，一般分筹设、正式设立两个阶段……	B4
第六条	设立营利性民办高等学校，应当纳入地方高等学校设置规划，按照学校设置标准、办学条件和学科专业数量等严格核定办学规模……	B5
第七条	营利性民办学校注册资本数额要与学校类别、层次、办学规模相适应……	B6
第八条	举办营利性民办学校的社会组织或者个人应当具备与举办学校的层次、类型、规模相适应的经济实力……	B7
第九条	举办营利性民办学校的社会组织，应当具备下列条件……	B8
第十条	举办营利性民办学校的个人，应当具备下列条件……	B9
第十一条	申请筹设营利性民办学校，举办者应当提交下列材料……	B10
第十二条	申请正式设立营利性民办学校，举办者应当提交下列材料……	B11
第十三条	直接申请正式设立营利性民办学校的，须提交本细则第十一条第（二）项规定的材料、第十二条除第（二）项以外的材料。	B12
第十四条	审批机关对批准正式设立的营利性民办学校发给办学许可证；对不批准正式设立的，应当书面说明理由……	B13
第十五条	设立营利性民办学校，要坚持党的建设同步谋划、党的组织同步设置、党的工作同步开展。	B14
第十六条	营利性民办学校应当建立董事会、监事（会）、行政机构，同时建立党组织、教职工（代表）大会和工会。	B15
第十七条	营利性民办学校董事会、行政机构、校长应当依据国家有关法律法规和学校章程设立和行使职权。	B16
第十八条	营利性民办学校监事会中教职工代表不得少于1/3，主要履行以下职权……	B17
第十九条	有犯罪记录、无民事行为能力或者限制行为能力者不得在学校董事会、监事会、行政机构任职。	B18

政策文本 B 的内容分析编码

政策条款	内容分析单元	编码
第二十条	营利性民办学校应当切实加强党组织建设，强化党组织政治核心和政治引领作用……	B19
第二十一条	营利性民办学校应当以培养人才为中心，遵循教育规律，不断提高教育教学质量……	B20
第二十二条	营利性民办学校应当抓好思想政治教育和德育工作。加强思想政治理论课和思想品德课……	B21
第二十三条	实施学历教育的营利性民办学校应当按照国家规定设置专业、开设课程、选用教材……	B22
第二十四条	营利性民办学校招收学历教育学生、境外学生应当遵守国家有关规定，招生简章和广告应当报审批机关备案……	B23
第二十五条	营利性民办学校聘任的教师应当具备国家规定的教师资格或者相关专业技能资格……	B24
第二十六条	营利性民办学校执行《中华人民共和国公司法》及有关法律规定的财务会计制度……	B25
第二十七条	营利性民办学校应当建立健全财务内部控制制度……	B26
第二十八条	营利性民办学校按学期或者学年收费，收费项目及标准应当向社会公示 30 天后执行……	B27
第二十九条	营利性民办学校收入应当全部纳入学校财务专户，出具税务部门规定的合法票据……	B28
第三十条	营利性民办学校拥有法人财产权，存续期间，学校所有资产由学校依法管理和使用……	B29
第三十一条	营利性民办学校应当建立健全学校风险防范、安全管理制度和应急预警处理机制……	B30
第三十二条	营利性民办学校应当依据法律法规建立信息公开制度及信息公开保密审查机制……	B31
第三十三条	营利性民办高等学校信息公开内容应当执行《高等学校信息公开办法》等国家有关规定……	B32

政策文本 B 的内容分析编码

政策条款	内容分析单元	编码
第三十四条	营利性民办学校应当按照《企业信息公示暂行条例》规定……公示年度报告信息、行政许可信息以及行政处罚信息等信用信息。	B33
第三十五条	营利性民办学校信息应当通过学校网站、信息公告栏、电子屏幕等场所和设施公开……	B34
第三十六条	营利性民办学校分立、合并、终止及其他重大事项变更,应当由学校董事会通过后报审批机关审批……	B35
第三十七条	营利性民办学校分立、合并、终止及其他重大事项变更,应当制定实施方案和应急工作预案……	B36
第三十八条	营利性民办学校有下列情形之一的,应当终止……	B37
第三十九条	营利性民办学校终止时,应当依法进行财务清算……	B38
第四十条	营利性民办学校终止时,应当及时办理建制撤销、注销登记手续……	B39
第四十一条	营利性民办学校发生分立、合并、终止等重大事项变更,学校党组织应当及时向上级党组织报告……	B40
第四十二条	教育、人力资源社会保障行政部门依据《中华人民共和国民办教育促进法》规定的管理权限,对营利性民办学校实施年度检查制度。	B41
第四十三条	教育、人力资源社会保障行政部门依据《中华人民共和国民办教育促进法》规定的管理权限,加大对营利性民办学校招生简章的监管力度……	B42
第四十四条	教育、人力资源社会保障行政部门依据《中华人民共和国民办教育促进法》规定的管理权限,加强对营利性民办学校办学行为和教育教学质量的监督管理……	B43
第四十五条	教育行政部门应当加强对实施学历教育的营利性民办学校执行电子学籍和学历证书电子注册制度情况的监督……	B44

政策文本 B 的内容分析编码

政策条款	内容分析单元	编码
第四十六条	地方教育、人力资源社会保障及其他相关部门应当通过实施审计、建立监管平台等措施对营利性民办学校财务资产状况进行监督。	B45
第四十七条	营利性民办学校违反《中华人民共和国教育法》《中华人民共和国民办教育促进法》及相关法律法规，有下列行为之一的，由教育、人力资源社会保障、工商行政部门或者其他相关部门依法责令限期改正……	B46
第四十八条	民办学校有下列情形之一的，其举办者不得再举办或者参与举办营利性民办学校……	B47

　　资料来源：《营利性民办学校监督管理实施细则》（教发〔2016〕20 号），2016年 12 月 30 日。

表 2 - 5　　　　　　**政策文本 C 内容分析单元编码一览表**

政策文本 C 的内容分析编码

政策条款	内容分析单元	编码
第二条	民办学校的举办者可以自主选择设立非营利性或者营利性民办学校。但是，不得设立实施义务教育的营利性民办学校……	C1
第三条	民办学校应当设立学校理事会、董事会或者其他形式的决策机构并建立相应的监督机制……	C2
第四条	民办学校应当依法保障教职工的工资、福利待遇和其他合法权益，并为教职工缴纳社会保险费……	C3
第五条	民办学校收取费用的项目和标准根据办学成本、市场需求等因素确定，向社会公示，并接受有关主管部门的监督……	C4
第六条	教育行政部门及有关部门依法对民办学校实行督导，建立民办学校信息公示和信用档案制度……	C5
第七条	县级以上各级人民政府可以采取购买服务、助学贷款、奖助学金和出租、转让闲置的国有资产等……	C6

政策文本 C 的内容分析编码

政策条款	内容分析单元	编码
第八条	民办学校享受国家规定的税收优惠政策；其中，非营利性民办学校享受与公办学校同等的税收优惠政策……	C7
第九条	新建、扩建非营利性民办学校，人民政府应当按照与公办学校同等原则，以划拨等方式给予用地优惠……	C8
第十条	非营利性民办学校清偿上述债务后的剩余财产继续用于其他非营利性学校办学……	C9
第十一条	民办学校有下列行为之一的……有关部门责令限期改正，并予以警告……	C10
第十二条	县级以上人民政府……由上级机关责令其改正；情节严重的……依法给予处分……	C11
第十三条	违反国家有关规定擅自举办民办学校的……责令停止办学、退还所收费用，并对举办者处违法……	C12

资料来源：《全国人民代表大会常务委员会关于修改〈中华人民共和国民办教育促进法〉的决定》，2016 年 11 月 7 日。

（三）政策文本内容的二维量化分析

首先把政策工具分为权威工具、激励工具、符号和规劝工具、能力建设工具和学习工具，然后把已编码的文本内容按照这五个工具的具体内涵进行分类，通过统计各种政策工具的使用情况，得出政策文本内容的 X 维度分析结果。然后在此基础上加入 Y 维度，即民办教育管理内容维度来分析当前民办教育管理中的政策工具选择现状。

1. 政策文本内容的 X 维度分析：政策工具维度

在对政策工具内容分析单元进行编码的基础上，根据已建立的分析框架，对结果进行了统计（如表 2 - 6 所示）。

表 2 - 6　　　　政策文本 A、B、C 政策工具分布情况一览表

从 X 维度分析政策文本内容

工具	具体内容	政策文本内容分析编码 A	B	C	数量 A	B	C	百分比(%) A	B	C
权威工具	命令	A7、A16 - 17、A19	B3、B5 - 7、B15、B18、B29、B45	C4 - C5	4	8	2	14.81	17.02	16.67
	禁止	A4	B1、B25 - B26、B28	C1	1	4	1	3.7	8.51	8.3
	许可	A24	B13	—	1	1	0	3.7	2.13	0
	处罚	A25	B43 - B44、B46 - B47	C10 - C12	1	4	3	3.7	8.51	25
	合计				7	17	6	25.93	36.17	50
					30			34.88		
激励工具	收费	A2 - 3、A5、A8 - 9、A12 - A13	B27	—	7	1	0	25.93	2.13	0
	绩效指标	—	—	—	0	0	0	0	0	0
	协议	A18	—	C3	1	0	1	3.7	0	8.3
	授权	—	B16 - B17	C2	0	2	1	0	4.26	8.3
	税收	A10 - A11	—	C6 - C8	2	0	3	7.4	0	25
	合计				10	3	5	37.04	6.38	41.67
					18			20.93		
能力建设工具	保障金	A15	—	—	1	0	0	3.7	0	0
	技能培训	A18、A21	—	—	2	0	0	7.4	0	0
	信息	A22	—	—	1	0	0	3.7	0	0
	咨询	—	—	—	0	0	0	0	0	0
	合计				4	0	0	14.81	0	0
					4			4.65		

从 X 维度分析政策文本内容

工具	具体内容	政策文本内容分析编码			数量			百分比（%）		
		A	B	C	A	B	C	A	B	C
学习工具	解除管制	A4	—	—	1	0	0	3.7	0	0
	战略规划	A26	—	—	1	0	0	3.7	0	0
	自我评估	—	—	—	0	0	0	0	0	0
	合计				2	0	0	7.4	0	0
					2			2.33		
符号与规劝工具	象征	A20、A27	B2、B14、B19 – B21	—	2	5	0	7.4	10.64	0
	基本原理	A6	—	—	1	0	0	3.7	0	0
	标签	A1	B4、B8 – B12、B22 – B24、B30 – B42	C9	1	22	1	3.7	46.81	8.3
	规劝	—	—	—	0	0	0	0	0	0
	合计				4	27	1	14.81	57.45	8.3
					32			37.21		
总计					86			100		

资料来源：根据相关政策文本梳理统计而成。

通过对以上三个政策文本内容的编码量化分析，可以发现政策文本反映的民办教育管理政策工具选择状况。其中，权威工具使用较多，符号和规劝工具、激励工具运用形式单一，而能力建设工具和学习工具使用相对较少。具体阐述如下。

（1）权威工具使用较多

在政策领域，权威工具的运用主要体现在各种政策管制上，包括禁止、许可、命令和处罚等。权威工具的使用往往假定政策目标群体会自觉遵守各项法律法规，然而此假定还有一个更为重要的前提，那就是要有完善的法律法规以供目标群体遵守履行，一旦出现违法违规、失范不当等行为就要用严格的法律规范来加以惩罚，以确保目标群体的守法自觉性。从上表的统计数据可知，无论是单独看政策文本 A、B、C，还是三者综合起来看，权威工具的使用频率都相对较高。权威工具在政策文本 A 中占25.91%，在政策文本 B 中占36.17%，在政策文本 C 中占49.97%，经综合平均，权威工具占了34.88%。具体来看，首先三个政策文本中权威工具的使用，都以命令形式占据主导地位，可计算得出其在权威工具中的使用占了46.67%。其次则是处罚、禁止，而许可的运用相对较少。

这个统计结果，一方面印证了权威工具是一种被普遍使用的政策工具；另一方面也体现了我国政府对民办学校的管理主要还是侧重通过权威性工具，对民办学校提出强制的硬性规定和要求，以期实现对其规范化管理。如在政策文本 B 中，硬性规定"申请正式设立营利性民办学校，举办者应当提交下列材料……"；再譬如在政策文本 C 中强制性规定，"民办学校有下列行为之一的，由县级以上人民政府教育行政部门、人力资源社会保障行政部门或者其他有关部门责令限期改正，并予以警告；有违法所得的，退还所收费用后没收违法所得；情节严重的，责令停止招生、吊销办学许可证；构成犯罪的，依法追究刑事责任……"。至于政府为什么倾向于通过权威工具进行管理，原因可能体现在这几个方面：一是通过权威工具来规定政策制定者和执行者的合法性以及进行一系列的政策管制，有利于增强对公众的信服力和提高政策的可行性；二是民办学校作为教育服务机构，具有一定的公益性，但是分类后营利性院校同时兼具公益性和营利性，为保障民办教育公益性的实现，防止民办学校因营利动机而损害教育消费者利益，政府运用权威工具规范民办教育机构乃至整个行业的行为，更有利于民办教育行业的稳定健康发展；三是政府在民办教育治理过程中仍存在统得过多，管得过死等问题，习惯于运用传统治理手段，对权威工具的使用具有较强的路径依赖。

（2）符号和规劝工具、激励工具运用形式单一

上表统计数据显示，在符号和规劝工具的使用中，"标签"约占75%；"象征"约占21.88%；"基本原理"约占3.12%；没有使用"规劝"工具。政府采用的符号和规劝工具主要以标签与象征为主。例如，政策文本 A 中"建立分类管理制度，对民办学校（含其他民办教育机构）

实行非营利性和营利性分类管理；非营利性民办学校举办者不取得办学收益，办学结余全部用于办学；营利性民办学校举办者可以取得办学收益，办学结余依据国家有关规定进行分配；民办学校依法享有法人财产权。"这些条款就是运用了"标签"来对民办学校分类管理进行规范。另外，"切实加强宣传引导，深入推进民办教育综合改革，鼓励地方和学校先行先试……树立民办教育良好社会形象，努力营造全社会共同关心、共同支持社会力量兴办教育的良好氛围"等条款，则是运用象征工具，试图让客体信任政府，相信对民办学校实行分类管理是符合客体利益和社会发展方向的一项政策。然而，基本原理和规劝工具使用很少，这就可能造成民办学校对政策目标或行动的认同度不高，以致政策行动力不足，对民办学校分类管理政策的执行制造障碍。

激励工具作为依靠正向的切实回报来诱使人们遵从的工具，主要通过给目标群体带来利益回报，促使目标群体采取相应行动，以实现政策目标。激励工具包含收费、绩效指标、协议、授权、税收等几个子类型。通过对政策文本的量化统计，发现在激励工具的使用中，"收费"约占44.44%；"税收"约占27.78%；"授权"约占16.67%；"协议"约占11.11%；没有使用绩效指标工具。收费和税收工具相对较多，因为"收费"工具的使用，允许民办学校举办者取得办学收益，办学结余依据国家有关规定进行分配，民办学校依法享有法人财产权，这有利于鼓励民间投资人和企业进入民办教育领域，发展多元化的投资主体模式，运用 PPP模式对民办学校进行分类管理；而"税收"工具的使用，旨在从资金、土地、资源等方面给予民办学校一定的政策优惠，支持民办学校，尤其是非营利性民办学校的举办，减轻举办人的压力从而鼓励更多的企业和个人参与到民办学校举办中来。诚然，基于经济人假设，收费和税收优惠确实可能起到较大的激励作用，提高举办者的办学热情和积极性。但是，也不可以忽略了绩效指标的作用。为民办学校设置合理的绩效指标，可以督促民办学校更注重办学质量，有利于其长远发展。

（3）能力建设工具和学习工具缺乏

能力建设工具和学习工具在所有政策文本中的总占比分别是4.65%和2.33%，可以明显看出这两个政策工具的使用不足。能力建设工具旨在提供信息支持、业务培训、教育资源给有能力的个体、群体或机构来开展活动，进行决策；学习工具的运用可以使客体通过学习来提高自己的判断能力，从而有效做出判断。政策工具的选择不单单是在政策制定时，政策制定后也应该基于客体的反应和政策的施行情况作出调整。能力建设工具的缺乏，同样会影响民办学校办学质量和效率。政府在进行民办学校分类管理时，应该给予民办学校一定的信息支持和资源支持，例如，教师的流动机制应把民办学校也纳入流动范围内；基于民办学校举办者、管理者可能缺乏相关的管理知识和教育知识，政府应该定期举办各种培训。而学习工具的有效运用，能提高民办学校的管理权限，发挥民办学校所特有的优势。从长期发展来看，运用学习工具来制定分类管理相关战略规划，可以提升客体的信心和认同感。在一定意义上，能力建设工具及学习工具，对于政策目标或行动的实现具有更加显性的效果，因为它能够赋予行动主体更强大的行动力量和更明确的行动目标和路径。政府不倾向采用这两种工具的主要原因可能是其作用在政策行动主体身上，效果的显现往往需要一个较长的周期，需要更多的行政成本和财政支出。

2. 政策文本内容的 Y 维度分析：民办教育管理内容维度

在对上述三份政策文本进行 X 维度分析的基础上，将其引入到 Y 维度的分析中，可以获得政策工具在民办教育管理内容上的二维分析统计结果（如表 2 - 7 所示）。

表 2 - 7 　　　　　　　　　政策文本内容的二维分析结果

从 Y 维度分析政策文本内容						
	权威工具	激励工具	符号与规劝工具	能力建设工具	学习工具	数量	百分比（%）
创新体制机制	5	6	3	—	—	14	16.28
完善扶持机制	—	6	—	1	1	8	9.30
加强现代学校制度建设	13	6	14	—	—	33	38.37
提高教学质量	1	—	2	—	2	5	5.82
提高管理服务水平	11	—	13	2		26	30.23
总计						86	100

资料来源：根据相关政策文本梳理统计而成。

通过表 2 - 7 可以得知，加强现代学校制度建设和提高管理服务能力是民办教育管理的侧重点；运用的政策工具主要有权威工具、符号与规劝工具这两大类型，而较少使用激励工具、能力建设工具和学习工具。这种政策工具选择结果主要是因为政府仍然受到计划经济时代以命令和控制等权威手段管理经济、社会事务的思维影响，对民办教育存在既欢迎又担忧、既鼓励又限制的复杂矛盾心理。从上表还可以看到，政府在完善扶持机制和提高教学质量这两个方面运用的政策工具和投入的行政成本是最少的。完备的扶持机制是民办高校发展壮大的外在保障，高水平的教学质量是民办高校持续健康发展的内在要求，政府对这两方面缺乏重视在一定程度上，反映了当前政府在促进民办高校发展过程中，在民办高校内涵发展方面的政策引导仍然十分欠缺，这也是民办高校长期无法与公办高校在招生和招聘教师等方面同台竞争的主要原因之一。同时政府忽视了对民办高校教学质量的监管，对民办高校教师质量、学校软硬件设施等一系列影响教学质量的因素关注不足，容易使得民办高校，尤其是营利性民办高校为了追求经济利益而忽视教育的公益性。由此可见，充分和科学地运用激励工具、能力建设工具和学习工具这些具有内发性的"胡萝卜工具"，使其作用于"完善扶持机制、提高教学质量"等内涵发展方面，是政府在推进民办高校分类管理中应特别重视的问题。

三　民办高等教育政策发展历程及其政策工具选择

（一）民办高等教育政策的发展历程

只有将教育政策变迁纳入到政策研究的范畴中，才能完整全面地把握政策变迁的动态过程和内部逻辑。美国学者詹姆斯·安德森（James E. Anderson）在其著作《公共政策制定》中，较早地提及政策变迁这一概念，并指出"所谓政策变迁，就是指一个或多个政策取代现有的政策，包括新政策的采行和现存政策的修正或废止。"[①] 而民办高等教育的兴起和发展，与改革开放的进程基本是一致的。从 1978 年至今，以市场经济体制改革目标的确立（1993 年）、《民办教育促进法》的颁布（2002 年）以及《国家中长期教育改革和发展规划纲要（2010—2020

---

① ［美］詹姆斯·安德森：《公共政策制定》，中国人民大学出版社 2009 年版，第 36 页。

年）》的颁布以（2010 年）为分界线，民办高等教育的发展大致经历了以下四个阶段，而这四个阶段国家对民办高等教育的政策取向存在较为明显的差异。

1. 审慎鼓励阶段（1981—1993）

中华人民共和国成立之后，我国民办高等教育真正得到起步发展，是在 1978 年改革开放以后。随着党的十一届三中全会召开，我国民办高等教育迎来了发展的春天。1982 年 12 月 4 日，《中华人民共和国宪法》（以下简称《宪法》）颁布实施。作为我国的根本大法，宪法鼓励"其他社会力量举办各种教育事业"，这成为民办高等教育获得合法性的重要标志，民办高等教育政策由此起步。

（1）政策环境

"任何一种主体的活动都不能脱离环境对它的影响与作用，教育政策作为一种主体性的活动与过程，是在一定环境中产生的，它的执行与发展又会受到其所存在环境的影响，这种能够对教育政策过程产生影响的环境被称之为教育政策环境；教育政策环境是由社会经济状况、政治文化与国际环境等构成的。"① 同样，民办高等教育政策作为一种主体性的活动，也是在一定的政治、经济、文化等不断变化的政策环境中产生与发展的。

20 世纪 50 年代末以后，我国形成了单一的公有制经济，在一切姓"公"的形势下，私有经济、私立机构没有任何生存的条件和空间。直到 1978 年，我国确立了实行改革开放和以经济建设为中心的基本国策。党的十一届三中全会的召开，抛弃了"以阶级斗争为纲"的错误方针，把党和国家的工作重心转移到了经济建设上来。1984 年 10 月出台的《关于经济体制改革的决定》彻底打破了计划经济与商品经济之间的对立，进一步明确在坚持公有制经济为主体的前提下，多种经济成分共同发展。经济体制改革带来了翻天覆地的社会变化，一方面经济快速增长，人民物质生活水平大幅度提高，民间力量逐渐发展壮大，私营经济、个体经济和外资经济的不断涌现，打破了国有企业的垄断地位，促进了经济多

---

① ［日］矢贤真和：《高等教育的经济分析与政策》，张晓鹏等译，北京大学出版社 2006 年版，第 14 页。

元化的形成；另一方面，经济发展促使产业结构加速调整，导致劳动力结构也随之发生变化，社会需要越来越多的应用型人才，工商管理、法律、会计等专业人才大量缺乏，对高校人才培养目标和结构调整提出了挑战。在此背景下，民办高校因其灵活地应对社会需求，逐渐起步与发展。作为第三产业的教育逐渐开始形成由政府与社会共同经营的多元化办学格局。

伴随着社会改革与进步历程的，是被唤醒的大众高等教育需求。经济社会的发展提高了对劳动者素质的要求，"尊重知识与尊重人才"的社会舆论环境逐渐形成，发展高等教育的重要性得到了社会各界的普遍认同。"按照国际比较，在人均收入从 300—1000 美元之间，高等教育大体都有个加速发展的过程。"① 20 世纪七八十年代，我国人均收入已经接近 400 美元，高等教育却仍处于低速增长状态，高等教育供给极其有限，难以满足日益增长的高等教育需求，为民办高等教育的发展壮大提供了巨大的发展空间。早期的民办教育机构主要提供短期实用性专业培训或高考文化补习辅导。1977 年，北京自修大学率先成立。随后又有 7 所民办大学先后成立，包括：1980 年成立的长沙韭菜园大学、长沙东风业余大学和湖南九嶷山学院；1981 年成立的曙东财经专科学校；1982 年成立的北京中华社会大学（2002 年后更名为北京经贸职业学院）、广东业余大学和中国逻辑与语言函授大学。这些学校是我国民办高等教育的雏形，实质上并不具备高等学校的资格。我国真正意义上的第一所民办大学是 1982 年 3 月在北京成立的中华社会大学。随后，在 1984 年至 1986 年间，民办高等教育飞速发展，"全国新建的民办高校多达 250 所，形成了我国民办高等教育的第一个发展高潮，到 1991 年民办高校总量已经达到 450 所。"② 进入 90 年代，我国人口持续增长，需要接受高等教育的人口数量急剧增加，导致了严峻的高等教育供求矛盾。据统计，1992 年我国高等教育毛入学率仅为 3.7%，而秘鲁高等教育毛入学率已达 36%，菲律宾高等教育毛入学率

---

① 赵婷婷、潘懋元、邬大光：《论大学理想与社会现实需要的矛盾》，《高等教育研究》2000 年第 3 期。

② 周国平：《改革开放以来（1978—2006）中国民办高等教育政策法规回顾与思考》，《民办教育研究》2007 年第 5 期。

也达 28%①。正是在这样的背景下，我国民办高等教育迎合了市场需求，不断得以发展壮大。与此同时，民办高等教育也因发展初期的不规范，出现了违规招生、乱发文凭、未经教育行政部门批准擅自办学等诸多问题，影响了民办高等教育的声誉，对高等教育体系的整体办学秩序产生了一定的消极影响。

（2）政策文本

据统计，此阶段与民办高等教育政策相关的政策文本共有 17 部。如表 2－8 所示。

表 2－8　　　　　　　　　　审慎鼓励阶段政策文本统计

序号	颁发时间（年）	政策法规名称	颁发部门	相关条款及内容
1	1981	《关于〈高等教育自学考试试行办法的报告〉》	教育部	应该允许私人和社团根据当地需要和各自特长，举办补习学校和补习班。
2	1982	《中华人民共和国宪法》	全国人民代表大会	第十九条第四款规定：国家鼓励集体经济组织、国家企业事业组织和其他社会力量依照法律规定举办各种教育事业。
3	1984	《关于刊登文化、教育、卫生广告的通知》	教育部、国家工商局	对社会力量办学刊登招生广告的审批程序做了明确规定。
4	1985	《中共中央关于教育体制改革的决定》	中共中央、国务院	地方要鼓励和指导国家企业、社会团体和个人办学。
5	1986	《关于不得乱刊登办学招生广告的通知》	中央宣传部、国家教育委员会	建立健全社会力量办学的审批制度；加强对招生广告（简章）的审核与管理；加强对学校收费及财产、财务的管理和监督。

---

① 周贝隆：《试以效益眼光看教育》，四川教育出版社 1996 年版，第 85 页。

序号	颁发时间（年）	政策法规名称	颁发部门	相关条款及内容
6	1987	《关于改革和发展成人教育的决定》	国务院	在加强宏观管理的同时，要充分发挥社会各方兴办成人教育的积极性，使成人教育事业更加健康地向前发展。应当鼓励和支持社会力量办学……
7	1987	《关于社会力量办学的若干暂行规定》	国家教育委员会	《规定》根据《宪法》第十九条精神规定。共二十条，对社会力量办学单位的申请、批准、变更、停办以及招生、教师聘任、经费筹措与管理等方面作出了较为具体的规定。首次提出社会力量办学是我国教育事业的组成部分，是国家办学的补充。
8	1987	《社会力量办学财务管理暂行规定》	国家教育委员会、财政部	社会力量举办的学校财务管理的基本原则；经费来源的规定；经费支出的规定；日常财务管理的规定；社会力量举办的学校停办时的措施以及财务清理、处理的原则性规定。
9	1988	《高等教育自学考试暂行条例》	国务院	国家鼓励企业、事业单位和其他社会力量，根据高等教育自学考试的专业考试计划和课程自学考试大纲的要求，通过电话、广播、函授、面授等多种形式开展助学活动。

序号	颁发时间（年）	政策法规名称	颁发部门	相关条款及内容
10	1988	《关于社会力量办学几个问题的通知》	国家教育委员会	《通知》主要针对社会力量办学过程中存在的较为严重的管理体制、跨省（市）设立分校招生和学历文凭等问题作出了明确规定。
11	1988	《社会力量办学教学管理暂行规定》	国家教育委员会	《规定》对适用范围、培养目标、课程设置、教学计划、教学大纲、教材建设、教师聘任、教学场所、学期管理以及其他与教学有关的方面作出了规定。
12	1990	《关于跨省、自治区、直辖市办学招生广告审批权限的通知》	国家教育委员会	《通知》根据国家工商行政管理局发布的《广告管理条例试行细则》中第十三条第四款的规定，将国家教育委员会与省、自治区、直辖市教育行政部门审批招生广告的权限进行了分工。
13	1991	《社会力量办学印章管理暂行规定》	国家教育委员会、公安部	《规定》根据《国务院关于行政机关和企业、事业单位印章的规定》而制定的。它对《规定》中所包含的社会力量办学的单位、印章刻制的程序、印章的式样与尺寸以及学校用印章行使规定范围内权力、履行规定范围内的职责，并对其产生的行为后果承担的法律责任作出了规定。

序号	颁发时间（年）	政策法规名称	颁发部门	相关条款及内容
14	1991	《关于大力发展职业技术教育的决定》	国务院	我国职业技术教育必须采取大家来办的方针，要在政府的统筹下，发展行业、企业事业单位办学和各方面联合办学，鼓励民主党派、社会团体和个人办学……除国家投资外……并鼓励集体、个人和其他社会力量对职业技术教育捐资助学。
15	1992	《关于加快改革和积极发展普通高等教育的意见》	国家教育委员会	积极鼓励和支持社会力量兴办高等学校，尽快制定民办普通高等学校有关条例，加强引导和管理。
16	1992	《全国教育事业十年规划和"八五"计划要点》	国家教育委员会	为了满足社会日益增长的需求，要逐步建立以政府办学为主、社会各界共同办学的体制。
17	1993	《〈关于进一步改革和发展成人高等教育的意见〉的通知》	国家教育委员会	鼓励和支持社会力量办学。申请办学的社会团体和个人应该具有法人资格。社会力量举办具有颁发国家承认学历文凭的高等学校，应按照国务院发布的《普通高等学校设置暂行条例》和国家教委颁发的《成人高等学校设置暂行规定》审批，批准后纳入普通高等教育或成人高等教育系列。

资料来源：根据政府颁布的相关政策文本汇编而成。

（3）政策内容

这一时期，民办高等教育政策的主要内容如下：首先，明确民办高校办学的合法地位。1982年颁布的《宪法》第十九条规定："国家鼓励集体经济组织、国家企业组织和其他社会力量依照法律规定举办各种教育事业。"政策允许社会力量举办各种教育事业，为民办高校办学的合法地位提供了法律保障。1985年5月27日颁布的《中共中央关于教育体制改革的决定》也有类似条款鼓励社会力量办学，尤其是其第三部分提出"要大力发展职业技术教育，高中毕业生一部分升入普通大学，一部分接受高等职业技术教育；发展职业技术教育，要充分调动社会各界的积极性，鼓励社会力量举办各种职业技术学校"。可见，此阶段政府特别重视发展职业技术教育，为本身就主要从事职业技术教育的民办高等教育的发展提供了合法地位保障和政策推力。其次，明确民办高校办学属于"国家办学的补充。"1987年7月8日，国家教育委员会颁布的《关于社会力量办学的若干暂行规定》明确指出，"社会力量办学是我国教育事业的组成部分，是国家办学的补充"。民办高等教育属于社会力量办学的主体，在法律上成为了"国家办学的补充"。最后，对民办高校办学的具体方面进行了规定。主要体现在此阶段颁布的四个政策文本中的相关规定。包括《关于社会力量办学的若干暂行规定》《社会力量办学财务暂行管理规定》《社会力量办学教学暂行管理规定》和《社会力量办学印章暂行管理规定》。基于这些政策文本，可以看出，民办高校的财务管理、教学管理和印章管理是这一时期民办高等教育政策关注的焦点。

综合看来，这一时期民办高等教育政策与人们思想解放的广度与深度相一致，主要表现出"允许与限制"并行的特征。对此，可以从以下两个方面得到解释：一是通过默许或默认民办高校建立与发展的事实，释放出允许民办高等教育发展的政策信号，但不出台具体政策；改革开放后，较早出现的一批民办高等学校，如北京自修大学（邓小平题写校名）、中国农民大学（胡耀邦题写校名）、中华社会大学（彭真题写校名）、华南女子文理学院等，都是在相关民办高等教育政策出台前，由一些社会地位较高、身份比较特殊的社会知名人士或知识分子群体支持创办,而国家对此给予了事实上的承认;二是在民办高等教育自发性发展过程中,国家出台的相关政策都带有原则性、限制性特征,使得民办高等教育发展始终处于国家权力的绝对掌控之中,如对私人办学资格的承认,虽然 1982 年的《宪法》中有原则性规定,但不具体、不明晰。直到 1986 年 9 月 11 日在由国务院办公厅转发的《关于实施〈义务教育法〉若干问题的意见》中,才添加了"个人依法办学可以进行试办"的明确规定。再如 1987 年的《关于社会力量办学的若干暂行规定》中,一方面"鼓励社会力量办学";另一方面又对民办高等教育,特别是学历教育作出了许多严格的、限制性规定。① 总之,1981—1993 年间,是我国民办高等教育政策的初步发展阶段,国家主要持有一种谨慎的、试探性的态度发展民办高等教育。政府既希望民办高等教育得到恢复和发展,缓解高等教育财政压力,满足更多人的高等教育需求,同时又对民办高等教育的发展充满怀疑和担忧。因此,其政策表现出既允许又限制的矛盾特征。

2. 鼓励为主、规范为辅阶段（1993—1999）

1993 年发布实施了两个与民办高等教育发展紧密相关的政策,因而这一年可谓开启了民办高等教育政策的第二个阶段。该年 2 月 13 日印发的《中国教育改革和发展纲要》提出"国家对社会团体和公民个人依法办学,采取积极鼓励、大力支持、正确引导、加强管理的方针";8 月 17 日发布的《民办高等学校设置暂行规定》强调"民办高等学校是我国高等教育事业的组成部分",明确了民办高校的地位。这两项政策进一步刺激和推动了民办高等教育的发展。从 1993 年《中国教育改革和发展纲要》的发布实施至 1999 年《面向 21 世纪教育振兴行动计划》的公布,可称为我国民办高等教育政策的鼓励为主、规范为辅阶段。

（1）政策环境

中国共产党第十四次全国代表大会提出"必须把教育摆在优先发展

---

① 张胜军、张乐天:《1978 年以来我国民办高等教育政策建设的历史、成就与问题》,《黑龙江高等教育》2007 年第 12 期。

的战略地位，努力提高全民族的思想道德和科学文化水平，这是实现我国现代化的根本大计"。教育优先发展战略地位的确立，推动了与民办高等教育相关的多项政策的出台与实施。此外，私营经济的飞速发展、高等教育公共财政资金不足以及全球范围内的高等教育私营化趋势，均对此阶段民办高等教育政策的制定与完善产生了推动作用。

1988 年我国宪法修正案对私营经济的法律地位进行了确认；1999年我国宪法再次得以修正，通过的《中华人民共和国宪法修正案》第5 条明确规定"私营经济是社会主义市场经济的重要组成部分，国家保护私营经济的合法权利和利益"。法律地位的确定，极大地促进了私营经济的飞速发展。据统计，"从 1992—1999 年，全国私营企业实现的产值从 205 亿元增长到 7687 亿元，私营企业产值占 GDP 比重由0.77% 上升到 9.37%；1995 年，全国登记注册的私营企业集团有474 家，到 1999 年，私营企业集团达到 1689 家，5 年之内增加了3.56 倍"。[①]

与此同时，我国高等教育市场不断扩大。如表 2 - 9 所示，从 1993 年到 1999 年，我国居民人均可支配收入增加显著，人民群众对教育消费的支出也增长了一倍多。据国家统计局抽查显示："1995 年前 3 个季度我国城镇居民的人均月生活支出占收入的 90.7%，其中教育支出占收入的4.97%，是 1987 年全国户均教育支出比的 2.34 倍；1996 年国家统计局有关资料表明：居民教育支出占居民总支出的 5.2%，其中北京为 4.8%；天津为 4.9%；江苏为 4.5%；浙江为 4.3%；广东为 5.5%；显示了我国居民教育支出呈现出逐渐增加的趋势。"[②] 随着人民物质生活条件的提高，对教育多样化的需求日益强烈，教育逐渐由"卖方市场"向"买方市场"转变，优质的高层次学历教育日渐难以满足社会需要。在仅凭国家财力难以有效解决这一难题的情况下，民办高等教育的发展空间得以大大拓展。

---

① 罗腊梅：《民办高等教育政策变迁研究》，博士学位论文，西南大学，2015 年，第45 页。

② 全国人大教科文卫委员会教育室等：《民办教育研究与立法探索》，广东高等教育出版社2001 年版，第 69 页。

表 2 - 9 全国人口收入情况

年度	人口（万人）	GDP（亿元）	人均GDP（元）	城乡储蓄存款余额（亿元）	全国城镇居民家庭人均可支配收入（元）	全国城镇居民家庭人均支出（元）
1993	118517	34634.4	2922	14782.4	2577.4	2111
1999	125909	81910.9	6534	59621.8	5854	4616

资料来源：全国人大教科文卫委员会教育室等《民办教育研究与立法探索》，广东高等教育出版社2001年版，第69页。

1997 年，世界银行发表了有关世界高等教育发展状况的报告，强调高等教育正面临世界性的危机，凸显表现在高等教育规模急速扩大，高等教育办学经费严重不足，教育财政经费日益难以支撑高等教育的快速发展。为此，世界银行主张通过高等教育私营来化解危机，解决高等教育经费严重不足的问题。随后，高等教育私营逐渐成为世界各国高等教育改革的突破口。在此背景下，从1992年到1995年，我国民办高校增长很快，从450所发展到1227所，平均每年增长194所。[①] 这一时期，民办高等教育的发展壮大，对我国高等教育产生了重要影响："一是缓解了国家扩张高等教育的需要与高等教育财政经费短缺之间的矛盾。我国政府在高等教育方面的公共财政经费从80年代占95%以上，变为到1998年占60%，但是由于民办高等教育的介入，高等教育人数却在不断增加。"[②] 二是增加了高等教育的选择性，并促进了高等教育供给方式的多元化。民办高等教育的出现和发展壮大，不仅丰富了学生的高等教育选择，而且丰富了高等教育办学类型。三是提升了高等教育运行管理效率。公办高校由于享有政府财政拨款，体制惯性和惰性导致的官僚主义、资源浪费和办事效率低等问题较为突出；而民办高校按照市场化运作模式办学，强调公平竞争、效率至上和追求利益的最大化，推动了良性高等教育市场的形成，促进了整个高等教育体系经营管理效率的提高。四是增强了高校办学的质量意识

[①] 杨秀英、甘国华：《民办高等学校办学行为博弈分析》，《教育学术月刊》2009 年第 1 期。

[②] 王莉芬：《世界高等教育发展趋势及其启示》，《高等教育研究》2008 年第 12 期。

和服务意识。民办高等教育按照市场化方式运作，无论学生还是用人单位，都是民办高校的消费者，民办高校非常重视赢得教育消费者的认可与信赖，推动了高校办学质量意识和服务意识的形成与提升。

（2）政策文本

据统计，此阶段与民办高等教育政策相关的政策文本共有 17 部。如下表：

表 2－10　　　　　　鼓励为主、规范为辅阶段政策文本统计

序号	颁发时间（年）	政策法规名称	颁发部门	相关条款及内容
1	1993	《中国教育改革和发展纲要》	中共中央、国务院	改变政府包揽办学的格局，逐步建立政府办学为主体、社会各界共同办学的体制。国家对社会团体和公民个人依法办学，采取积极鼓励、大力支持、正确引导、加强管理的方针。
2	1993	《民办高等学校设置暂行规定》	国家教育委员会	《规定》共分总则、设置标准、设置申请、评议审批、管理、变更与调整、其他等七章。适用范围：除国家机关和国有企事业组织以外的各种社会组织以及公民个人，自筹资金，依照本规定设置的实施高等学历教育的教育机构。
3	1993	《中华人民共和国教师法》	全国人民代表大会常务委员会	第二十二条：社会力量所办学校的教师待遇，由举办者自行确定并予以保障。
4	1994	《国务院关于〈中国教育改革和发展纲要〉的实施意见》	国务院	加快办学体制改革，进一步改变政府包揽办学的状况，形成政府办学为主和社会各界参与相结合的新体制。普通高等学校实行以政府办学为主，积极发展多种形式的联合办学。

序号	颁发时间（年）	政策法规名称	颁发部门	相关条款及内容
5	1994	《关于民办学校向社会筹集资金问题的通知》	国家教育委员会办公厅	《通知》是为了促进民办教育的健康发展，针对一些地方民办学校乱集资、高额集资而作出的。它对民办学校的办学目的、民办学校依法收取的教育费用和筹集的资金的用途、设立基金的利息和收益的用途，财务管理和制度，审批民办学校的要求作出了较为明确的规定。
6	1994	《关于社会力量举办的非学历高等教育机构名称的批复》	国家教育委员会	《批复》是国家教委对天津市第二教育局对《关于社会力量举办的非学历高等教育机构有关名称问题的请示》的批复。它对机构的名称在表述方面做出了具体规定，同时要求今后各省、自治区、直辖市、计划单列市教育行政部门须根据批复意见审批非学历高等教育机构，并逐步规范已有非学历高等教育机构的名称。
7	1995	《中华人民共和国教育法》	全国人民代表大会	第二十五条：国家鼓励企业事业组织、社会团体、其他社会组织及公民个人依法举办学校及其他教育机构。任何组织和个人不得以营利为目的举办学校及其他教育机构。
8	1995	《关于高等教育自学考试社会助学工作的意见》	国家教育委员会	积极发展社会助学；进行社会助学活动登记；加强对社会助学活动的指导和监督；贯彻"教考职责分离"的原则，创造公平、有序的助学环境……

序号	颁发时间（年）	政策法规名称	颁发部门	相关条款及内容
9	1996	《中华人民共和国职业教育法》	全国人民代表大会常务委员会	国家鼓励事业组织、社会团体、其他社会组织及公民个人按照国家有关规定举办职业学校、职业培训机构。
10	1996	《国民经济和社会发展"九五计划"及 2010 远景目标纲要》	全国人民代表大会	逐步形成政府办学为主与社会各界参与办学相结合的新体制。提倡多种形式的联合办学，优化配置和充分利用教育资源。
11	1996	《全国教育事业"九五"规划和 2010 年发展规划》	国家教育委员会	到 2010 年，逐步形成政府办学为主，社会各界参与的办学体制及公立学校与民办学校共同发展的格局。
12	1996	《关于加强社会力量办学管理工作的通知》	国家教育委员会	《通知》分七个方面：提高认识，加强领导和管理；建立社会力量办学的审批制度；继续抓紧做好规范学校名称的工作；加强对招生广告（简章）的审核和管理；加强对学校教育质量的检查和评估；加强对学校收费及财产、财务的管理和监督；近期开展一次对社会力量办学的全面检查。
13	1996	《关于社会力量办学管理经费问题的意见》	国家教育委员会	……教育行政部门不得自行出台收取社会力量发展的督导费（发展基金、管理费）的政策。

续表

序号	颁发时间（年）	政策法规名称	颁发部门	相关条款及内容
14	1996	《高等学校学历文凭考试试点工作实施意见》	国家教育委员会办公厅	"高等教育学历文凭考试"是国家对尚不具备颁发学历文凭资格的民办高校学生组织的学历认证考试，是以学校办学和国家考试结合、宽进严出、教考分离为特点的全日制高等学校教育。
15	1997	《社会力量办学条例》	国务院	《条例》分总则、教育机构的设立、教育机构的教学和行政管理、教育机构的财产与财务管理、教育机构的变更解散、保障与扶持、法律责任、附则共八章六十条。国家严格控制社会力量举办高等教育机构。
16	1997	《关于实行社会力量办学许可证制度有关问题的通知》	国家教育委员会办公厅、劳动部办公厅	国家对社会力量办学实行许可证制度；办学许可证自1998年5月1日起启动。对原批准的社会力量举办的学校及教育机构进行全面审查，符合条件的，发给或换发办学许可证，此项工作于1998年6月30日前完成。
17	1998	《中华人民共和国高等教育法》	全国人民代表大会	国家鼓励企业事业组织、社会团体及其他社会组织和公民等社会力量依法举办高等学校，参与和支持高等教育的改革与发展……社会力量举办的高等学校的内部管理体制按照国家有关社会力量办学的规定确定……国家鼓励企业事业组织、社会团体及其他社会组织和个人向高等教育投入……

资料来源：根据政府颁布的相关政策文本汇编而成。

（3）政策内容

这一阶段中央政府出台了 17 部政策文本，其中最为重要的是《中国教育改革和发展纲要》（1993）、《民办高等学校设置暂行规定》（1993）和《社会力量办学条例》（1997）。这一阶段民办高等教育政策的重要内容是界定"民办高等教育的地位、国家发展民办高等教育的基本方针、民办高等教育的办学主体和办学宗旨"等问题。首先，明确民办高校是高等教育事业的组成部分。1993 年 8 月 17 日，原国家教育委员会颁布的《民办高等学校设置暂行规定》指出"民办高等学校是我国高等教育事业的组成部分"。1995 年颁布的《教育法》也有类似的表述。1997 年国务院颁布的《社会力量办学条例》提出"社会力量办学事业是社会主义教育事业的组成部分"。这些法规明确了"民办高校是我国高等教育事业的组成部分"这一地位。其次，明确国家发展民办高等教育的基本方针。1993 年《中国教育改革和发展规划纲要》首次明确了对社会力量办学的十六字方针："积极鼓励、大力支持、正确引导、加强管理"。此后 1997 年颁布实施的《社会力量办学条例》也重申了这一方针。这一时期，国家积极推进办学体制改革，推动高等教育办学主体多元化。1993 年 2 月，经国务院批准颁布的《中国教育改革和发展纲要》指出："改变政府包揽办学的格局，逐步建立政府办学为主体、社会各界共同办学的体制。""高等教育要逐步形成中央、省（自治区、直辖市）两级政府办学为主、社会各界参与办学的新格局；国家欢迎港、澳、台同胞、海外侨胞和外国友好人士捐资助学；在国家有关法律和法规的范围内进行国际合作办学。"1996 年制定的《全国教育事业"九五"计划和 2010 年发展规划》也提出："到 2010 年，基本形成政府办学为主，社会各界共同参与的办学体制及公立学校和民办学校共同发展的格局。"1998 年出台的《中华人民共和国高等教育法》总则第六条提出："国家根据经济建设和社会发展的需要，制定高等教育发展规划，举办高等学校，并采取多种形式积极发展高等教育事业；国家鼓励企业事业组织、社会团体及其他社会组织和公民等社会力量依法举办民办高等学校，参与和支持高等教育事业的改革和发展"。1998 年教育部制定的《面向 21 世纪教育振兴行动计划》也提出："今后 3—5 年，基本形成以政府办学为主体、社会各界共同参与、公办和民办学校共同发展的办学体制"。这表明政府对民办高等教育的政策发生重大变化，明确了国家对民办高等教育持"积极鼓励、大力支持"的基本立场。1997年颁布实施的《社会力量办学条例》要求"各级政府将民办教育事业纳入国民经济和社会发展规划"，进一步规定了发展民办教育的基本原则、行政管理体制、民办教育机构的设立、资产与财务管理、教学管理、机构的变更与解散、政府的保障与扶持等内容，彰显了"正确引导、加强管理"的方针。最后，明确规定民办高校"不得以营利为目的"。1993年的《民办高等学校设置暂行规定》中明确说明"民办高等学校不得以营利为办学宗旨"。1995年《教育法》中也规定"任何组织和个人不得以营利为目的举办学校及其他教育机构"。1997年《社会力量办学条例》中第6条也规定"社会力量举办教育机构，不得以营利为目的"。1998年《高等教育法》中也强调"设立高等学校，应当符合国家高等教育发展规划，符合国家利益和社会公共利益，不得以营利为目的"。这些法规充分表明，此阶段的政策特别强调民办高等教育不得以营利为目的，体现政府对保障民办高等教育公益性的重视。然而，现实中运行的大多数民办高校本身是市场经济的产物，大多数属于投资办学，营利性是其天然本质性的诉求；不以营利为办学目的的民办高校，在我国民办高等教育的发展实践当中并不占主流。对投资办学的民办高校而言，其举办者拥有办学的产权，包括所有权、使用权、收益权与转让权，这是无可厚非的，不仅符合宪法而且也是一种现实客观存在。一些民办高校投资者盲目追求经济利益造成了对公共利益的损害，这并非政府强调民办高校"不得以营利为目的"就可以解决，而更多涉及政府和社会力量如何制约和监督民办高等教育的问题。总之，笼统、硬性地规定民办高等教育不能营利，忽视民办高等教育"捐资办学"与"投资办学"的差异，是脱离实际的行为，影响了更多社会力量参与高等教育办学的积极性，成为影响民办高等教育持续健康发展的政策羁绊和制度障碍。理论、政策与现实的背离，导致民办高校的"营利与非营利"这一矛盾日益成为各方关注的焦点，开始成为影响民办高等教育发展的重要议题，也成为影响民办高等教育政策的核心问题。

3. 鼓励与规范并重阶段（1999—2010）

1999年《面向21世纪教育振兴行动计划》出台至2010年《国家中长期教育改革和发展规划纲要（2010—2020）》发布，是民办高等教育政策的鼓励与规范并重阶段。《面向 21 世纪教育振兴行动计划》谋划了教育事业发展蓝图，提出要"认真贯彻国务院对于社会力量办学实行'积极鼓励、大力支持、正确引导、加强管理'的方针，今后 3—5 年，基本形成以政府办学为主体、社会各界共同参与、公办学校和民办学校共同发展的办学体制"。1999 年 6 月召开的第三次全国教育工作会议提出要"在发展民办高等教育方面加大步伐；经国家高等教育行政主管部门批准，可举办民办普通高等学校；形成政府为主体、公办学校与民办学校共同发展的格局。"与此同时，1999 年我国高校扩招政策实施，促使民办高等教育进入一个快速发展时期。

（1）政策环境

到 20 世纪 90 年代末期，我国已经形成了较为成熟的社会主义市场经济格局。在复杂多变的世界政治局势和经济全球化浪潮的冲击下，如何在促进经济飞速发展的同时，保持政治的平稳发展和社会的持续进步，成为我国面临的重要挑战。在此背景下，经济体制、政治体制和教育体制改革日渐迫切和必要，对我国民办高等教育相关政策的发展也产生了较大的影响。党的十六届三中全会《关于完善社会主义市场经济体制若干问题的决定》提出："要适应经济市场化不断发展的趋势，大力发展国有资本、集体资本和非公有制资本等参股的混合所有制经济，实现投资主体的多元化。"2004 年 3 月 14 日通过的《宪法修正案》第二十一条明确规定："国家保护个体经济、私营经济等非公有制经济的合法权益，国家鼓励、支持和引导非公有制经济发展；公民合法的私有财产不受侵犯"。随着市场经济的发展和高等教育大众化、市场化的推进，高等教育的类型不断更新，民办高等教育得到快速发展，民办高等教育核心利益相关者对民办高等教育法律地位和合法性的政策诉求越来越强烈。我国政府在积极推进经济体制改革的同时，也很重视政治体制改革，强调要建设民主法制国家和廉洁高效政府。政治体制改革的民主法制化进程，为公民参与政治生活与社会管理提供了制度上的保证；尤其是教育体制改革的成果大大促进了教育服务的多样化，赋予了公民更多的办学和参与教育管理的民主权利，人们对高质量教育选择权的获得成为现实的要求。[①]

---

① 朱为鸿：《论中国民办高等教育政策的演变与趋势》，《教育发展研究》2006 年第 22 期。

这一阶段，高等教育供需矛盾突出。知识经济的到来，使得高等教育对个人发展和经济发展的作用日渐凸显。一方面，接受高等教育能提高个人未来在职场上的薪酬和竞争力；另一方面，高等教育培养的人才日益成为企业等各类组织的核心竞争力，直接影响各类社会组织的生存与发展。因此，社会各界对高等教育的需求与日俱增，公办高校愈难承载庞大的高等教育需求。随着居民高等教育消费能力的提升和高等教育需求的日益增长，高等教育投入不足的问题也越来越突出。1993 年的《中国教育改革和发展纲要》曾提出"2000 年以前实现国家财政性教育经费占国民生产总值 4% 的目标"，但是"2002 年这一数据才达到 3.32%，到 2003 年数据甚至回落到 3.28%。"[①] 1999 年高等教育开始扩招，高等教育财政经费仍然紧张，高等教育生均预算内事业费支出与生均预算内公用经费甚至逐年下降。在此背景下，发展民办高等教育，成为缓解高等教育财政危机、促进高等教育大众化的必然选择。民办高等教育机构开始"从 1997 年的 1115 所增长到 2001 年的 1415 所，平均每年增加 75 所，而且实施学历教育的民办高校从 20 所增长到 124 所，且出现本科层次的民办高校。"[②]

此阶段高等教育领域逐渐引入市场机制，促使高等教育领域出现了新的变化。体现在两个方面：一是形成了高等教育外部竞争机制，高等教育开始与其他产业或行业在人才和资金等方面展开竞争；二是形成了高等教育内部竞争机制，不同类型、层次高等教育机构开始在资金、师资、生源等方面展开激烈竞争。在高等教育领域引入市场竞争机制之后，民办高校开始与公办高校展开竞争，不仅吸引了大量资金、生源和师资，还因重视人才培养的市场适应性，对高等教育整体办学质量和效益的提高起到了推动作用。然而，由于政府在这一过程中未能为公办高校和民办高校的公平竞争创造良好的制度环境，特别是在民办高等教育扶持政策供给上力度不够，使得民办高等教育在促进良性高等教育竞争机制形成过程中未能发挥应有的影响与作用。

---

① 潘懋元，林莉：《2020：中国民办高等教育的前瞻》，《浙江树人大学学报》2005 年第 3 期。
② 杨秀英，甘国华：《民办高等学校办学行为博弈分析》，《教育学术月刊》2009 年第 1 期。

（2）政策文本

据统计，此阶段与民办高等教育政策相关的政策文本共有 11 部。如表 2 – 11 所示。

表 2 – 11　　　　　　　鼓励与规范并重阶段政策文本统计

序号	颁发时间（年）	政策法规名称	颁发部门	相关条款及内容
1	1999	《面向 21 世纪教育振兴行动计划》	教育部	对社会力量办学施行"积极鼓励、大力支持、正确引导、加强管理"的方针，今后 3—5 年，基本形成以政府办学为主、社会各界共同参与、公办学校和民办学校共同发展的办学体制。要制定有利于吸纳社会资金办教育和民办学校发展的优惠政策……社会力量办学不以营利为目的，鼓励滚动发展。
2	1999	《关于严格控制社会力量办学评比活动的通知》	教育部	《通知》主要针对一些组织和个人竞相开展对社会力量机构的所谓"评比""评优"活动，干扰了社会力量办学机构的正常办学秩序，加重了社会力量办学机构的经济负担而要求严格控制此类评比活动，它对评比的范围、机构以及责任等方面的情况作了说明。
3	1999	《关于深化教育改革全面推进素质教育的决定》	中共中央、国务院	鼓励社会力量以各种方式举办高中阶段和高中职业教育，经国家教育行政主管部门批准，可以举办普通高校。凡符合国家有关法律法规的办学形式，均可以大胆尝试，在发展民办教育方面迈出更大的步伐。

序号	颁发时间（年）	政策法规名称	颁发部门	相关条款及内容
4	2000	《关于印发〈关于加强社会力量举办的高等学校党的建设工作的意见〉的通知》	中共中央组织部、中共中央教育部党组	及时在社会力量举办学校建立党的组织，理顺党组织的隶属关系；明确社会力量举办学校党组织的主要职责；加强社会力量举办学校党组织的自身建设和思想政治工作；加强对社会力量举办学校党的建设工作的领导。
5	2000	《关于印发〈关于加强社会力量举办的高等学校团的建设工作的意见〉的通知》	共青团中央、中共中央教育部党组	及时在社会力量举办学校建立团的组织；明确社会力量举办学校团组织的职责；加强对社会力量举办学校团建工作的领导。
6	2002	《中华人民共和国民办教育促进法》	全国人民代表大会常务委员会	《促进法》共分总则、设立、学校的组织与活动、教师与受教育者、学校资产与财务管理、管理与监督、扶持与奖励、变更与终止、法律责任、附则共十章六十八条。提出了"出资人可以从办学结余中取得合理回报"的突破。
7	2004	《中华人民共和国民办教育促进法实施条例》	国务院	对《促进法》的条文具体化、可操作化，但是很多问题并没有明确，包括合理回报的比例、产权的归属等。

序号	颁发时间（年）	政策法规名称	颁发部门	相关条款及内容
8	2006	《关于加强民办高校规范管理引导民办高等教育健康发展的通知》	国务院办公厅	《通知》提出要充分认识加强民办高校规范管理的重要性和紧迫性；依法规范民办高校办学行为和内部管理；依法落实民办高校有关扶持政策；切实加强对民办高校规范管理工作的领导。提出"财政部门要依据《中华人民共和国民办教育促进法》及其实施条例规定的原则与程序，制定民办高校合理回报的标准和办法"。
9	2006	《关于加强民办高校党的建设工作的若干意见》	中共中央组织部、中共教育部党组	《意见》提出要充分认识民办高校党建工作的重要性和紧迫性；明确民办高校党组织的作用和职责；全面加强民办高校党组织自身建设；加强和改进民办高校大学生思想政治教育；维护民办高校安全稳定，努力建设和谐校园；切实加强对民办高校党建工作的领导。
10	2007	《民办高等学校办学管理若干规定》	教育部	管理对象是实施专科以上高等学历教育的民办学校，共有 36 条规定，对民办高校依法管理、资产过户、师生权益保障等方面进行了规定
11	2008	《独立学院设置与管理办法》	教育部	对独立学院的设立、组织活动、管理与监督、变更与终止、法律责任等作出了规定

资料来源：根据政府颁布的相关政策文本汇编而成。

（3）政策内容

进入 20 世纪 90 年代末尤其是 21 世纪之后，我国民办高校在发展过程中出现了诸多问题。譬如在专业和课程设置方面，一些民办高校过于重视迎合市场需求，一拥而上，热衷开设低成本的热门专业，导致民办高校间专业趋同现象突出，民办高校自身优势特色专业难以形成。此外，1999 年开始实行的公立高校扩招政策，也对不少民办高校的生源产生了较大的冲击。由于大多数民办高校属于投资办学，追求利润的最大化，导致办学过程中对教学资源投入不足，对民办高校师资队伍建设不够重视，民办高校教师的工资、福利待遇、民主参与等合法权益没有得到充分的保障，教师流动性大，使得民办高等教育质量难以得到有效保障。另外，不少民办高校的校级领导来自公办高校，习惯于按照公办高校的管理模式管理民办高校，也在一定程度上制约了民办高校办学的灵活性和特色发展。因此，如何使民办高等教育走上规范发展的道路成为这一阶段民办高等教育政策发展的重要议题。具体政策内容体现如下：一是明确民办高校举办者可以获得合理回报。2002 年 12 月 28 日，第九届全国人民代表大会常务委员会第三十一次会议通过了《民办教育促进法》，该法被认为是我国民办教育事业发展进程中的一项最重要的制度安排，在民办高等教育史上具有突破性意义。该法共分总则、设立、学校的组织与活动、教师与受教育者、学校资产与财务管理、管理与监督、扶持与奖励、变更与终止、法律责任、附则共十章六十八条。其中，最令人关注的是，该法提出"出资人可以从办学结余中取得合理回报"。尽管这一规定较为笼统和模糊，且对于民办高校营利性和非营利性的争议仍在继续，但客观而言，这已充分表明，民办高等教育的合法性诉求在政策层面得到政府回应，政府已经接受了民办高校的营利性诉求与现实。相比于民办高等教育发展的前 20 余年间政策一直强调"社会力量办学不得以营利为目的"，这无疑是政府部门观念上的一个重要突破。二是重视对民办高校进行依法管理。1993 年《中国教育改革和发展规划纲要》明确了政府对社会力量办学实行"积极鼓励、大力支持、正确引导、加强管理"的基本方针。而 2002 年《民办教育促进法》则首次将其中的"加强管理"四字，修改为"依法管理"，明确了"积极鼓励、大力支持、正确引导、依法管理"为政府管理民办高等教育的基本方针。虽然字面上看来只是"依法"对"加强"两个字的替换，但这却是一次重大的政策变化，标志着民办高校进入了法制化轨道。2007 年《民办高等学校办学管理若干规定》也明确提出要对民办高校"依法管理"，以提高民办高等教育的规范化管理程度。三是重视对民办高校的产权保护。2002 年 12 月 28 日颁布的《民办教育促进法》第 35、36 条明确规定"民办学校对举办者投入民办学校的资产、国有资产、受赠的资产以及办学积累，享有法人财产权；民办学校存续期间，所有资产由民办学校依法管理和使用，任何组织和个人不得侵占"。2004 年出台的《民办教育促进法实施条例》第 37 条则提出"在每个会计年度结束时，捐资办学的民办学校和出资人不要求取得合理回报的民办学校应当从年度净资产增加额中、出资人要求取得合理回报的民办学校应当从年度净收益中，按不低于年度净资产增加额或者净收益 25% 的比例提取发展基金，用于学校的建设、维护和教学设备的添置、更新等；出资人根据民办学校章程的规定要求取得合理回报的，可以在每个会计年度结束时，从民办学校的办学结余中按一定比例取得回报。"四是规范民办高校的办学行为。"由于民办高等教育私人投入资本的逐利性与教育公益性的矛盾，民办高等教育在发展过程中一直伴随着理性办学与违规办学的博弈，政府的规制也在不断地随之调整。"[①]。20 世纪 90 年代，高等教育领域引入市场机制，一方面促进了高等教育领域内部的竞争，从而有利于提高整个高等教育的质量和效益；另一方面，市场机制在运行中产生的自发性、盲目性与滞后性也逐渐显现出来，尤其是民办高校投资办学的趋利性与民办高等教育公益性的矛盾突显。譬如一些民办高校出现了盲目扩大办学规模、发布虚假招生广告、损害师生权益等诸多"违规"问题，破坏了民办高等教育市场秩序，影响了民办高等教育的社会声誉，迫切需要政府加强对其的规范与管理。因此，此阶段，对民办高等教育带有明显限制与干预的政策陆续出台，以促进其健康发展。这一阶段对规范民办高校办学行为产生较大影响的政策法规有 3 项：即《民办教育促进法》《民办教育促进法实施条例》和《民办高等学校办学管理若干规定》。这些政策法规在规

---

① 杨秀英、甘国华：《民办高等学校办学行为博弈分析》，《教育学术月刊》2009 年第 1 期。

范民办高校办学行为、保持民办高等教育市场秩序的稳定等方面起到了积极作用。

4. 调适与深化阶段（2010 至今）

进入 21 世纪之后，世界格局发生深刻变化，信息时代和知识经济的蓬勃发展，使提高国民素质和培养创新人才日益得到世界各国的重视。高等教育以其人才培养、科学研究、社会服务、文化交流等重要职能，成为社会的"轴心机构"。随着高等教育战略地位的提升，民办高等教育随之也获得了显著的发展。截至 2010 年，"我国共有 676 所提供本科或专科教育的民办高校，约占全国 2723 所高校的 25%，其中 674 所普通民办高校，占全国 2358 所普通高校（非成人高校）的 28.6%；约 480 万学生就读于民办高校，占 2770 万高校在校生的 17.3%。"[①]。2010 年颁布的《国家中长期教育改革和发展规划纲要（2010—2020 年）》将民办教育放在"办学体制改革"一章，将民办教育的地位和作用上升到一个新高度，提出"民办教育是教育事业发展的重要增长点和促进教育改革的重要力量，各级政府要把发展民办教育作为重要的工作职责……"；还明确提出"要积极探索营利性和非营利性民办学校分类管理"，使得民办高校分类管理成为我国民办高等教育领域的重要政策议题。有鉴于此，笔者将其作为民办高等教育政策历史变迁的一个重要转折点，把 2010 年至今，界定为民办高等教育政策的调适与深化阶段；认为从 2010 年开始，民办高等教育政策的内容进一步得到调适，政策的影响程度进一步深化，并在整体上呈现出多元治理的特征。

（1）政策环境

在 2008 年世界范围内爆发严重经济危机的大形势下，2009 年我国经济仍然取得了较好的成绩。与此同时，我国的经济结构也在不断优化，建设"创新型国家"成为时代需要。经济强国建设为人力资源开发提供了战略机遇。2010 年 9 月，我国政府公布了《中国人力资源状况》，这是中华人民共和国成立的第一部专门阐述人力资源现状和政策的白皮书，明确了建设人力资源强国的战略规划。党的十七大报告则将"优先发展教育、

---

① 国家统计局：《中国统计年鉴》，中国统计出版社 2011 年版，第 83 页。

建设人力资源强国"放在社会建设的六大任务之首。

在 2009 年 7 月法国巴黎召开的第二届世界高等教育大会上，私立高等教育成为本次大会的一项重要议题。会上的联合国教科文组织《为满足社会变革和发展需要，高等教育和研究的新动力机制》的联合公报、《新动力：私立高等教育》《国际高等教育发展趋势：学术革命的轨迹》《高等教育的公共责任》等报告，都强调了新的世界形势下全球私立高等教育的重要功能与使命。据估计，到 2025 年，世界高等教育的总规模可能达到 2.6 亿人，与目前的 1.5 亿人相比，增加 1.1 亿人，年均增长率为 4.6%；2009 年的世界高等教育大会文件指出，将高等教育入学率从目前的 26% 提高到 40%—50%，将会极大地促进经济增长；在公共资源约束下，私立高等教育的发展是一个必然趋势。① 私立高等教育之所以能在全球迅速扩张，其原因归结起来主要有三点：一是知识经济驱动高等教育需求激增，私立高等教育的发展能有效缓解高等教育需求增长与公立高等教育资源匮乏之间的矛盾；二是全球范围内市场机制在高等教育资源配置中的作用得到强化，政府的作用被弱化；三是经济全球化将高等教育纳入了 WTO 服务贸易框架，高等教育作为服务行业面向全球开放，促进了多元高等教育竞争市场的形成。

1997 年党的十五大正式提出依法治国方略，明确我国政治发展的目标是建设社会主义法治国家。1999 年 3 月，第九届全国人大二次会议将"依法治国，建设社会主义法治国家"载入宪法，依法治国成为我国宪法的一项基本原则。2014 年 10 月，中共十八届四中全会将"依法治国"作为会议主题，强调要全面推进依法治国。在此时代背景下，高等教育领域的依法治教问题日益突出和迫切，对高等教育法制建设提出了新的任务和挑战。

（2）政策文本

据统计，此阶段与民办高等教育政策相关的政策文本共有 9 部。如表 2 - 12 所示。

---

① 阎凤桥：《私立高等教育的全球扩张及其相关政策——对 2009 年世界高等教育大会报告文本的分析》，《教育研究》2010 年第 11 期。

表 2 – 12 调适与深化阶段政策文本统计

序号	颁发时间（年）	政策法规名称	颁发部门	相关条款及内容
1	2010	《国家中长期教育改革和发展规划纲要（2010—2020年)》	国务院	在十四章办学体制改革中有两款内容涉及民办高等教育，一款是大力支持民办教育；另一款是依法管理民办教育。纲要明确提出："要积极探索营利性和非营利性民办学校分类管理。"
2	2012	《教育部关于鼓励和引导民间资金进入教育领域促进民办教育健康发展的实施意见》	教育部	为鼓励和引导民间资金发展教育和社会培训事业，促进民办教育健康发展，提出意见。以定性为主，并没有突破民办教育促进法的框架，主要是促进法的重复和强调。
3	2015	《中华人民共和国教育法》修正案	全国人民代表大会常务委员会	涉及民办高校营利性与非营利性问题的内容是将二十六条第三款改为第四款，删除了"任何组织和个人不得以营利为目的举办学校及其他教育机构"的规定，修改为"以财政性经费、捐赠资产举办或者参与举办的学校及其他教育机构不得设立为营利性组织"。
4	2015	《中华人民共和国高等教育法》修正案	全国人民代表大会常务委员会	涉及民办高校的主要内容是对二十四条进行修改，删除了"设立高等学校不得以营利为目的"的规定。

序号	颁发时间（年）	政策法规名称	颁发部门	相关条款及内容
5	2016	《中华人民共和国民办教育促进法》修正案	全国人民代表大会常务委员会	在第十九条明确提出："民办学校的举办者可以自主选择设立非营利性或者营利性民办学校。非营利性民办学校的举办者不得取得办学收益，学校的办学结余全部用于办学。营利性民办学校的举办者可以取得办学收益，学校的办学结余依照公司法等有关法律、行政法规规定处理。"
6	2016	《关于加强民办学校党的建设工作的意见（试行）》	中共中央办公厅	第四条提出"推行向民办高校选派党组织书记"；第八条提出"民办高校要按有关规定健全党务工作部门，明确相应力量从事党的组织、宣传、纪检等方面工作；加强分类指导和监督检查"。
7	2016	《关于鼓励社会力量兴办教育促进民办教育健康发展的若干意见》	国务院	从"总体要求、加强党对民办学校的领导、创新体制机制、完善扶持制度、加快现代学校制度建设、提高教育教学质量"六个方面提出了促进民办教育健康发展的意见。
8	2016	《关于印发〈民办学校分类登记实施细则〉的通知》	教育部、人力资源和社会保障部、民政部、中央编办以及工商总局	实施细则共分总则、设立审批、分类登记、事项变更和注销登记、现有民办学校分类登记和附则共六章18条。

序号	颁发时间（年）	政策法规名称	颁发部门	相关条款及内容
9	2016	《关于〈营利性民办学校监督管理实施细则〉的通知》	教育部、人力资源和社会保障部、民政部、中央编办以及工商总局	实施细则共分总则、学校设立、组织机构、教育教学、财务资产、信息公开、变更与终止、监督与处罚和附则共九章50条。

资料来源：根据政府颁布的相关政策文本汇编而成。

（3）政策内容

2010 年 4 月 1 日，教育部发布了《关于转发〈重庆市人民政府关于促进民办教育发展的意见〉的通知》，倡导将重庆在促进民办教育发展方面所积累的成功经验向全国各地推广。2012 年 6 月 18 日，教育部颁布了《关于鼓励和引导民间资金进入教育领域促进民办教育健康发展的实施意见》，提出了"充分发挥民间资金推动教育事业发展的作用、拓宽民间资金参与教育事业发展的渠道、制定完善促进民办教育发展的政策、引导民办教育健康发展和健全民办教育管理与服务体系"等政策目标。2015 年 1 月，由李克强总理主持召开的国务院常务会议，讨论通过了三部法律的修正案草案，包括对教育法、高等教育法、民办教育促进法进行"一揽子"修改，明确"对民办学校实行分类管理，允许兴办营利性民办学校"。2015 年 2 月，教育部提出研究制定民办学校分类管理配套政策，同年 8 月教育部部长袁贵仁在第十二届全国人大常委会第十六次会议上，作了关于教育法"一揽子"修正案草案的说明，标志着"许可举办营利性民办学校"正式进入立法程序。2015 年 12 月，《民办教育促进法》二度修改暂缓表决。2016 年 1 月，《民办教育促进法》二审公开征求意见。2016 年 4 月，中央深改组审议通过《民办学校分类登记实施细则》与《营利性民办学校监督管理实施细则》，强调支持和规范民办教育发展，建立营利性和非营利性学校分类登记、分类管理制度。2016 年 6 月 1 日新实施的《教育法》删除了"任何组织和个人不得以营利为目的举办学校及其他教育机构"的规定，为修改《民办教育促进法》做好了上位法的准备。2016 年 10 月 31 日，《民办教育促进法》被提交第十二届全国人大常委会第二十四次会议进行三审，历时三次上会审议，争议颇大的《民办教育促进法》终于在 2016 年 11 月 7 日落定，新修订的《民办教育促进法》将于 2017 年 9 月 1 日起实施。2016 年 12 月 29 日，中共中央办公厅印发了《关于加强民办学校党的建设工作的意见（试行）》（中办发〔2016〕78 号），国务院印发了《关于鼓励社会力量兴办教育促进民办教育健康发展的若干意见》（国发〔2016〕81 号）。2016 年 12 月 30 日，教育部、人力资源和社会保障部、民政部、中央编办以及工商总局联合下发了《关于印发〈民办学校分类登记实施细则〉的通知》（教发〔2016〕19 号），教育部、人力资源和社会保障部及工商总局联合发布了《关于印发〈营利性民办学校监督管理实施细则〉的通知》（教发〔2016〕20 号）。至此，"一法律，两意见，两细则"构成了新时期我国民办高等教育的基本政策体系。

纵观此阶段，涉及民办高等教育的立法显得更具系统性和针对性。民办教育修法作为一项系统工程，不仅关涉教育内部，而且关涉教育外部，涵盖发改、财税、民政、人保、编制、国土、建设、工商等多个部门；因此修法的关联性、系统性、整体性显得尤为重要，否则对民办高等教育发展起不到促进作用，反倒会起阻碍和破坏作用。系列法规政策的出台，彰显了民办高等教育政策在此阶段不断得到调试和深化的特征。此阶段民办高等教育政策的具体内容体现如下。

第一，明确民办高等教育的"重要地位"。自 1982 年《宪法》赋予民办高等教育办学合法地位以来，政府对民办高等教育的地位与作用认识经历了一个发展过程，从 1987 年"我国教育事业的组成部分、国家办学的补充"，到 2010 年《国家中长期教育改革和发展规划纲要》中指出"民办教育是教育事业发展的重要增长点和促进教育改革的重要力量"。从"补充"到"重要力量"，这体现了一个认识、观念上的突破。纲要还进一步提出："各级政府要把发展民办教育作为重要的工作职责，鼓励出资办学，促进社会力量独立举办、共同举办等多种形式兴办教育"。2016 年新《民办教育促进法》规定，"民办教育事业属于公益性事业，是社会主义教育事业的组成部分；国家对民办教育实行积极鼓励、大力支持、正确引导、依法管理的方针；各级人民政府应当将民办教育事业纳入国民经济和社会发展规划"。回顾改革开放 40 多年来的历程，政府对民办高等教育的认识虽然几经波折，但是总体上呈现出不断深化的状态。如表 2 - 13 所示梳理了各政策文本对"民办高等教育性质与地位"的相关规定。

表 2 - 13　　政策文本对"民办高等教育性质与地位"的相关规定

政策法规	相关规定
《关于社会力量办学的若干暂行规定》（1987）	第三条：社会力量办学是我国教育事业的组成部分，是国家办学的补充。
《民办高等学校设置暂行规定》（1993）	第一条：民办高等学校是我国高等教育事业的组成部分。
《社会力量办学条例》（1997）	第三条：社会力量办学是社会主义教育事业的组成部分。各级政府应当加强对社会力量办学工作的领导，将社会力量办学事业纳入国民经济和社会发展规划。
《民办教育促进法》（2002）	第三条：民办教育事业属于公益性事业，是社会主义教育事业的组成部分。各级人民政府应当将民办教育事业纳入国民经济和社会发展规划。
《民办高等学校办学管理若干规定》（2007）	第三条：教育行政部门应当将民办高等教育纳入教育事业发展规划。
《独立学院设置与管理办法》（2008）	第三条：独立学院是民办高等教育的重要组成部分，属于公益性事业。
《国家中长期教育改革和发展规划纲要（2010—2020年）》（2010）	第四十三条：民办教育是教育事业发展的重要增长点和促进教育改革的重要力量，各级政府要把发展民办教育作为重要的工作职责，鼓励出资办学，促进社会力量以独立举办、共同举办等多种形式兴办教育。
《中华人民共和国高等教育法》修正案（2015）	第一章第六条：国家鼓励企业事业组织、社会团体及其他社会组织和公民等社会力量依法举办高等学校，参与和支持高等教育事业的改革和发展。
《中华人民共和国民办教育促进法》修正案（2016）	第一章第三条：民办教育事业属于公益性事业，是社会主义教育事业的组成部分。国家对民办教育实行积极鼓励、大力支持、正确引导、依法管理的方针。各级人民政府应当将民办教育事业纳入国民经济和社会发展规划。

资料来源：根据相关政策文本汇编而成。

第二，明确民办高等教育分类管理政策。多年来，民办高等教育领域投资办学和捐资办学的二元化发展实际，未能得到政策的认可，成为阻碍民办高等教育持续健康发展的一个重要因素。该阶段的一个突破在于，开始明确对民办高等教育实施分类管理政策。2010 年的《国家中长期教育改革和发展规划纲要（2010—2020）》第一次提出："要积极探索营利性和非营利性民办学校分类管理"。2016 年通过的《中华人民共和国民办教育促进法》修正案则明确提出了开展营利性和非营利性民办教育机构的分类管理。该法第二章第十九条规定："民办学校的举办者可以自主选择设立非营利性或者营利性民办学校。但是，不得设立实施义务教育的营利性民办学校。非营利性民办学校的举办者不得取得办学收益，学校的办学结余全部用于办学。营利性民办学校的举办者可以取得办学收益，学校的办学结余依照公司法等有关法律、行政法规的规定处理。"国务院颁布的《关于鼓励社会力量兴办教育促进民办教育健康发展的若干意见》第五条也提出"对民办学校实行非营利性和营利性分类管理。非营利性民办学校举办者不取得办学收益，办学结余全部用于办学。营利性民办学校举办者可以取得办学收益，办学结余依据国家有关规定进行分配。民办学校依法享有法人财产权。举办者自主选择举办非营利性民办学校或者营利性民办学校，依法依规办理登记。对现有民办学校按照举办者自愿的原则，通过政策引导，实现分类管理。"教育部等五部门印发的《民办学校分类登记实施细则》第三条规定："民办学校分为非营利性民办学校和营利性民办学校。民办学校的设立应当依据《中华人民共和国民办教育促进法》等法律法规和国家有关规定进行审批。经批准正式设立的民办学校，由审批机关发给办学许可证后，依法依规分类到登记管理机关办理登记证或者营业执照"。《民办学校分类登记实施细则》在分类登记方面也有明确的规定。例如，第七条规定"正式批准设立的非营利性民办学校，符合《民办非企业单位登记管理暂行条例》等民办非企业单位登记管理有关规定的到民政部门登记为民办非企业单位，符合《事业单位登记管理暂行条例》等事业单位登记管理有关规定的到事业单位登记管理机关登记为事业单位"。第八条规定"实施本科以上层次教育的非营利性民办高等学校，由省级人民政府相关部门办理登记；实施专科以下层次教育的非营利性民办学校，由省级人民政府确定的县级以上人民政府相关部门办理登记"。第九条规定"正式批准设立的营利性民办学校，依据法律法规的管辖权限到工商行政管理部门办理登记"。《民办学校分类登记实施细则》还对现有民办学校如何分类登记进行了具体说明。如第十四条规定"现有民办学校选择登记为非营利性民办学校的，依法修改学校章程，继续办学，履行新的登记手续"。第十五条规定"现有民办学校选择登记为营利性民办学校的，应当进行财务清算，经省级以下人民政府有关部门和相关机构依法明确土地、校舍、办学积累等财产的权属并缴纳相关税费，办理新的办学许可证，重新登记，继续办学"。

第三，对民办高校办学进行具体规范。主要体现在两方面：一是规定民办高校要完善法人治理结构。2010年的《国家中长期教育改革和发展规划纲要（2010—2020）》要求民办高等教育机构依法设立决策机构，明确董事会或理事会成员及其职责；还要求明确民办高校校长权责，完善教职工代表大会制度和健全党组织，并逐步推行监事制度。2016年通过的《民办教育促进法》修正案第三章"学校的组织与活动"规定："民办学校应当设立学校理事会、董事会或者其他形式的决策机构并建立相应的监督机制。民办学校的举办者根据学校章程规定的权限和程序参与学校的办学和管理。"该法还规定了学校理事会、董事会或其他形式决策机构的职权，校长的职权等。二是规定民办高校要依法建立财务、会计和资产管理制度。2016年通过的《民办教育促进法》修正案第五章"学校资产与财务管理"第三十五条规定："民办学校应当依法建立财务、会计制度和资产管理制度，并按照国家有关规定设置会计账簿。"第三十六条规定："民办学校对举办者投入民办学校的资产、国有资产、受赠的财产以及办学积累，享有法人财产权。"这一规定明确了民办高校法人财产权，有利于避免办学资金的流失和确保办学资金的有效投入。为了规范营利性民办高校的办学行为，教育部等三部门印发的《营利性民办学校监督管理实施细则》还从学校设立、组织机构、教育教学、财务资产、信息公开、变更与终止、监督与处罚等方面进行了详细的规定。

第四，重视对民办高等教育的扶持与奖励。如果说以往民办高等教育政策侧重于政府对民办高等教育的规制和约束，那么，这一阶段，政策的突破是开始重视对民办高等教育的扶持与奖励。在公共财政对民办高等教育的扶持方面，早在 2002 年颁布的《民办教育促进法》中就设有"扶持与奖励"专章。2010 年《国家中长期教育改革和发展规划纲要（2010—2020 年）》首次明确提出"健全公共财政对民办教育的扶持政策"。2016 年通过的《民办教育促进法》修正案第七章"扶持与奖励"第四十五条规定："县级以上各级人民政府可以设立专项资金，用于资助民办学校的发展，奖励和表彰有突出贡献的集体和个人。"第四十六条规定："县级以上各级人民政府可以采取购买服务、助学贷款、奖助学金和出租、转让闲置的国有资产等措施对民办学校予以扶持；对非营利性民办学校还可以采取政府补贴、基金奖励、捐资激励等扶持措施。"在税收优惠政策方面，《民办教育促进法》修正案第七章"扶持与奖励"第四十七条规定："民办学校享受国家规定的税收优惠政策；其中，非营利性民办学校享受与公办学校同等的税收优惠政策。"第四十八条规定："民办学校依照国家有关法律、法规，可以接受公民、法人或者其他组织的捐赠。国家对向民办学校捐赠财产的公民、法人或者其他组织按照有关规定给予税收优惠，并予以表彰。"在土地优惠政策方面，《民办教育促进法》修正案第七章"扶持与奖励"第五十一条规定："新建、扩建非营利性民办学校，人民政府应当按照与公办学校同等原则，以划拨等方式给予用地优惠。新建、扩建营利性民办学校，人民政府应当按照国家规定供给土地。教育用地不得用于其他用途。"国务院颁布的《关于鼓励社会力量兴办教育促进民办教育健康发展的若干意见》第六条指出："国家鼓励和大力支持社会力量举办非营利性民办学校。各级人民政府要完善制度政策，在政府补贴、政府购买服务、基金奖励、捐资激励、土地划拨、税费减免等方面对非营利性民办学校给予扶持。各级人民政府可根据经济社会发展需要和公共服务需求，通过政府购买服务及税收优惠等方式对营利性民办学校给予支持"。

第五，重视对民办高校的监督与评估。2013 年 11 月制定的《中共中央关于全面深化改革若干重大问题的决定》指出："全面深化改革的总目标是完善和发展中国特色社会主义制度，推进国家治理体系和治理能力现代化。""治理理论是适应公民社会管理模式而兴起的理论，以现代经济学和私营企业的治理理论与方法作为自己的理论基础，主张引入工商企业治理方法和竞争机制，实施政府分权、顾客导向、强调责任与绩效。"① 由国家管理转变为国家治理，表明党和国家管理模式和方法的转型与变化。政府的职能也在逐渐由公共管理向公共服务转变。具体表现为：一是民办高等教育政策主体范围不断拓展，政府不再是唯一的、处于垄断地位的政策主体，多元政策主体开始出现在民办高等教育政策过程中，政策主体间的责任也发生了变化。二是政府对民办高等教育的管理，开始重视监督与评估职能。按照现阶段的相关政策，社会各机构、力量可对民办高等教育进行监督，社会中介组织可对民办高等教育进行评估。《国家中长期教育改革和发展规划纲要（2010—2020 年)》明确指出："建立民办学校办学风险防范机制和信息公开制度；扩大社会参与民办学校的管理与监督；加强对民办教育的评估"。2016 年通过的《民办教育促进法》修正案第五、第六章也有类似的规定。如第五章第三十八条规定："民办学校收取费用的项目和标准根据办学成本、市场需求等因素确定，向社会公示，并接受有关主管部门的监督。"第五章第三十九条规定："民办学校资产的使用和财务管理受审批机关和其他有关部门的监督。"第六章"管理与监督"第四十一条规定："教育行政部门及有关部门依法对民办学校实行督导，建立民办学校信息公示和信用档案制度，促进提高办学质量；组织或者委托社会中介组织评估办学水平和教育质量，并将评估结果向社会公布。"国务院颁布的《关于鼓励社会力量兴办教育促进民办教育健康发展的若干意见》第二十八条规定："加强民办教育管理机构建设，强化民办教育督导，完善民办学校年度报告和年度检查制度；加强对新设立民办学校举办者的资格审查；完善民办学校财务会计制度、内部控制制度、审计监督制度，加强风险防范；推进民办教育信息公开，建立民办学校信息强制公开制度；建立违规失信惩戒机制，将违规办学的学校及其举办者和负责人纳入'黑名单'，规范学校办学行为；健全联合执法机制，加大对违法违规办学行为的查处力度；大力推进管办评分离，建立民办学校第三方质量认证和评估制度；民办学校行政管理部门根据评估结果，对办学质量不合格的民办学校予以警告、限期整改直至取消办学资格。"教育部等三部门印发的《营利性民办学校监督管理实施细则》第八章还对营利性民办学校的招生简章监管、教育教学质量监督、学历和学位

---

① 孙孝文：《治理环境下高等教育政策主体责任界定》，《江苏高教》2009 年第 5 期。

证书监督、财务资产状况监督等方面进行了明确的规定。

（二）民办高等教育政策不同发展阶段的政策工具选择

1. 审慎鼓励阶段的政策工具选择

在民办高等教育发展的第一个阶段，即审慎鼓励阶段，权威工具一直作为最重要的政策工具被使用。权威工具是指以正当性权威为基础，在限定的情况下允许、禁止或者要求某些行为，它要求政策对象即使没有切实的回报，也要按照政策所期望的方式行动。在政策文本中，权威工具常常表现为一些带有强制性或惩罚性的规定。如1987年7月原国家教委颁布的《关于社会力量办学的若干暂行规定》，大部分条款是在限定的情况下对社会力量办学做出的禁止、许可或要求，各种类型、层次的民办学校举办者必须按照政策规定的方式办学而不得有所违背。如该规定第十五条提出，"学校可向学生收取合理金额的学杂费，但不得以办学为名非法牟利"。在此阶段，符号和规劝工具使用的频率仅次于权威工具。在"基本原理"方面，此阶段众多的政策文本都提到了"不得以营利为目的"，其隐含了如下假设：民办教育是社会主义教育事业的组成部分，学校的盈余不能作为营利性收入；在"劝诫"方面，国家对地方支持民办教育事业发展提出了劝诫。如《关于社会力量办学的若干暂行规定》提出，"各级人民政府应当加强对社会力量办学工作的领导，将社会力量办学纳入国民经济和社会发展规划"；在"象征"方面，国家通过对民办高等教育地位和作用"贴标签"，赋予"社会力量办学""民办高等教育"等议题以合法性，促使民办高校获取社会的广泛认同。在此阶段，激励工具的运用主要体现在：一是政府赋予民办高等教育政治合法性，从而鼓励社会力量投身民办高等教育事业；二是加强对民办高等教育的公共服务；三是授权激励，逐步允许社会力量进入更多民办高等教育领域，或给予民办高校更多办学自主权。在此阶段，政府未能采取有效的政策措施，以加强民办高校在师资队伍、质量监控等方面的能力建设，民办高校将规模、外延的扩张摆在首位，是一种粗放式的发展模式。学习工具在此阶段运用极少，且作为一种过程性的工具，学习工具一般不体现在政策文本之中，政策文本中规定的"应当遵守法律、法规，贯彻国家的教育方针"算是一种变相的学习工具应用。总体而言，在审慎鼓励阶段，权威工具、符号和规劝工具被使用的较多，激励工具使用较少且形式较为单一，能力建设工具和学习工具极少被应用。

2. 鼓励为主、规范为辅阶段的政策工具选择

在鼓励为主、规范为辅阶段，政策工具的权威性色彩没有第一阶段那么浓厚，但是权威工具仍然是政府主要运用的政策工具。1993 年颁布的《民办高等学校设置暂行规定》以及 1996 年颁布的《关于社会力量办学管理经费问题的意见》，就较多地运用了权威工具。此阶段民办教育领域最高法规是 1997 年国务院颁布的《社会力量办学条例》，与第一阶段的《关于社会力量办学的若干规定》相比，鼓励性条款有所增加，强制性色彩有所减弱。尽管仍然对社会力量办学做出了限定条件下的允许、禁止和要求（如第 9、第 20、第 23、第 26 条），但在权威工具的运用对象上，《社会力量办学条例》有了明显的突破，从政策的实施对象推及到了政策执行者，如第三十三条提出"任何行政部门对教育实施监督管理，不得收取费用"。在此阶段，符号和规劝工具的应用仍然仅次于权威工具。在"基本原理"工具的应用上，该阶段的政策文本继续强调"不得以营利为目的"；在"规劝"方面，1997 年颁布的《社会力量办学条例》提出了"各级人民政府应当加强对社会力量办学工作的领导，将社会力量办学纳入国民经济和社会发展规划"；在"象征"方面，《社会力量办学条例》明确提出"社会力量办学事业是社会主义教育事业的组成部分"。激励工具在此阶段的运用更为娴熟和多样化。如在《社会力量办学条例》中，政府赋予了社会力量办学事业更高的地位，把其作为"社会主义教育事业的组成部分"，继续加强对民办学校的公共服务，赋予更大的授权激励；同时相比前一阶段，给予民办教育更多资源性激励，如"教育机构建设需要使用土地的，县级以上地方各级人民政府应根据国家有关规定和实际情况，纳入规划，按照公益事业用地办理，并可以优先安排"。由于在此阶段，政府对民办高校质量和内涵建设的关注程度逐步加深，因此更多能力建设工具得以运用。如《社会力量办学条例》第二十五条规定"教育机构聘任的教师应当符合国家规定的教师资格和任职条件"，这可被视作政府对民办学校人力资源建设的引导。其中，对校舍也做出了规定，一般应包括教室、图书馆、实验室、校系行政用房及其他用房 5 项。尽管在这个阶段，质量和内涵建设逐步开始受到政府及民办高校的重视，但依然无法改变规模和外延扩张的优先地位。由于该阶段政府对民办高校

的态度逐渐向积极的一面转变，因此在政策工具的应用上，更多地选择了
激励工具和能力建设工具，并且显现出子工具更加多元化的趋势，权威工
具的使用强度有所弱化，符号和规劝工具继续得到应用，学习工具在引导
民办高校特色办学、优质办学方面开始逐步被应用。

　　3. 鼓励与规范并重阶段的政策工具选择

　　此阶段民办高等教育在高等教育事业中所占比重持续提高，在民办高
等教育市场生源竞争日趋激烈、民办高校外延扩张面临重大瓶颈的背景
下，政府对民办高校的政策导向开始从原来的鼓励为主规范为辅转向鼓励
与规范并重。权威工具在该阶段的运用，则延续了第二个阶段的做法，表
现为对政策实施对象和政策执行者都存在许多限定条件下的权威性要求。
如在2003年开始实施的《民办教育促进法》和2004年颁布的《民办教
育促进法实施条例》中都有更加具体和明确的相应条款。譬如《民办教
育促进法》第六十二条，就对追究民办学校法律责任的情形作了较细致
的规定。该阶段由于《民办教育促进法》的颁布，符号和规劝工具的运
用得到了较大的突破。在"基本原理"方面，《民办教育促进法》突破性
地提出了"合理回报"的概念，但在该法中仍明确了"民办教育事业属
于公益性事业"，其背后的假设是：不论是否要求合理回报，民办教育要
始终坚持公益性质；在"规劝"方面，随着对民办教育事业地位和作用
的认识不断加深，国家对地方支持民办教育事业发展提出了更深层次的规
劝。如《民办教育促进法》希望各级政府"对民办教育实行积极鼓励、
大力支持、正确引导、依法管理"的方针；在"象征"方面，《民办教育
促进法》明确"民办教育事业属于公益性事业，是社会主义教育事业的
组成部分"。在鼓励和规范并重阶段，政府所运用的激励工具频率更高，
更为多样。《民办教育促进法》除了继续巩固民办高校的政治合法性，加
强公共服务，提供资源性激励、授权激励之外，该阶段还拓展出了财政性
激励和信贷激励两种子工具。前者的做法是"县级以上各级人民政府可
以设立专项资金，用于资助民办学校的发展，奖励和表彰有突出贡献的集
体和个人"，"民办学校享受国家规定的税收优惠政策"；后者的做法是
"国家鼓励金融机构运用信贷手段，支持民办教育事业的发展"。由此可
见，此阶段政府对民办教育运用的激励工具组合更趋丰富。能力建设工具
在此阶段的使用，除了引导民办高校进行规范化管理和标准化办学之外，

还很重视增强民办高校的办学能力。如为了保障民办高校师生权益，提高民办高校人才竞争能力，《民办教育促进法》规定了民办学校教职工和受教育者在哪些方面享有与公办学校教职工和受教育者同等的权利。该阶段学习工具的使用，一方面，表现在《民办教育促进法》颁布以后，各地组织了各种形式的政策法规宣传与学习；另一方面，学习工具被继续运用于引导民办高校特色办学和优质办学。总体而言，在对民办高等教育既强调鼓励又注重规范的阶段，政府在政策工具的选择上相对更为均衡，运用上也更为娴熟。

4. 调适与深化阶段的政策工具选择

随着教育市场对民办高等教育需求的持续增长，政府在教育领域的逐步简政放权，民办高校在良好的市场环境和政策环境下，发展规模不断扩大，办学层次和服务水平不断提高。然而，新时代背景下新的经济、政治与社会形势，以及民办高等教育发展过程中出现的各种法理上的、制度上的矛盾与困境，促使人们对民办高等教育法规政策进行了深刻的反思，并开始对其进行调适与深化。在此阶段，权威工具仍然作为主要的政策工具被使用，除了延续前三个阶段权威工具传统的运用手段，该阶段的显著特征是特别注重发挥政策法规的权威规范作用。如《国家中长期教育改革和发展规划纲要（2010—2020 年)》，从战略高度对民办高校的发展进行了规范；《民办学校分类登记实施细则》对非营利性民办学校和营利性民办学校的设立审批、分类登记进行了明确的规范；又如《营利性民办学校监督管理实施细则》第四十七条规定："营利性民办学校违反《中华人民共和国教育法》《中华人民共和国民办教育促进法》及相关法律法规，有下列行为之一的，由教育、人力资源社会保障、工商行政部门或者其他相关部门依法责令限期改正，并予以警告；有违法所得的，退还所收费用后没收违法所得；情节严重的，责令停止招生、吊销许可证；构成犯罪的，依法追究刑事责任：一是办学方向、教学内容、办学行为违背党的教育方针，违反国家相关法律规定。二是办学条件达不到国家规定标准，存在安全隐患。三是提供虚假资质或者进行虚假广告、宣传等行为。四是筹设期间违规招生，办学期间违规收费。五是因学校责任造成教育教学及安全事故。六是抽逃办学资金、非法集资。七是存在其他违反法律法规行为。"此外，《国家中长期教育改革和发展规划纲要（2010—2020 年)》

明确指出，"民办教育是教育事业发展的重要增长点和促进教育改革的重要力量"，这是符号和规劝工具在这一阶段的新运用。国家通过不同阶段不同的象征标签，赋予民办高校不同程度的合法性，从而获得国家和社会对民办高校价值认同的一致性，并创造出有利于政策实施的社会环境。为了充分发挥民间资金推动教育事业发展的作用、拓宽民间资金参与教育事业发展的渠道，2012年教育部颁布的《关于鼓励和引导民间资金进入教育领域促进民办教育健康发展的实施意见》和2016年国务院颁布的《关于鼓励社会力量兴办教育促进民办教育健康发展的若干意见》，则是激励工具在新阶段的新应用和新拓展。通过不断鼓励民间资金、社会力量进入民办高等教育领域，以促进民办高等教育持续健康发展，也使得激励工具的搭配组合更趋完善，工具箱更趋丰富。总体而言，此阶段由于民办高等教育的发展渐入瓶颈期，政策工具的运用也渐趋稳定，尤其是能力建设工具和学习工具，基本没有呈现新的应用手段和模式。

第二节　民办高校分类管理政策工具选择的理论基础

一　民办高校分类管理的必要性

自改革开放以来，我国民办高等教育从无到有，从小到大，发展迅速，已经成为了我国高等教育的重要组成部分。然而，随着我国民办高校办学规模的扩大，办学层次的提高，民办高校发展中的问题也层出不穷。如民办高校的法人属性和产权界定模糊、民办高校内部管理混乱等。造成问题的原因，在一定程度上是由于《教育法》和《民办教育促进法》中关于民办教育内容的法律条款存在自相矛盾，从而为民办高校规范化发展造成了制度障碍。北京师范大学教授钟秉林指出，"新的《民办教育促进法》确立了营利性与非营利性民办学校两种法人类型，明确了公办、民办教育共同发展格局的法源基础，在法律层面充分体现了完善民办教育治理体系的根本要求；在原有的制度框架下，民办学校既不能享受政府补贴、税费减免等政策支持，也不能合法合规地获得经济收益，不但制约了民办学校发展，而且影响了民间资金投入教育的积极性；实行分类管理，既能有针对性地制定政府扶持政策（如财政补助、税费减免等），避免'搭便车'现象，最大限度地保障非营利性民办学校的发展，又能从法律层面明确营利性民办学校的法律地位，完善相应的办法，依法保障和规范获取合理回报的行为；同时还能使潜在的捐赠者和出资者打消顾虑，激发他们为教育捐资和投资的积极性"。[1] 可见，理顺民办高等教育的法律逻辑，推进民办高等教育改革，所有的焦点都汇集到了实施民办高校分类管理这一根本性的举措上，分类管理变得势在必行。

有论者通过对民办高校分类管理前后的比较分析（如表 2 - 14 所示），强调新的《民办教育促进法》颁布以前，中国民办高校没有严格意义的营利性高校，几乎所有的民办高校都选择民办非营利性高校的身份，并注册为民办非企业单位，所有民办高校从类别上看基本相同，互为约等于关系；实施严格分类管理后，追求利润和追求社会声誉的高校将更加泾渭分明，并且享受不同的社会和政策待遇；他还通过对严格分类管理后非营利性高校和营利性高校利益变化分析（如表 2 - 15 和表 2 - 16 所示），认为严格分类管理"得"大于"失"，更有利于社会资源的优化配置，也是促使不同类别高校实现转型、实现教育供给侧改革的必要手段。[2]

表 2 - 14 中国民办高校分类管理前后比较

	严格分类前	严格分类后	
民办高校类别	非营利性民办高校约等于营利性民办高校	非营利性民办高校	营利性民办高校
注册状态	非营利性民办高校（民办非企业单位）	非营利性民办高校	营利性民办高校
回报	"合理回报"	没有回报	利润最大化
办学剩余	用于办学	用于办学	可以分配
资产归属	可处置（基于明确产权）	相应补偿或奖励	可处置
税收	非企业税收（很多地方仍需交税）	相同于公办高校	低于企业，但高于非营利性高校

---

① 钟秉林：《民办学校分类管理正当其时》，《光明日报》2016 年 11 月 15 日第 14 版。
② 陈爱民：《民办高等教育分类管理与社会资源优化分配》，《教育发展研究》2017 年第 3 期。

续表

	严格分类前	严格分类后	
财政支持	省内普惠，"合理回报"者不享受财政支持	区别于营利性，并有所提高	不直接支持
招生政策	计划指标	计划指标	随行就市
学费	依据省内政策	基于成本、公示、接受监督	随行就市，接受监督
教师社保	区别于公办高校	类似事业单位	类似企业
融资	银行贷款	银行贷款	银行贷款，上市
治理模式	"董事会领导下的校长负责制"	"董事会领导下的校长负责制"	"董事会领导下的校长负责制"
经营模式取向	生存/赚钱/创名校，根据办学者的志向分化发展	公益性学生培养、科研、社会责任担当	市场化学生培养、科研模式，避免外溢

资料来源：陈爱民：《民办高等教育分类管理与社会资源优化分配》，《教育发展研究》2017 年第 3 期。

表 2 - 15　　　　　　　　**严格分类管理后高校利益变化分析**

	非营利性民办高校	营利性民办高校（假设准入学历教育）
得	注册从民办非企业变为事业单位； "公益性"有利于获得更多社会信任，从而有利于招生； 财政支持区别于营利性高校，甚至有所提高； 招生（计划）不同于营利性高校，并有望得到改善； 享受公办高校的税收、土地、融资政策。	办学剩余可以分配； 融资渠道得以拓展（可以上市）； 利润最大化（潜在机会）； 治理和经营模式更具灵活性； 政府干预减少，管理自主权增加。

续表

	非营利性民办高校	营利性民办高校 （假设准入学历教育）
失	举办者不再享有"合理回报"； 须更严格采纳现代大学治理模式； 承担与财政支持相匹配的更多社会责任。	缴税高于非营利性高校； 不再享受财政直接补贴； 招生风险上升（营利性高校的普遍问题）。
无变化	办学剩余用于学校； 学费基于成本变化； 融资主要通过银行贷款。	拥有未来产权归属； 学费基于成本和市场需求。

资料来源：陈爱民：《民办高等教育分类管理与社会资源优化分配》，《教育发展研究》2017 年第 3 期。

表 2 - 16   **严格分类管理后社会利益变化分析**

	非营利性民办高校	营利性民办高校
微观单位 得失变化	"得"归属学校 "失"来自个人	"得"和"失" 都明确归于个人
社会利益变化	学校（社会）"得"大于个人"失" 分类后更聚焦于公益性教育；办学质量得以提高；实现社会资源的优化分配。	个人"得"大于个人"失" 分类后起到"拾遗补阙"作用；实现社会资源的优化分配。
结论	社会"净得"为正； 科学的分类管理不仅符合国际规范，更是符合教育规律； 如果成功实施，有利于高等教育需求和供给结构的有效对接，从而实现社会资源的优化分配。	

资料来源：陈爱民《民办高等教育分类管理与社会资源优化分配》，《教育发展研究》2017 年第 3 期。

具体来讲，分类管理的必要性体现如下。

（一）厘清法人属性，巩固法律地位的必要前提

有学者认为，"我国民办教育的现行法律法规和一整套政策是基于民办学校的非营利性而设计的；由于民办高校部分非营利性和营利性都享用同样的法律法规，这样的'游戏'规则必然存在很多模糊区域，导致营利性和非营利性民办高校相互'搭便车'的现象十分普遍，再加上政府尚没有严格有效的监管措施，其结果是更多的民办高校打着'不营利性'或'少营利'的招牌却行'获取暴利'之实；在法律上重新界定民办高校营利性与非营利性不同的性质，明确目标、市场与政府监管上的分野，有利于实现民办高校的分类调整与规范"。[①] 我国《教育法》第二十五条规定"任何组织和个人不得以营利为目的举办学校及其他教育机构"，而《民办教育促进法》规定民办学校的举办者在法律范围内可以取得合理回报。起初将这条规定写进该法中，是当时立法博弈的结果，旨在运用经济手段吸引更多民间资金投资教育；但为了不违背《教育法》的规定，仍然将民办学校定位为"非营利组织"，在法人性质上定义为"民办非企业法人"，而这并不在我国法律规定的四类法人范畴之内。这就造成了民办高校尴尬的"非马非驴"的法律地位，也给政府的监管造成了极大的困难。许多民办高校披着公益事业、非营利组织的外衣，却行企业追逐利润之实，导致政府运用公共财政资助民办高等教育的迟缓和低效。随着民办高等教育的飞速发展及重要性的日益突出，现在已经到了对营利性与非营利性民办高校作出严格区分进而实施差异化政策的关键时期。因为一方面营利性民办高校会继续侵蚀大量的公共资源，成为私人或者利益集团赚钱的工具；另外，非营利性民办高校公益性的法律地位无法得到落实和巩固，也就无法享受到与公立高校平等的社会和政策资源，作为奖励性质的合理回报也无法精准地落实到非营利性民办高校身上，从长远来看不利于民办高校乃至我国高等教育的持续健康发展。[②] 如果对现有的民办高校不进行分类，对营利性和非营利性民办高校"一视同仁"，则会产生经济学

---

① 石邦宏、王孙禹：《民办高校营利性与非营利性的制度思考》，《中国高教研究》2009年第3期。

② 郭二榕、景安磊：《推动分类管理促进民办教育健康发展》（观点摘编），《中国高教研究》2017年第31期。

意义上的"公地悲剧",进而挫伤社会力量办学的积极性。[①]

（二）明确产权制度,激活投资融资的必备条件

民办高校,尤其是非营利性的民办高校其主要的资金来源应是社会捐赠和政府资助。但是长期以来,由于民办高校不严格区分营利性和非营利性,造成了民办高校捐资者和投资者的困惑。我国法律规定,捐资者不能直接将资金捐献给学校,必须通过政府或非营利性的社会团体进行教育捐赠,这就加剧了捐资者对资金流向和用途的疑惑,无法确认资金是作公益用途还是落入私人口袋。另外,在《民办教育促进法》的规定约束下,投资者无法拥有财产所有权,这也使得很多人不愿意投资办学。民办高校在我国属于非营利组织,注册登记为"民办非企业单位",这种尴尬的法人地位使其无法切实获得相关政策优惠,同时又丧失了融资的渠道。新制度经济学的科斯定理认为,"只要财产权是明确的,并且交易成本为零或者很小,那么无论在开始时将财产权赋予谁,市场均衡的最终结果都是有效率的,实现资源配置的帕累托最优"。[②] 可见,通过分类管理,对营利性和非营利性民办高校的产权进行清晰的界定,是实现民办高等教育资源配置优化的前提。对民办高校进行营利性和非营利性的划分,实施差异化的产权制度,有利于消除捐资者和投资者的顾虑,切实保障他们的资源和资金落到实处,拓展经费来源渠道,促进民办高校的持续健康发展。

伴随着改革开放进程的深入,我国民间资本持续发展壮大。为此,鼓励和引导民间资金进入教育领域,是近年来我国教育政策的重要走向。2010 年 5 月,国务院出台《关于鼓励和引导民间投资健康发展的若干意见》,提出:"鼓励民间资本参与发展教育和社会培训事业,支持民间资本兴办高等学校、中小学校、幼儿园、职业教育等各类教育和社会培训机构。"教育部随后在 2012 年出台《关于鼓励和引导民间资金进入教育领域促进民办教育健康发展的实施意见》,指出:"鼓励和引导民间资金以多种方式进入学前教育和学历教育领域,参与培训和继续教育,允许境内外资金依法开展中外合作办学。"实施民办学校分类管理,将有利于吸引

---

① 黎军、宋亚峰:《我国民办高校发展现状及对策研究——高等教育普及化阶段到来前的思考》,《教育与教学研究》2017 年第 2 期。

② 高鸿业:《西方经济学》,中国人民大学出版社 2010 年版,第 330 页。

民间资金进入教育领域，进一步促进民办教育的发展和壮大。

自改革开放以来，我国民办教育一直带有投资办学、举办者要求物质回报的特征。这与我国缺乏捐资办学的历史传统等多种因素有关。我国民办教育发展的现实状况是：长期以来，营利性诉求在我国民办教育领域始终存在，严守非营利界限、丝毫没有营利追求的民办学校并不占据主流。而从有关法律、法规和政策的态度看，营利性民办学校却始终处于被禁止的状态。如《教育法》第二十五条规定："任何组织和个人不得以营利为目的举办学校及其他教育机构。"《高等教育法》第二十四条规定："设立高等学校，应当符合国家高等教育发展规划，符合国家利益和社会公共利益，不得以营利为目的。"1997 年 10 月 1 日施行的《社会力量办学条例》第六条规定："社会力量举办教育机构，不得以营利为目的。"直至 2003 年 9 月 1 日《民办教育促进法》出台，政府在民办学校营利的态度上才有所松动，如第六条和第五十一条分别规定了"国家鼓励捐资办学""民办学校在扣除成本、预留发展基金以及按照国家有关规定提取其他的必需的费用后，出资人可以从办学结余中取得合理回报。"但与此前法律法规精神一贯的是，该法只是模糊地承认和允许了"出资人可以从办学结余中取得合理回报"，并没有明确允许营利性民办学校存在，更未要求据此对民办学校进行分类管理，真正的营利性民办学校并未获得法律上的承认。法律法规和政策长期以来忽视民办教育领域中的营利性诉求，进而忽视民办学校营利性与非营利性的差别。政策与现实的背离，在一定程度上阻碍了民办教育的健康有序发展。比如不少民办学校改头换面，打着"非营利"的幌子实际从事着具有营利色彩的活动；而少数捐资办学的学校又难以获得明确的各种政府支持。

直至 2016 年 11 月 7 日新出台《民办教育促进法》（修正案），民办学校分类管理机制才终于得以明确。这意味着，在教育观念上，传统的"非营利"思想共识被打破，政府不仅承认了营利性教育的观念，也接受了教育领域存在营利诉求的现实。这是一个具有重要意义的进步和变革。实施民办高校分类管理，完善和落实营利性和非营利性民办高校的政策待遇，为民间资金进入教育领域，提供了明晰的政府导向和政策环境。这将进一步鼓励和引导民间资金进入教育领域，特别是激励捐资办学，促进非营利性民办高校发展。

（三）落实扶持政策，激发办学活力的必经之路

近年来，随着教育需求与供给矛盾的基本解决，民办学校一些深层次的制度性、结构性矛盾日益凸显，已成为阻碍我国民办教育发展的现实障碍。体现在：一是民办教育市场失灵现象普遍存在，部分民办学校无序竞争、恶意竞争甚至违法违规现象屡见不鲜；二是民办学校非对称性管理模式暴露出诸多问题，主要表现为捐赠办学的制度设计模式与投资办学实际的严重不对称性；三是民办学校结构趋同性明显，民办学校整体竞争力不强。① 出现这些问题的原因很多，其中缺乏分类管理是重要原因之一。诚如时任教育部副部长鲁昕所言，"由于理论准备和实践探索不足，尚未建立对营利性和非营利性民办学校进行分类管理的国家制度，导致实践中鼓励和规范的政策产生了矛盾，法律规定的优惠政策得不到有效落实。② 长期以来，民办高校登记为民办非企业法人，营利性和非营利性不分，致使其既不是企业，也不是事业单位。这导致了民办高校既无法享受到企业法人所具有的办学自主权，又难以享受到事业单位在财政、税收、土地和师生待遇等方面的政策优惠。现实中，一些地方政府极少给予民办高校财政资助，由于担心资助无法产生效益，甚至是被输送到举办者个人或家族的口袋，政府自然很难给予财政资助，对民办高校师生的政策待遇也难有效落实，各类扶持政策在不少省份也处于搁置状态。③ 分类管理相对于现有的制度体系，其作用有三：其一，将投资资本引向营利性民办教育领域，防止投资资本过度进入非营利性民办教育领域；其二，将现有的民办学校重新分类，从而将隐性营利性民办学校显性化，也使其管理由非对称性向对称性转化，同时避免政府的财政投入陷入巨大的道德风险；其三，分类管理可以使政府的制度逻辑由原来的促进为主向规范、引导与促进并重转变，有利于民办学校的持续健康发展"。④ 可见，要将众多配套的扶持政

---

① 张利国：《民办学校产权制度研究——以分类管理为视角》，中国民主法制出版社 2016 年版，第 36 页。

② 鲁昕：《认真贯彻落实〈规划纲要〉促进民办教育蓬勃发展》，《湖南民办教育》2010 年第 6 期。

③ 王树青、石猛：《民办高校分类管理的实质与制度要求》，《济南大学学报》（社会科学版）2017 年第 5 期。

④ 方建锋：《民办学校分类管理宏观制度设计的基本走向》，《复旦教育论坛》2017 年第 2 期。

策落到实处，真正起到激励民办高校发展，就必须对民办高校进行分类管理，严格区分营利性和非营利性。只有对民办高校进行营利性和非营利性的严格区分，才能保障各类配套扶持政策在合适的土壤上生根发芽，促进民办高校发展。

（四）营造公平政策环境，推进优质均衡发展的必然选择

有论者指出，"不公平竞争是民办教育遇到的最大问题之一，分类管理是营造公平竞争环境的重要保障；一些公办学校举办的民办学校、一些正在探索的混合所有制学校凭借原来学校的资源优势、体制内优势，挤压了'纯民办'的发展空间；而一些有捐资办学意愿的人士，则认为捐资办学的政策与出资或投资办学没有足够的区别；民办学校分类管理，势必将各种形式的民办学校纳入营利性与非营利性两种发展轨道，为区分不同学校性质提供有力的支持，为民办教育健康发展创造公平的竞争环境"。[①]改革开放以来，政府为了扶持民办高校的发展，投入了大量的资源，但是民办高校不区分营利性和非营利性，这对民办高校的税收政策造成了很大的影响，甚至破坏了整个教育领域的公平。《民办教育促进法》第四十六条规定："民办学校享受国家规定的税收优惠政策"。然后，不同类型的民办学校具体可以享有哪些税收优惠，法律并没有作出明确的解释。按照原《教育法》和《民办教育促进法》的相关规定，民办高等教育属于公益性事业，民办高校一律享有国家的税收优惠政策。这就意味着主要从事教育培训的非学历教育机构，也享有同等的国家税收优惠待遇。事实上，这些非学历教育机构并不符合非营利性组织的基本条件，且主要以营利为目的，通过收取高额培训费用获得高额利润；同时，还和其他具有非营利性质的民办高校争夺税收福利，严重损害了社会公共利益，造成了社会办学和社会分配的不平等。长期如此，公共资源的失衡必定会造成整个高等教育系统的失衡，阻碍高等教育的优质均衡发展。

分类管理有助于确保民办高校的校际公平，即营利性民办高校与非营利性民办高校之间的公平。所谓公平，不是抹煞差异，不是一视同仁。真正要营造公平的政策环境，就要重视民办高校的分化现实，正视和针对营

---

① 王烽：《营利性与非营利性民办学校分类管理的几个重大问题》，《教育经济评论》2016年第 2 期。

利性民办高校与非营利性民办高校之间的差异，在合理划分的基础上，分别实施与之相适应的政策。那些如经营企业一样经营学校、追求物质回报的营利性民办高校，就不能和那些不以营利为目的、纯粹举办公益教育的民办高校享受同等的待遇，后者显然更应该受到优待和扶持，这是彰显公平之根本。分类管理还有助于非营利性民办高校与公办高校之间的公平。从性质上来说，非营利民办高校与公办高校都是举办服务于国家发展、社会需求的公共事业。通过分类管理，可以落实非营利性民办高校与公办高校的平等地位和平等待遇，有助于进一步鼓励、引导和发展非营利民办高校。学界和政府已经认识到我国民办高校是建立在追求物质回报的投资办学基础之上，而不是纯粹无私的捐资办学，《民办教育促进法》（修正案）的出台，标志着营利性民办高校的合法地位获得法律承认以及在此基础上的分类管理政策的推行。有学者认为："使民办学校朝向非营利机构发展，仍然应当成为我国民办教育事业发展的重要方向。"[①] 因为虽然我们不能把学校的公益性和营利性视作线性反比关系，不能将公益性诉求意识形态化，不能否认营利性民办学校存在的合理性；但是，无论从教育的性质、民办学校的发展、公众的期待还是社会公共利益最大化来说，民办学校还是以定位于非营利组织或者第三部门为宜。营利性高校可以存在，但是并不适合成为主流。因此，针对投资办学是我国改革开放以来民办高等教育事业发展的主要特征这一事实，通过合理的政策安排，引导、鼓励这些民办高校"非营利转向"，就理应成为今后一段时期的重要任务。给予真正的公益性、非营利性民办高校和公办学校同样的平等地位和平等待遇，也是彰显政策公平的应有之义。

二　民办高校分类管理政策工具设计、选择与实施的基本要求

政策工具要在民办高校分类管理中发挥应有的效用，需要经历政策工具设计、选择、实施等环节。其中每个环节都应该做好相应的理论探讨与制度设计，才能保障一项政策工具的应用或者多项政策工具的搭配运用达到预期的效果。

---

① 周海涛：《民办学校分类管理政策研究》，经济科学出版社 2016 年版，第 94 页。

（一）民办高校分类管理政策工具设计的基本要求

1. 分析政策问题。所谓政策问题，就是政府和社会大多数民众感知到的，与他们已有的利益具有严重冲突或矛盾，迫切需要政府采取某种行动加以解决的问题。实现政策问题的精准分析，是明确政策目标及选择政策工具的前提。如果不能正确分析民办高校分类管理当前所面临的政策问题及其原因，政策问题的解决和政策工具的选择和实施就无从着手。我国民办高校发展至今，其主要的问题是民办高校发展过程中迅速增长的资源需求和法律制度等政策性资源供给不足之间的矛盾。要化解这个矛盾，根本上还是要从法律制度层面入手，厘清民办高等教育的制度逻辑，解决法律体系内部的相互掣肘和抵触。

2. 明确政策目标。民办高校分类管理政策的长期目标，应该是《国家中长期教育改革和发展规划纲要》中提出的，促进民办教育成为"教育事业发展的重要增长点和促进教育改革的重要力量"；而民办高校分类管理政策的短期和中期目标，应该是解决目前制约民办高校发展的法律矛盾、制度障碍和资源困境。政府在设计民办高校分类管理政策工具时，应首先构建民办高校分类管理政策目标体系，全面考虑短期、中期、长期的政策目标定位及要求，并对国家层面政策目标与地方层面政策目标的差异性特征有充分的考量，以提高政策工具设计的系统性和针对性。

3. 平衡利益相关者的利益需求。"利益相关者"起源于斯坦福研究中心 1963 年的一篇管理论文，最初被定义为"没有它们的支持组织就不再存在的团体"。[①] 在民办高校分类管理中，这个"团体"包括政府部门、民办高校、教师与学生这四大群体，他们构成了民办高校的关键利益相关者，他们的价值取向从根本上决定着民办高校的生存和发展：一是政府部门。政府部门更多指的是与民办教育政策内容相关的政府部门。民办高校的健康发展，离不开他们的规范和支持。譬如对民办高等教育的公共财政资助，就需要财政部门的认同和支持；民办高校享有的税收优惠，则需要税务部门的许可。二是民办高校。民办高校是政策实施的目标群体，政策工具有效实施并且富有成效的前提，是该项政策工具得到大多数民办高校

---

① 弗里曼：《战略管理：利益相关者方法》，王彦华等译，上海译文出版社 2006 年版，第 37 页。

的认同。缺乏民办高校群体的认同，政策工具的实施就会受到阻滞，政策目标就难以实现。三是教师。大学本质上是一个由学者组成的学术组织，教师是一所高校持续发展的动力来源，是教学、科研、社会服务、文化繁荣与创新等大学职能的直接履行者，与民办高校教师相关的政策作用于教师身上也将直接影响民办高校的发展。四是学生。学生是民办高校的"消费者"，是学校教学与管理的核心利益相关者。政府扶持民办高校的发展，其最终目的还是希望民办高校能培养出合格的社会主义建设者，因此政策工具的设计必须要考虑学生的利益。在这个利益相关者群体里，各自的观念、利益往往难以达成一致，这就需要政策制定者多方协调，平衡不同的利益诉求。

（二）民办高校分类管理政策工具选择的基本要求

通过对目标变量的把握，对可供选择的政策工具进行梳理，罗列可供选择的政策工具清单，才能全面认识政策工具的优缺点，减少遗漏有效工具的可能性；同时也有利于政策工具之间两两比较，以便在众多的政策工具中实现优中选优。民办高校分类管理政策工具的选择，应在充实政策工具箱，提供足够多的政策工具的基础之上，基于满意原则而非最优原则进行政策工具选择。譬如在对民办高校进行公共财政资助时，以往政府主要采用直接资助和间接资助两种形式，且主要选择以直接资助为主。但财政资助的实际效果和认可度一般，政府对民办高校是否把财政资助经费用于提升办学质量也心存疑虑。为此，政府可以设计出政策工具清单，进行政策工具组合，如不同比例的直接资助和间接资助的搭配，预留替代工具以备万一，以提高政策工具的实施成效。

基于长期以来政策工具的使用经验，政策工具的选择应该遵循公平性、效率性、可行性、适应性和可控性原则。所谓公平性，就是政策工具的选择和实施应该有助于实现各类民办高校之间的公平竞争，尤其应该缩小非营利性民办高校和公办高校在政策待遇、师生待遇方面的差距；所谓效率性，就是政策工具应用到民办高校分类管理中的实施成本应该低于预期的收益；所谓可行性，就是所选择的政策工具要符合政策目标的要求，符合国家相关法律法规的规定，符合社会意识形态和国家性质等；所谓适应性，就是要求民办高校分类管理政策工具的应用实践，要能适应灵活多变的环境，具有权变性；所谓可控性，是指政策执行主体能有效控制民办高校分类管理政策工具的实施，即使是在非程序情况下，政府也能对各项政策工具进行有效的控制和纠偏。

（三）民办高校分类管理政策工具实施的基本要求

1. 环境支持。所有政策的实施都是在一定的环境中进行的，都会受到制度或体制、目标群体、社会舆论、技术条件等环境因素的影响。对于环境因素，有些是在政策执行者能力控制范围之内的，有些则是无力改变的。民办高校分类管理政策工具要得到有效的实施，政府就要全力控制和改变可控的环境变量，如健全和完善民办高校分类管理的相关法律制度，加强支持民办高校分类管理的政治导向和社会舆论，极力营造有利的制度环境和社会舆论环境。

2. 过程支持。一个政策目标的实现，基本上都是一个相对漫长的过程，不可能一蹴而就。而在这个漫长的过程中，如果没有任何强化或完善的举措，一项政策的执行力度可能随着时间的推移而弱化。因为政府职能的多样性和复杂性决定了政府在颁布某项政策后，可能会将有限的精力和资源转移到新的政策问题领域，而逐渐较少过问之前所颁布政策的执行情况和效果。民办高校分类管理政策工具的推行是一个漫长的过程，分类只是分类管理中的第一步，而重心应该落在管理上，这个过程需要各利益相关群体自始至终地给予关注，尤其是需要政府全过程的支持。

3. 评估支持。政策评估是指按照一定的价值标准与事实标准，采取一定的程序或步骤，对政策实施过程中的价值因素和事实因素进行评价，为接下来的政策调整提供参考。而政策评估按照发生时段的不同，可以分为以下三种：一是政策风险评估。这是一种政策实施前的评估，目的是充分测度政策工具实施后可能会遇到的风险，并据此建立风险防范机制，提高政府对政策风险的防控能力。二是政策过程评估。政策过程评估主要是对政策工具实施过程中遇到的各种新情况、新问题进行分析，据此决定是否需要作出相应的政策调整。三是政策实施绩效评估。主要是对政策实施的效果进行评价，看是否解决了政策问题，政策目标实现程度如何。民办高校分类管理政策的完善，是一个渐进式制度变迁的过程。需要通过政策风险评估，了解民办高校分类管理政策执行可能面临的各种风险，提前做好防控和规避；需要通过政策过程评估，及时发现分类管理政策执行过程中存在的新问题，据此作出相应的政策调整；需要通过政策评估，了解政策工具执行情况，为改进政策工具执行成效、丰富政策工具选择、提高政策执行效果提供依据。

4. 纠偏机制。由于政策环境复杂，一项政策的制定往往受到信息、成本、时间等诸多因素的制约或限制。政策制定者往往只能基于满意原则而非最优原则进行政策方案的选择，政策方案的最终确定往往是妥协的产物。由于政策环境复杂多变，政策的执行容易偏离既定的政策目标，这就需要构建政策执行的纠偏机制，及时发现政策执行偏差状况，分析政策执行偏差产生的原因，并及时进行修正和完善。我国民办高校分类管理政策执行面临的政策环境也是非常复杂，全国各地民办高校成长环境不同、发展模式不同、政策激励与约束的力度不同，使得政策工具的选择需要灵活多变，提高政策工具选择与执行的针对性，防止因政策环境复杂多变可能导致的各种政策风险，并及时评估政策工具实施成效，据此对偏离预设轨道的政策进行纠偏，确保民办高校分类管理政策执行朝着预期政策目标的方向发展。

第三章　民办高校分类管理政策工具选择的经验与借鉴

在民办高校分类管理方面，地方层面比国家层面的政策工具应用更为丰富多样。1997 年颁布的《社会力量办学条例》第十一条规定，"国家教育行政部门负责全国社会力量办学工作的统筹规划、综合协调和宏观管理"，"县级以上地方各级人民政府有关部门根据省、自治区、直辖市人民政府规定的职责，负责有关社会力量的办学工作"。2003 年实施的《民办教育促进法》分别在第七条和第八条划分了国家和地方的民办教育管理权限。正是在这种背景下，以陕西省、浙江省为代表的地方政府在民办教育领域进行了许多有益的探索和实践，所采用政策工具的类型和数量都超过了国家层面。放眼西方发达国家，美国对私立高校进行分类管理，形成了较为成熟的私立高等教育系统和清晰的分类管理顶层设计。剖析国内外民办（私立）高校分类管理政策工具选择经验，对我国推进民办高校的分类管理具有一定的借鉴意义。

第一节　陕西省民办高校分类管理政策工具选择经验

一　陕西省民办高校发展概况

陕西省是在全国最先发展民办高等教育的省份，目前也是全国民办高等教育发达地区与先进示范省份。陕西民办高等教育能够率先起步，与陕西省政府相关部门的积极扶持密切相关。1996 年，陕西省通过绿色通道的形式，彻底解决包括西安外事学院在内的十所高校的土地问题；同年，陕西省正式颁布实施《陕西省社会力量办学条例》，确立了民办高等教育的合法地位，坚定了民办高等教育举办者的信心；2000 年，陕西省人民政府下发了《关于进一步办好民办高等教育的决定》，按照"积极鼓励，大力支持，正确引导，加强管理"的方针，结合陕西实际，提出了鼓励民办高等教育发展的十条措施，为陕西民办高等教育繁荣奠定了基础；到2008 年，陕西省已经批准设立了 18 所民办高校，充分奠定了民办高等教育健康、规范发展的总体格局；2009 年起，陕西省教育厅每年设立 100万元专项奖励资金，用于扶持民办高校走内涵建设、特色发展的路子；2011 年，陕西省人民政府出台了《关于进一步支持和规范民办高等教育发展的意见》，其中第五条规定实施分类管理，民办高校分为营利性和非营利性两类，由举办者自愿申报，省级有关部门审核确定；2013 年，陕西省出台《陕西省民办高等学校（教育机构）分类登记管理实施办法》，其中第三条规定民办高等学校（教育机构）按照非营利性、营利性进行分类登记，由举办者自愿申报，省级有关部门审核确定；2017 年 7 月，陕西省人民政府完成了《陕西省人民政府关于鼓励社会力量兴办教育促进民办教育可持续发展的实施意见》（初稿），突出保障举办者、教职工和学生的合法权益。[①] 在政府的积极扶持与规范下，陕西省民办高等教育持续健康发展。据统计，从数量和办学层次上来看，陕西省有 30 所民办高等学校，占全国民办高等学校总数的 4.04%，其中民办本科高等学校21 所，占全省所有民办高等学校总数的 70%，民办专科高等学校 9 所，占全省所有民办高等学校总数的 30%；从全省现有的民办高等学校所在地看，西安市有 27 所民办高等学校，咸阳市有 3 所民办高等学校。[②] 根据《2017 年陕西省教育事业发展统计公报》，陕西有普通高等学校 93 所，其中民办普通高等学校 18 所，研究生在校生 148 人、普通本专科在校生200860 人［其中本科生 86000 人、高职（专科）生 114860 人］，成人本专科在校生 10839 人；独立学院 12 所，在校生 74958 人。[③] 民办高校数量和在校生约占全省普通高等院校的 1/5。

---

① 杜林杰：《民办高等教育的"陕西现象"》，《西部报告》2018 年第 10 期。
② 黎军、宋亚峰编著：《中国民办高等学校研究》，民族出版社 2016 年版，第 195 页。
③ 陕西省教育厅发展规划处：《2017 年陕西省教育事业发展统计公报》，http：//www. sn-edu. gov. cn/news/tjsj/201807/04/14206. html。

二　陕西省民办高校分类管理政策创新

陕西省作为民办高校分类管理改革的前沿阵地，以其独特开创精神成为全国民办高等教育的先驱和领航者。基于推动陕西民办高等教育快速健康发展的目标，陕西省政府 2011 年出台了《关于进一步支持和规范民办高等教育发展的意见》（以下简称意见），分别就继续加大支持力度、建立和完善内部管理体制、健全管理和运行机制、强化教学管理等九大问题逐一提出建设性意见，基本涵盖了民办高校发展中涉及的热点、重点、难点问题。其创新突破之处主要体现在以下六大方面。[①]

1. 法人性质。陕西省将民办高校分为非营利性和营利性两类。非营利性民办高校分为三种，即捐资举办、出资不求合理回报、出资要求合理回报。陕西这一分类法为民办高校提供了多种发展模式，有利于投资者进入民办高等教育领域时，根据自己的定位和实际情况做出选择。这是陕西民办高校分类管理的基点，也是其创新之处。2. 合理回报政策。《意见》中明确指出，"非营利性学校出资人要求取得合理回报的，在扣除办学成本、计提发展基金和国家规定的有关费用后……合理回报额可占到办学结余的 40%。"这一比例在全国目前相关政策中最高，合理回报率的确定解决了长期以来关于合理回报的比例问题，也解决了困扰民办高校内部管理的关键问题。3. 投资融资政策。《意见》规定："探索建立陕西民办高等教育基金会，引入公益融资机制，允许信用担保贷款和长期低息贷款，允许非教学资产作抵押、学费收费权作质押申请贷款。鼓励个人、企业和社会组织捐赠，并税前扣除。"投资融资政策创新，对吸引社会资金进入民办高等教育领域，拓展民办高校经费来源，起到了积极作用。4. 鼓励扶持政策。《意见》规定：设立民办高等教育发展专项资金，非营利性民办高校享受与公办高校同等的税费和建设用地优惠政策。陕西鼓励扶持政策在很大程度上缓解了民办高校财政窘迫的难题，从资金上保障了民办高校的健康发展。5. 教师权益保障。陕西制定一系列保障民办高校教师合法权益的政策，如建立民办高校教师和公办高校教师合理流动机制、改善教师工资待遇、建立健全民办高校教师人事代理服务制度、完善教职工社会

---

① 曾祥志：《陕西民办高校分类管理政策分析》，《中国电力教育》2012 年第 35 期。

保险制度等。教师权益保障制度的制定提高了民办高校教师待遇，对民办高校的健康发展在人力资源方面提供了保障。6. 扩大办学自主权。《意见》中明确指出："支持民办本科高校扩大招生自主权，高职院校实行注册入学，年度新增招生计划向民办高校倾斜"，"支持有条件的民办高校在国家专业目录内自主设置专业、调整专业方向、开设课程……支持民办高校申请学位授予权等"。扩大民办高校的自主权有利于民办高校保持自身办学特色，更快更好地发展。

陕西《关于进一步支持和规范民办高等教育发展的意见》紧紧抓住困扰民办高校发展的难点问题，从资金、融资、人事、自主权等各个方面推出了一系列积极的保障政策，在破解民办高等教育发展难题方面进行了开创性探索，是地方民办高等教育政策创新的一个典范。陕西省财政从2012 年起，每年设立 3 亿元民办高等教育发展专项资金，重点支持非营利性民办高校开展高水平民办大学建设和改革创新，在全国树立了地方政府财政资助民办高等教育的典范。陕西省委省政府还要求省级政府相关部门在职责范围内，出台扶持措施，助推民办高等教育健康发展。2013 年 7 月 16 日，省教育厅、民政厅、工商行政管理局联合下发《陕西省民办高等学校（教育机构）分类登记管理实施办法》，完善民办高等教育分类管理体系，健全协调机制，通过规划、投入、评估、引导等多种手段支持和规范民办高等教育发展。省财政厅和教育厅也联合下发了《陕西省民办高等教育发展专项资金管理暂行办法》和《关于民办高等学校财务管理工作的实施意见》，分别对专项资金的申报条件、用途、使用原则、分配标准等进行了严格的规定，促进了民办高等教育发展专项资金的科学化、精细化管理。陕西省教育厅还成立了"民办高等教育发展改革领导小组"，统筹协调解决民办高等教育发展中出现的问题。新《民办教育促进法》正式实施后，陕西省为落实《关于鼓励社会力量兴办教育促进民办教育健康发展的实施意见》，2018 年 2 月 1 日，陕西省教育厅、省人力资源和社会保障厅、省民政厅、省编办、省工商行政管理局颁布了《陕西省民办学校分类登记实施办法》，陕西省教育厅、省人力资源和社会保障厅、省工商行政管理局印发了《陕西省营利性民办学校监督管理实施办法》，为推进民办高校分类管理提供了政策引导和支持。

三　陕西省民办高校分类管理的政策工具选择

陕西省民办高等教育长期以来，在全国处于领先地位。在《国家中长期教育改革和发展规划纲要（2010—2020 年）》颁布的第二年，即 2011 年，陕西发布《陕西省人民政府关于进一步支持和规范民办高等教育发展的意见》（下文称《意见》），提出要建立和完善民办高校分类管理体制。2013 年颁布的《陕西省民办高等学校（教育机构）分类登记管理实施办法》，对登记机关、登记事项、登记条件、登记材料、登记变更、注销等做出了规定，是全国少有的省级行政部门制定的营利性、非营利性分类管理的地方政策。[①] 2018 年陕西省人民政府印发了《关于鼓励社会力量举办教育促进民办教育健康发展的实施意见》，明确提出要对民办学校实行分类管理，探索多元主体合作办学，落实同等资助政策，规范学校办学行为。[②] 笔者下面主要基于这些典型政策文本，将陕西省在民办高校分类管理政策工具选择方面的做法分析如下。

1. 综合运用权威工具、符号和规劝工具，厘清民办高校法人性质。在我国《民法通则》中，将法人分为四种：企业法人、机关法人、事业单位法人和社会团体法人。后三者又统称为非企业法人。而按照《民办非企业单位登记管理暂行条例》规定，民办高校被登记为"民办非企业单位法人"，不属于上述四种法人中的任何一种。如此模棱两可的法人性质界定，成为了民办高校分类管理的根本性制度障碍。对此，陕西省运用权威工具、符号和规劝工具将民办高校分为非营利性和营利性两类，进而又将非营利性民办高校分为捐资举办、出资不求合理回报、出资要求合理回报三种，其中前两者登记为事业单位法人，第三者登记为民办非企业法人。营利性民办高校登记为企业法人。此举迎合了众多民办高校举办者的实际情况，为学校的发展提供了多重模式。陕西省运用权威工具确立了不同类型民办高校的合法性，为不同类型民办高校贴上了适当的标签，引导其向着合适的方向发展。

---

① 李维民：《陕西民办高校营利性、非营利性选择研究》，《黄河科技大学学报》2018 年第 3 期。

② 杜林杰：《民办高等教育的"陕西现象"》，《西部报告》2018 年第 10 期。

2. 大力使用激励工具，鼓励扶持民办高校发展。陕西省民办高校之所以发展迅速，与其运用多元激励工具是分不开的。陕西省首先从"合理回报"问题入手，试图解决这个一直困扰民办高校发展的大问题。《民办教育促进法》规定给出资人合理回报，但是却没有规定可以获得多少合理回报，多少回报是合理的。对此，《意见》规定，"非营利性学校出资人要求取得合理回报的，在扣除办学成本、计提发展基金和国家规定的有关费用后……合理回报额可占到办学结余的 40%"，如此高的合理回报率无疑是一项富有建设性的激励措施，极大提高了举办者办学的积极性和创造性。其次，陕西省还在民办高校融资方面积极运用激励工具。《意见》中提出，"探索建立陕西民办高等教育基金会，引入公益融资机制，允许信用担保贷款和长期低息贷款，允许非教学资产作抵押、学费收费权作质押申请贷款。"该举措通过完善对民办高校的公共服务，优化了陕西省民办高校的投融资环境。此外，为了促进民办高校发展，《意见》还提出设立民办高等教育发展专项资金，非营利性民办高校享受与公办高校同等的税收和建设用地优惠政策；陕西省财政每年还划拨 3 亿元作为民办高校发展的专项资金，其中 2000 万元用于支持民办高校科研工作，8000 万元用于师资队伍建设，其余资金用于支持公共服务和信息平台、高水平民办高校、实验室和实习实训基地等方面的建设；陕西省教育厅在 2017 年 11 月 17 日《关于省政协十一届五次会议闭会期间第 699 号提案的复函》中明确，省级财政继续设立民办高等教育发展专项资金，每年安排 4 亿元用于支持非营利性民办高校"四个一流"等重大项目建设。① 陕西省政府在 2018 年年初落实《关于鼓励社会力量兴办教育促进民办教育健康发展的实施意见》的文件中，推广政府和社会资本合作（PPP）模式，鼓励并吸引社会资金进入民办教育，明确要求各地、各部门加大对民办教育的扶持力度，陕西省级财政继续设立民办高等教育发展专项资金，每年安排 4 亿元以支持非营利性民办高校进行内涵式发展；此外，要求陕西各市区根据实际自主设立民办教育发展专项资金，用于支持非营利性民办学校发展，这些都是激励工具运用的表现。由此可见，陕西省政府非常重视使用

---

① 杜世雄、惠向红：《民办高校公共财政扶持政策的实施现状与改进对策——基于广东、陕西和上海三省（市）的考察》，《浙江树人大学学报》2018 年第 1 期。

激励工具，对民办高校进行较全面的激励和扶持。

3. 积极运用能力建设工具，提高民办高校办学能力。师资是民办高校办学质量的决定性因素。长期以来，由于民办高校教职工无法获得与公办高校同等的身份、待遇与保障制度，民办高校一直很难引进或者留住优秀人才。针对这一问题，陕西省积极运用能力建设工具，制定了一系列保障民办高校教师权益的政策。譬如，允许并鼓励民办高校教师和公办高校教师之间的合理流动，建立健全民办高校教师人事代理服务制度，完善民办高校教职工社会保险制度等。这些举措，为民办高校师资队伍建设和教学能力提升提供了保障。此外，从 2012 年开始，陕西省还设立民办高等教育发展专项资金，实施"民办高校能力提升工程"，重点支持非营利性民办高校开展高水平大学建设，以项目带动民办高校整体能力的提升，这也是能力建设工具运用的表现。早在 2003 年开始实施的《民办教育促进法》就赋予了民办高校相应的办学自主权，但是由于政府改革滞后，配套制度措施跟不上等原因，一直得不到有效落实。对此，《意见》中规定了"支持民办本科高校扩大招生自主权，高职院校试行注册入学，年度新增招生计划向民办高校倾斜"等扩大民办高校办学自主权的措施。2018 年，陕西省人民政府印发的《关于鼓励社会力量兴办教育促进民办教育健康发展的实施意见》，在人才、土地、办学自主权等方面有所创新。在人才方面，探索建立民办学校教师交流制度，允许民办和民办、民办和公办教师之间交流任教，合理流动并做好相关服务；在土地方面，以非科教用地形式取得土地的现有民办学校，分类登记以后选择非营利性发展道路，土地过户到学校名下，并且继续用于办学的，政府变更用地性质；在办学自主权方面，除了以往出台一系列政策给予民办学校人事聘用权、财产支配权、收费定价权和机构设置权之外，进一步把自主权放大，体现在专业设置、教学活动和考试制度等方面。[①] 陕西省运用能力建设工具，扩大民办高校办学自主权，对提升民办高校的办学能力起到了积极作用，同时也有利于引导民办高校分类发展。

---

① 杜林杰：《民办高等教育的"陕西现象"》，《西部报告》2018 年第 10 期。

第二节　浙江省民办高校分类管理政策工具选择经验

一　浙江省民办高校发展概况

浙江省民办高等教育发展迅速，据统计，从数量和办学层次上来看，浙江省有 36 所民办高等学校，占全国民办高等学校总数的 4.85%，其中民办本科高等学校 27 所，占全省所有民办高等学校总数的 75%，民办专科高等学校 9 所，占全省所有民办高等学校总数的 25%；从全省现有的民办高等学校的所在地看，杭州市有 12 所民办高等学校，绍兴市有 4 所民办高等学校，宁波市有 4 所民办高等学校，金华市有 4 所民办高等学校，舟山市有 1 所民办高等学校，温州市有 5 所民办高等学校，湖州市有 1 所民办高等学校，嘉兴市有 4 所民办高等学校，台州市有 1 所民办高等学校。[①] 温州市是浙江省承担国家民办教育综合改革试点任务的城市之一，温州的民办高等教育在温州高等教育布局中占据重要地位。目前温州市有 3 所本科层次普通高校和 5 所高职高专层次普通高校，1 所中外合作大学，其中由民间力量举办的高校有 2 所，占普通高校 1/4 强；温州民办普通高校包括温州商学院和浙江东方职业技术学院，其中温州商学院举办本科层次高等教育，浙江东方职业学院举办高职层次高等教育，截至 2016 年 6 月，两所高校共有在校生约 1.33 万人，约占全市高校在校生总数的 16.22%。[②]

二　浙江省民办学校分类管理的实践探索

国家 2010 年明确提出要积极探索营利性和非营利性民办学校分类管理，浙江省温州市则是国家对民办教育实行分类管理改革探索的一个先行点。据了解，在分类管理的探索中，温州市明确了营利性和非营利性民办学校的分类标准和登记管理办法。根据两类学校的不同分类，温州市在财政、税收、金融信贷、招生、收费、产权流转、教师队伍建设等方面，出

---

① 黎军、宋亚峰编著：《中国民办高等学校研究》，民族出版社 2016 年版，第 106 页。
② 戚德忠、卢志文、董圣族主编：《温州民办教育发展报告（2010—2015）》，科学出版社 2017 年版，第 76 页。

台了分类扶持政策。譬如在财政扶持上，温州市设立了 3000 万元民办教育财政专项资金，非营利性民办学校和营利性民办学校都可以享受到专项资金的补助。温州民办教育分类管理政策体现三个特点：一是分类，按照营利性和非营利性两大类构建差异化的扶持政策，政策导向鲜明，财政等政策性资源主要扶持非营利性民办学校；二是系统，着眼于破解当前民办教育界反应最激烈、矛盾最集中的政策法律障碍，此举被教育部评价为"全面回应民办教育的十大难题"；三是发展，正确看待民办教育在教育资源供给、缓解教育财政压力、促进教育改革和满足教育选择等方面的作用，着眼于促进民办教育发展进行扶持和规范。① 温州市分类管理政策创新体现在：重新确立了民办学校法人分类，在民办教育投融资体制、出资人产权及回报规定、鼓励扶持政策与民办学校权益保障等方面有较大突破创新。2014 年 12 月，《温州市民办教育改革和发展规划（2015—2020）》通过评审，这是我国首个专门针对民办教育制定的区域发展规划。截至2015 年 9 月，温州已参加改革的 559 所民办学校（含文化教育培训机构102 所）的举办者经过反复权衡、理性选择，466 所民办学校登记为非营利性的民办事业单位法人，93 所民办学校登记为营利性的企业法人，分别占比 83.3% 和 16.7%。② 同时，关于温州的民办教育分类管理还有一个案例就是有一所民办学校原本是按照教育用地以每亩 8 万元的价格获得了土地使用权，选择营利性办学之后，就要按照每亩 80 万元的价格，补缴近亿元的土地使用费。

　　从温州的试点来看，虽然已经注重对民办学校原有的财产权利进行保护，如明确民办学校办学积累的所有权，明确说明出资财产归属民办学校出资人所有，但是依然存在种种问题。例如，尽管有 42 所民办学校登记为营利性民办学校，但绝大多数是培训机构，温州并没有一所民办学校完成企业法人登记。分析温州市进行民办教育分类管理的案例，是为了表明，在分类管理未明确前，地方政府乃至中央政府对于营利性民办学校的定位亦无法把握，产权制度不明确，自然相应的差异扶持制度也就无法制

---

① 戚德忠、卢志文、董圣族主编：《温州民办教育发展报告（2010—2015）》，科学出版社2017 年版，第 107 页。

② 同上书，第 264 页。

定，无从落实。案例中提及的营利性民办学校需要补缴的巨额土地使用费表明，长期以来，在分类管理正式提出之前，政府制定的政策都是基于"社会捐资办学"的出发点，将全部民办学校看作是非营利性学校，忽略或者说是有意忽略了对营利性民办学校的管理。此外，政策资源对非营利性民办学校过于倾斜，举办者一旦选择营利性民办学校，就意味着要放弃许多相关的优惠政策，这也导致了非营利性民办学校与营利性民办学校的公平困境。从某种意义上讲，温州地方政府并未有意识去建立非营利性民办学校与营利性民办学校之间的公平竞争机制。非营利性民办学校会比营利性民办学校具有更多公益属性，这点可以确认无疑。但是营利性民办学校并非没有公益性，营利性民办学校只要依法、规范办学，都应该得到鼓励和支持。

三　浙江省民办高校分类管理的政策工具选择

浙江省民办教育在全国相对而言发展较早，起步于 20 世纪 80 年代。从 20 世纪 90 年代开始，浙江省政府在全国率先制定了鼓励社会力量办学的红头文件，促进了全省民办教育的发展，全省各类民办学校多达 8000 多所，约占全国民办学校总量的 1/5，民办教育在浙江的发展之势可见一斑。自《国家中长期教育改革和发展规划纲要（2010—2020 年）》明确提出要积极探索营利性和非营利性民办学校分类管理以来，浙江省率先探索，承担民办教育综合改革试点的任务。浙江省温州市成为推进民办教育综合改革试点的先锋，于 2011 年出台了《中共温州市委温州市人民政府关于实施国家民办教育综合改革加快教育改革与发展的若干意见》，试点推行民办学校分类管理。同年温州还出台了《民办学校分类登记实施办法》《非营利性民办学校财务管理的实施办法》《关于明确非营利性民办学校法人财产权的实施办法》。2013 年，温州又出台了《非营利性民办学校会计核算办法（试行）》《关于县（市）民办学校教师在市本级临时性参加社会保险的暂行规定》《关于落实民办学校金融支持和优惠政策的实施办法（试行）》《关于民办非企业法人学校改制为企业法人学校的办法（试行）》《关于进一步加强民办学校党建工作的若干意见》五个文件，初步形成了民办学校分类管理的配套政策体系。浙江省在民办学校分类管理方面运用的政策工具体现如下。

1. 运用权威工具，厘清法人属性和产权归属。在针对民办学校的分类标准上，浙江省与陕西省的方法基本没有太大区别，即将民办学校分为营利性和非营利性两类，非营利性民办学校分为捐资举办的学校、出资举办不要求取得合理回报的学校以及出资举办要求取得合理回报的学校三种。值得一提的是，温州规定"非营利性的全日制民办学校按照民办事业单位法人进行登记管理"，不再区分捐资和出资。"非全日制的民办学校按照企业法人进行登记管理，确属非营利性的，也可以登记为民办事业单位法人"。浙江在产权问题处理上的创新之处体现在：一是明确捐资举办的民办学校，所有净资产归社会所有；二是建立了产权流转制度，明确非营利性民办学校举办者的权益（股权）可以增设、释股、转让、继承和赠予。相比于陕西等其他地区的做法，浙江充分运用权威工具，对民办学校的分类标准、法人属性和产权归属等问题的法律法规界定更为明确和细致，这在很大程度上消除了民办学校举办者的顾虑。

2. 运用激励工具，激发学校办学活性。激励工具在民办学校分类管理中应用常见的有以下几种形式：一是赋予民办学校政治合法性，从而鼓励社会力量积极投身民办教育事业；二是加强对民办学校的公共服务，如简化和完善民办学校的准入、退出机制等；三是资源性激励，如土地使用优惠制度；四是财政性激励，如税收优惠政策；五是信贷激励，如投融资制度。浙江省温州市在创新民办教育的优惠扶持方式上进行了以下的创新：第一，积极开放教育投资，吸引民间资本创办优质学校。推出一批非义务教育阶段公办品牌学校，交由社会团体或个人办学，引进民营机制，探索通过土地、校舍等要素低租金或者零租金等方式，建设高端学校；第二，对登记为民办事业单位法人的民办学校，根据在校生人数，按当地上年度生均教育事业费（包括预算内外）的一定标准进行补助，大幅度提高民办教育专项奖补资金，由年度500万元上调至3000万元；第三，非营利性民办学校依法享有公办学校同等土地、税费等优惠政策，非营利性民办学校可以通过行政划拨方式获得土地使用权，营利性民办学校通过有偿出让方式取得建设用地，其各项建设规费减免与公办学校享有同等待遇，允许民办学校在规划许可前提下通过土地置换迁建、扩建学校，营利性民办学校提供学历教育劳务所得的收入，5年内免征营业税，企业所得税由税务部门先征缴后再予以返还地方所得部分。[1]

3. 运用能力建设工具，提升学校办学能力。招生权是民办高校特别渴望享有的一项自主权，是民办高校办学正常运作和发展壮大的客观需要。浙江省支持民办高校面向全国招生，赋予民办高校充分的招生自主权，规定其可以在核定的年度招生规模内，自主确定全国各地的招生计划。与此同时，浙江省还把民办高校（含独立学院）纳入了"三位一体"[2]综合评价招生改革范围。到 2014 年，浙江省有三所民办高校、八所独立学院纳入了"三位一体"综合评价招生改革范围，成为此项招生改革试点院校。在收费自主权方面，浙江省规定省内民办高校可以结合学校自身发展实际，在学校当年专业总数 25% 的范围内自主选择专业，基于规定的基准价，在 50% 浮动的幅度范围内，自主确定具体学费标准。非营利性民办学校实现分等设限、自主定价的收费政策，由学校按等级不同，在不高于当地上年度生均教育事业费 3 倍以内的标准自主确定，营利性民办学校的收费项目及标准则由学校自主定价；[3] 此外，浙江省在民办高校的专业设置权方面，也赋予了省内民办高校更多的自主权。浙江省教育厅基于民办高校的办学规模，并参照同类公办高校，放宽 20% 的比例核定民办高校专业设置总量。在民办高校专业设置总数以内，允许民办高校根据教育部修订的学科专业目录及设置管理办法，自主设置除国家和省控制布点外的专业，民办高校可以自主确定专业方向。浙江温州市还在保

[1]　戚德忠、卢志文、董圣族主编：《温州民办教育发展报告（2010—2015）》，科学出版社 2017 年版，第 109 页。

[2]　"三位一体"是一种将学生的成长性评价和一次性评价相结合，是浙江首创的依据考生统一高考、高中学考和综合素质评价（含中学综合素质评价和高校综合素质测评）等三方面成绩综合评价择优录取的一项招生改革。其主要做法是：高校确定报考条件、综合素质评价和录取规则等具体办法并在招生章程中向社会公布；考生自主报名；高校组织材料评审、综合素质评价和合成综合成绩等"三次遴选"，按照综合成绩择优录取。该项招生自 2011 年开始试点，是高考综合改革四种招生模式之一。"三位一体"招生改革于 2011 年启动，首批试点为浙江工业大学和杭州师范大学两所高校，当年计划招生 260 人，实录 260 人。到 2016 年全国范围内试点高校扩大到 54 所，计划招生超过 7800 人。

[3]　单大圣：《教育体制改革的政策突破——以温州市民办教育综合改革试点为例》，《浙江教育科学》2014 年第 4 期。

障民办学校教师平等待遇方面有所突破:[①] 一是切实解决教师社会保障问题。凡取得相应教师任职资格，参加人事代理，并从事相应教育教学工作的民办学校教师，均按公办学校教师标准参加事业单位社会保险，享受与公办学校教师同等的退休费、住房公积金、困难救助等待遇。二是着力改善教师工资待遇。参照公办学校教师绩效工资标准，制定民办学校教师工资指导线（最低标准），不断提高教师工资待遇。按照同工同酬的原则，完善基础工资档案，落实民办学校教师岗位绩效工资制度。三是大力促进教师专业发展。将民办学校教师纳入与公办学校教师同系列、同要求、同待遇的教师培训计划中；民办学校教师参加职务评审、业务竞赛、评优评先等，指标计划实行单列。四是建立健全教师流动机制。计划通过 3 年努力，使公办、民办学校教师在实施健全的资格管理制度、社会保障制度基础上实现由身份管理向岗位管理转变的自由流通。能力建设工具所隐含的假设是政策实施对象愿意且可能采取某项行动，但是缺乏完成这一行动所需的信息和资源。浙江省在民办高校办学自主权、教师队伍建设等方面所作的政策尝试是能力建设工具范畴内的应用，有效提升了民办高校的办学能力，促使民办高校由规模扩张转向内涵发展。

第三节 美国私立高校分类管理政策工具选择经验

一 美国私立高校发展概况

美国高等教育庞大而多样，有 4500 所左右具有学位授予权的院校，这些院校的 3/5 是私立院校。美国私立院校最著名的是非营利性院校，包括许多世界知名的精英高校，如哈佛大学、耶鲁大学等。这些院校的数量整体上在增长但速度明显慢于营利性院校。从 1996 年到 2007 年，私立非营利性院校的秋季招生增长了 23.4%，但非营利性院校招生占整个高等教育市场的份额略有下降，只占 19.7%；美国营利性院校 2007 年的招生人数占美国高等教育总招生人数的比例近 7%，机构数超过 1300 所，而

---

① 戚德忠、卢志文、董圣族主编：《温州民办教育发展报告（2010—2015）》，科学出版社 2017 年版，第 109 页。

2011 年前只有约 500 所院校,可见其发展速度很快①。营利性院校已经明显成为既让政策制定者关注又让公立院校和非营利性院校关注的重要力量。营利性院校的招生增长速度很快,其 70% 以上的招生人数来自提供学士学位的院校,这些院校当中有许多学校以授予两年制学位为主。2007 年美国各州不同类别院校的招生份额如表 3 - 1 所示。

表 3 - 1　　　　　　2007 美国各州不同类别院校的招生份额　　　　　（单位:%）

		公立院校(四年以上)	私立非营利性院校(四年以上)	私立营利性院校(四年以上)	公立院校(两年)	私立非营利性院校(两年)	私立营利性院校(两年)	私立院校招生份额总计
1	马萨诸塞	23.7	55.5	0.6	19.0	0.5	0.7	57.3
2	罗德岛	29.7	49.1	0.0	20.2	0.2	0.8	50.0
3	亚利桑那	21.2	1.2	43.9	31.4	0.0	2.3	47.4
4	宾夕法尼亚	36.2	37.6	2.7	17.7	1.4	4.4	46.1
5	纽约	30.9	41.3	1.9	23.1	0.7	2.2	46.0
6	密苏里	34.6	36.6	3.1	23.2	0.5	2.0	42.2
7	佛蒙特	45.6	38.5	1.5	13.3	1.1	0.0	41.2
8	新罕布什尔	41.3	34.5	4.6	18.0	0.4	1.2	40.7
9	爱荷华	26.3	21.7	17.5	33.6	0.1	0.8	40.1
10	明尼苏达	33.3	18.3	17.3	30.5	0.0	0.5	36.2
11	康涅狄格	36.9	33.3	1.3	26.9	1.1	0.5	36.2
12	伊利诺伊	24.2	26.1	7.0	41.3	0.2	1.1	34.4
13	田纳西	42.9	22.4	2.8	28.0	0.2	3.6	29.1
14	缅因	51.5	25.5	0.0	20.4	0.3	2.3	28.1

---

①　William Zumeta. "State Policies and Private Higher Education in the USA: Understanding the variation in Comparative perspective". *Journal of Comparative Policy Analysis*, Vol. 13, No. 4, 2011.

		公立院校（四年以上）	私立非营利性院校（四年以上）	私立营利性院校（四年以上）	公立院校（两年）	私立非营利性院校（两年）	私立营利性院校（两年）	私立院校招生份额总计
15	犹他	52.7	22.3	3.4	19.4	0.6	1.6	27.9
16	俄亥俄	45.0	21.5	1.1	27.5	0.4	4.5	27.4
17	印地安纳	55.0	21.7	3.2	18.2	0.2	1.7	26.7
18	科罗拉多	48.7	10.1	13.2	24.9	0.1	3.2	26.5
19	特拉华	46.0	24.9	0.0	28.6	0.5	0.0	25.4
20	佛罗里达	46.3	16.0	6.6	28.6	0.0	2.5	25.1
21	西弗吉尼亚	57.3	10.1	12.9	17.7	0.0	2.0	25.0
22	内布拉斯加	43.0	21.9	1.5	32.3	0.1	1.2	24.7
23	夏威夷	41.3	19.7	3.1	34.4	0.0	1.5	24.3
24	爱达荷	60.4	21.0	1.3	15.8	0.0	1.6	23.9
25	弗吉尼亚	42.1	16.2	4.8	35.1	0.2	1.6	22.8
26	南达科他	67.0	14.6	6.2	10.6	0.9	0.7	22.4
27	格鲁吉亚	48.8	14.2	5.4	30.3	0.2	1.1	20.9
28	威斯康星	50.7	17.9	1.8	28.6	0.2	0.9	20.7
29	新泽西	39.8	18.4	1.2	39.6	0.1	0.9	20.6
30	肯塔基	45.0	13.3	3.7	35.1	0.0	2.9	19.9
31	密歇根	45.2	18.0	0.8	35.3	0.0	0.6	19.5
32	俄勒冈	41.4	14.5	2.5	39.4	0.0	2.2	19.2
33	南卡罗来纳	43.7	16.8	1.0	37.5	0.4	0.6	18.7
34	北卡罗来纳	41.5	16.9	0.9	40.0	0.2	0.6	18.5
35	马里兰	45.4	15.9	0.9	36.9	0.0	0.9	17.7
36	加州	25.6	10.9	3.2	58.6	0.1	1.7	15.8

续表

		公立院校（四年以上）	私立非营利性院校（四年以上）	私立营利性院校（四年以上）	公立院校（两年）	私立非营利性院校（两年）	私立营利性院校（两年）	私立院校招生份额总计
37	路易斯安那	60.9	11.4	1.3	24.3	0.0	2.2	14.9
38	华盛顿	39.2	11.8	2.2	46.2	0.1	0.5	14.6
39	北达科他	67.0	10.2	2.4	18.5	1.2	0.7	14.5
40	俄克拉荷马	54.2	9.9	1.9	32.4	0.0	1.5	13.4
41	德克萨斯	42.5	10.1	1.2	44.3	0.1	1.9	13.3
42	堪萨斯	49.7	11.3	0.3	37.9	0.2	0.5	12.4
43	阿肯色	55.0	9.5	0.9	33.5	0.7	0.3	11.5
44	阿拉巴马	59.0	8.4	2.6	29.7	0.0	0.4	11.4
45	内华达	79.3	1.3	5.4	10.4	0.0	3.5	10.3
46	密西西比	45.2	8.7	0.0	44.8	0.0	1.4	10.1
47	蒙大拿	70.5	8.5	0.0	19.5	1.0	0.5	10.0
48	新墨西哥	42.3	2.2	4.4	50.5	0.0	0.5	7.1
49	怀俄明	36.5	0.0	0.1	59.0	0.0	4.4	4.5
50	阿拉斯加	91.6	2.3	1.7	4.4	0.0	0.0	4.0
51	哥伦比亚地区	4.9	63.8	31.3	0.0	0.0	0.0	95.1
	总计：	38.8	19.5	5.1	34.7	0.2	1.7	26.5

资料来源：William Zumeta. "State Policies and Private Higher Education in the USA：Understanding the variation in Comparative perspective". *Journal of Comparative Policy Analysis*, Vol. 13, No. 4, 2011.

虽然营利性私立高校招生人数的绝对量一直在增长，但相比非营利性私立高校的招生人数，还是相对较少；两类学校的招生比例也常年保持基本稳定，2008—2013 年营利性私立大学招生比例基本在 31% 上下波动，而非营利性私立大学招生比例在 69% 上下波动。（如表 3-2 所示）

表 3 - 2　　　**美国非营利性私立大学与营利性私立大学秋季招生人数**

年份	私立大学秋季招生人数				
	合计（人）	非营利性私立大学招生数量（人）	占比（%）	营利性私立大学招生数量（人）	占比（%）
2008	5130661	3661519	71.4	1469142	28.6
2009	5502826	3767672	68.5	1735154	31.5
2010	5877267	3854482	65.6	2022785	34.4
2011	5894287	3926819	66.6	1967468	33.4
2012	5762476	3953578	68.6	1808898	31.4
2013	5630231	3974004	70.6	1656227	29.4

资料来源：王诺斯：《营利性与非营利性民办高校分类管理研究》，博士学位论文，大连理工大学，2017年，第93页。

美国私立高等教育在世界上的独特性，在于其非营利性院校的入学人数及其声望，但是具有学位授予权的营利性机构现在增长得更快。2011—2012学年，全美具备学位授予资质的高校有4706所，其中私立高校3057所，占美国所有授予学位高校的65%。其中，非营利性私立高校1653所，占私立高校总数的54%；营利性私立高校1404所，占私立高校总数的46%。① 根据美国教育部网站数据统计显示，2014年美国普通高等学校共4724所，其中公立高校为1625所，私立高校为3099所，私立高校占高校总数的65.6%；在私立高校中，非营利高校为1675所，占私立高校总数的54.0%。② 具体到美国各州，私立院校入学人数占高等教育整体入学人数的份额差异巨大。譬如阿拉斯加州只有4%，怀俄明州大约是4.5%（这里所有的私立院校入读学生都在营利性院校）；而马萨诸塞州超过57%，国家首都地区（哥伦比亚地区）有95%；有3个州的私立份额少于10%而有9个州的私立份额超过40%；50个州中有29个州的私立

———————

① 美国国家教育统计中心：《Table 279》http：//nces. Ed. gov/programs/digest/d12/tables/dt12 _ 279. asp。

② 方芳：《政府"为何"和如何资助民办高等教育？——来自美国的经验与启示》，《国家教育行政学院学报》2017年第3期。

入学份额达到 20% 以上，因此私立院校在大多数州是高等教育市场上重要的竞争者。美国东部诸州有许多私立院校，因为那里的私立非营利性高等教育有悠久的历史，私立院校的出现经常先于州内公立院校。在美国西部，私立院校的密集发展相对更晚，私立非营利性院校往往在州立院校之后出现，其典型特征是学费很低。由于很少获得州政策支持，西部私立高等教育机构除了少数例外，在绝对规模和相对规模方面都不是很大；然而，有巨型营利性院校的州却主要在西部地区，这些州的营利性院校回应了相对稀缺的市场商机，加之州政策鼓励，所以发展迅速。

二　美国私立高等教育政策的类型与特征

在美国，高等教育政策主要由州政府提供，而不是联邦政府，这在全球范围高等教育中是不寻常的。美国联邦政府主要提供学生资助和研究资助，州政府在这两方面仅贡献一小部分。美国联邦教育资助主要遵循美国文化模式，在许多政策范畴强调竞争和市场机制。大多数联邦学术研究资助具有竞争性，私立院校的教师也能与公办院校申请者公平竞争，且成功概率高。大多数联邦学生助学金和贷款主要基于估算过的资金需要而授予；资助的市场机制在于学生可以拿着这份资助，入读任何认证过的公办或私立院校，包括认证过的营利性院校。这些联邦研究和学生资助政策，为竞争激励融入美国高等教育系统，奠定了很好的基础。尤其是在美国公办院校能获得州政府补贴、且能收取更低学费的环境下，这些资助政策也促进了私立院校的成功发展。

尽管美国联邦政策反映了典型的美国政策理念，但美国高等教育管理权主要在州政府层面，美国 50 个州在面积、历史、人口等方面的特征相差很大，各自的私立和公立高等教育机构也很不相同。因此美国各州影响私立高等教育的政策也不相同。美国私立高等教育的多样性和州政策影响私立高等教育范围的复杂，可能使系统理解政策决定因素和政策影响模式显得非常困难。为此，以达尔（Dahl）和林德布卢姆（Lindblom）为代表的一个研究政策工具的学派，提供了系统理解政策因素和政策模式的途径。该学派提出的政策工具等相关概念，在理解政策工具选择中最有用。对于大多数政策任务而言，许多工具可以运用，但政策制定者在这些工具中的选择，主要受到政治、社会、经济和意识形态等因素的驱动，而不是理性评价哪种工具最适合任务。政策工具选择从一定意义上讲，其实是一个政治决定，受到当局和政治决策者信仰、态度和观点的影响极深。

针对私立高等教育的州政策，可以依据关于"政策立场"的三个宽泛的概念类别，而得到有效的理解。这些类别是：自由放任型，集中规划型和市场竞争型。基本的理念是，州政策可以忽略私立高等教育机构（自由放任型），或者能够积极干预这一部门，以利用其资源来帮助实现公共政策目标。如果州选择干预私立高等教育机构，最合乎逻辑的方向，要么是采取措施，实行集中规划型路径，在极端状况下，私立部门甚至像公立部门一样被纳入州计划；要么是运用更少指令的路径，即或多或少地运用市场机制，特别是学生的选择。各个州能够或多或少地运用市场机制，甚至可以从集中规划和市场竞争的政策工具箱中尝试一些混合和相匹配的政策。基于美国各州对私立高等教育政策立场的不同，可将美国私立院校州政策类型及其基本特征概括如下。

1. 自由放任型立场。持这种政策立场的州，总体上忽略私立院校对州政策目标已有和潜在的贡献，任其自由发展。只有少量私立院校的信息得以收集，私立院校没有被纳入州规划，在设立公立院校学费比率或批准其新的学术项目时没有考虑私立院校的利益。在这样的州，私立院校没有获得直接的州财政补贴，它们的学生也将从州财政援助项目中获得最少的收益。这种甩手立场似乎最有可能发生在那些私立高等教育机构相对较小的州，特别是在那些私立院校受到宗教机构控制的地方，或者在那些呼吁州政府尽量少干预的地方。一个小规模的私立院校可能看起来不值得政策制定者把其纳入州政策目标，其自身可能也感觉没有能力影响州政策，例如，在寻求直接的州补贴，或者更大、更有利的学生援助项目等方面，一些私立院校很少有意愿去尝试努力。总体上那些具有"有限政府"传统的州，更有可能采纳这一政策立场。从地区方面看，持自由放任型的州主要集中在美国的西部，其次是南部。

2. 集中规划型立场。持这种政策立场的州，懂得充分利用私立高等教育来帮助实现入学、学位生产、成本效益、技术转移等州政策目标。州政策也倾向于更具指导性，包括或多或少地运用授权和法规来实现政策目标。集中规划型私立高等教育政策开发得很好的州，往往在实施高等教育"硕士计划"时把私立院校纳入其中，给私立院校分配具体的任务或者地理上的服务区域。在某些情况下，州政府可能采用立法来指导私立院校的使命和项目安排，如纽约州和佛罗里达州就是如此。在美国，更常见的对私立院校特权的尊重，体现在州政府通过直接的财政补贴或者学生援助，来激励私立院校参与集中规划的政策机制。在这种类型的政策机制中，州政府寻求从私立院校获取全面的信息，以确保其遵从政策规定和对其问责。这种政策机制，主要出现在有大规模的私立院校能够为州政策目标做出巨大贡献的、且在政策制定总体上具有"强州"定位的那些州。私立院校对州指导和支持没有抵制态度，将最有助于这种政策机制的出现和维系。从地区上讲，最符合集中规划型政策立场的州，主要在美国东北地区和中西部地区某些州的东部和北部。对公立院校和私立非营利性院校持有集中规划定位的州，将最终对营利性院校也采纳类似的立场。营利性院校将通过学生援助项目和参与规划，寻求更多的州政府支持，甚至为特定目的寻求直接的州财政资助。获取州政府支持也意味着更多的信息公开和问责要求，特别是在一个教育法制健全的州，可能对营利性高等教育提供者有更多制度方面的规定。

　　3. 市场竞争型立场。市场竞争型政策立场，如同集中规划型政策立场，州政策机制的构建主要基于这一目的：即利用大量私立院校来帮助实现州政策目标。然而，在实现政策目标的途径方面，却与其他州政策机制明显不同。在市场竞争政策机制里，州政府对机构使命或服务领域使用有限的规范，很少直接管制，主要通过激励来显示其政策目标，或者通过其他举措来激发有效竞争。因此，在持市场竞争型政策立场的州，其高等教育财政资助主要通过学生助学金的形式得以提供，学生能够拿着获得的助学金去选择相应的学校。为了使公、私院校竞争更加公平，州政策往往鼓励公立院校收取高额学费，伴之以大量的学生资助。持市场竞争型政策立场的州也倾向于减少州政府的开支，没有资助需求的将获得更少的补助。州政府对私立院校的直接资助，在真正的市场竞争机制里，将以具体服务的竞争性合同的形式出现。譬如资助私立大学招收一定数目的医学或工程专业学生，只要其比扩大公立院校规模更具成本效益性。州政府对高等教育的支持，将以相关资源竞标的形式来满足需要，而不是直接决定哪些机构将获得特别的设备或项目。在市场竞争机制里，信息和问责政策主要是为高等教育服务的消费者和公众提供有用的信息，并帮助政策制定者决策。具有市场导向政策文化的州，将更有可能对高等教育持市场竞争型政策立场。总的来说，美国那些具有大型、有影响力的私立院校的州，倾向于这种政策立场。由于私立院校能够从州政府给它们提供的"公平竞争环境"中受益，私立高等教育部门也将具有更大的政治影响力。从区域来讲，具有市场竞争型政策立场特征的州，在美国中西部地区和南部地区更加常见。

学者朱米塔（Zumeta）通过对相关数据的收集和统计，用聚类分析对美国私立非营利高等教育政策模式进行分类，把美国 50 个州当中的 45 个分为三个基本的政策立场类别，并加上两种混合型的，即自由放任和市场竞争的混合，以及中央计划与市场竞争的混合。如表 3-3 所示。

表 3-3　　　　美国各州对私立非营利高等教育的政策立场

自由放任立场（14 个州）	阿拉斯加、亚利桑那、阿肯色州、夏威夷、爱达荷州、堪萨斯州、密西西比州、蒙大拿州、内华达州、新墨西哥、北达科他州、俄克拉荷马州、南达科他州、犹他州
自由放任与市场竞争的混合立场（4 个州）	特拉华州、肯塔基、内布拉斯加州、佛蒙特
市场竞争立场（8 个州）	科罗拉多州、格鲁吉亚、密歇根州、新罕布什尔、北卡罗来纳、罗德岛、德州、威斯康星
中央计划与市场竞争混合立场（14 个州）	阿拉巴马、康涅狄格、印第安纳、洛瓦、路易斯安那州、马萨诸塞州、明尼苏达、密苏里州、纽约、俄亥俄州、宾夕法尼亚州、南卡罗来纳州、田纳西州、弗吉尼亚州
中央计划立场（5 个州）	佛罗里达州、伊利诺伊州、马里兰州、新泽西州、俄勒冈
立场不明确（3 个州）	加利福尼亚州、华盛顿、西弗吉尼亚

资料来源：William Zumeta. "Meeting the demand for higher education without breaking the bank". *Journal of Higher education*, Vol. 67, No. 4, 1996.

对于营利性高等教育政策而言，一旦最初自由放任的惯性得以克服，就可以期待一个持市场竞争型政策立场的州对私立非营利性院校和私立营利性院校同等对待，并更加迅速地推动开放学生援助项目和其他高等教育项目，参与营利性院校的发展。在市场竞争环境下，美国高等教育政策制定者，越来越倾向于通过市场机制，尽可能多地进行质量保障和消费者保护等方面的监控，重视消费者信息而不是直接的管制。

三 美国营利性高等教育的联邦财政资助与管制①

基于美国营利性高等教育历史悠久，政策管制经验丰富，对我国民办高校分类管理尤其是营利性院校的管理，具有启发指导意义。因此，下面将着重从宏观政策层面，对美国营利性高等教育的联邦财政资助与管理进行系统探究。

（一）美国营利性高等教育的发展及其特征

营利性高等教育在美国有很长的历史，以"职业学院"形式存在已经超过一个世纪。在 20 世纪早期，营利性职业学院主要在酒店管理、秘书、会计等应用领域提供短期培训，服务于当地劳动市场。这些机构大多数由私人拥有，规模很小，通过租赁的教室提供课程，学费也很低。到 1960 年代，营利性职业学院仍然是高等教育体系中很小的一部分。在 1967 年，美国大约有 700 万学生入读具有学位授予权的高校，不到 2.2 万学生入读营利性院校②。在随后的 20 年，营利性院校仍然主要由私人拥有，大多数机构没有获得认证，也没有联邦政府和州政府的资助。到 1990 年代，营利性高等教育的发展空间得以拓展，许多营利性院校开始成为美国股票交易市场的上市公司。如在 1990 年代初期，德锐大学（DeVry University）是唯一上市的营利性院校；到 1990 年代末，上市的营利性院校增长至 40 所③。这些机构比公立院校和私立非营利性院校提供更多网络在线课程，招收了大量学生。到 21 世纪初期，美国逐渐从国家工业经济进化到国际知识经济，社会更多成员接受更高层次的教育很有必要，激发了多样化高等教育需求的增长。鉴于非营利性院校很少关注日益增长的与就业相关的高等教育需求，而公办高校也因遭受财政预算紧缩和

---

① 曾小军、喻世友：《美国联邦政府对营利性高等教育的财政资助》，《高等教育研究》2018 年第 6 期。

② William G. Tierney. "The Role of For – Profit Colleges and Universities in American Higher Education". *International Higher Education*, Vol. 69, No. 5, 2012.

③ William Beaver. "Fraud in For Profit Higher Education". *Social Science And Public Policy*, Vol. 49, No. 3, 2012.

组织僵化，正在减少招生或保持相对固定的生源。因此，美国需要大力发展营利性高等教育，来提高教育达标率，改善国家劳动力市场和创造更具竞争力的经济。由于营利性院校主要招收低收入家庭子女、少数民族子女和退伍军人，联邦政府逐渐加强了对营利性院校学生的财政资助，刺激了营利性高等教育的快速增长。从 2000—2012 年，美国营利性院校从 480 所增长到 670 所；营利性院校的学生人数也从 1999 年只占 1520 万大学生中的 4%，增长到 2009 年占 2100 万大学生中的 11%，营利性院校的学生人数在 10 年内从 62.9 万人增长到 220 万人；到 2010—2011 学年度，营利性院校学生人数增长至 240 万人，占全国大学生人口的 12%[①]。

作为美国高等教育体系发展最快的一部分，美国营利性高等教育的增长集中在职业教育、远程教育、成人教育和国际教育等领域，且主要呈现以下两个特征：一是注重上市和连锁经营的营利性院校逐渐成为营利性高等教育的主体。美国自 1976 年凤凰城大学（University of Phoenix）成立后，营利性高等教育的主体开始发生变化。虽然职业学院仍然存在，但以凤凰城大学为代表的、依靠上市和连锁经营的大型教育机构逐渐成为营利性高等教育的主体，美国最大的 15 所营利性院校的学生人数占所有营利性院校入学人数的 60% 以上[②]。营利性教育机构的巨头包括阿波罗教育集团（Apollo Education Group）、教育管理公司（EMC）、职业教育公司（CECO）、德锐教育集团（DeVry Education Group）和卡普兰教育集团（Kaplan Education Group）等。这些机构都在美国股票市场上市交易，招生人数都在 5 万人以上。其中，阿波罗教育集团拥有凤凰城大学，在 2010 年是最大的营利性教育机构，有近 40 万学生；教育管理公司拥有许多营利性院校，包括艺术学院（Art Institutes）、阿尔格西大学（Argosy University）、布朗麦凯学院（Brown Mackie College）和南方大学（South U-

---

① L. B. Jakiel. "The gainful employment rule and for – profit higher education in the United States". Edited by Mahsood Shah & Chenicheri Sid Nair. *A Global Perspective on Private Higher Education*. Elsevier, 2016, p. 320.

② David Deming, Claudia Golldin & Lawrence Katz. "For – Profit Colleges". *The Future of Children*, Vol. 23, No. 1, 2013.

niversity)，总招生人数大约是 8 万人，是 20 世纪 90 年代一系列兼并的结果[①]。二是营利性院校高度依赖联邦学生资助，且呈现高学费、高债务与高贷款违约等趋势。尽管是日益增长的高等教育需求的产物，美国营利性院校不是自由市场资本主义的结果，而是高度依赖联邦学生资助。在 2008—2011 年期间，营利性院校收入来自联邦学生资助的平均比率是 70.1%，而且每年都在增长，如 2008 年平均比率是 67%，到 2011 年平均比率增长到 72%[②]。如果加上对退伍军人的联邦教育资助，营利性院校对联邦财政的依赖程度更高。尽管营利性院校的大多数学生具有低收入背景，营利性院校的学费却比公办院校的昂贵很多。据美国大学委员会（the College Board）的调查，2009—2010 年，营利性院校的平均学费为 13935 美元；公立四年制大学的平均学费为 7605 美元，公立两年制社区学院的平均学费为 2713 美元[③]。此外，美国营利性院校毕业生的学生贷款债务水平也很高。据美国大学入学与成功研究所（TICAS）2014 年的报道，美国大学毕业生的学生贷款平均债务水平从 2008 年的 23450 美元，增长至 2012 年的 29400 美元；营利性院校毕业生的学生贷款平均债务水平则从 2008 年的 31800 美元，增长至 2012 年的 39950 美元[④]。营利性院校虽然能帮助学生获得财政资助，但没能有效地促进学生毕业与就业，这也导致学生中相当高的贷款违约率。如 2007 年公立高校学生贷款违约率为 5.9%，2009 年为 7.2%，非营利性私立院校学生贷款违约率甚至低于 4.6%；而 2007 年营利性院校学生的贷款违约率为 11%，2009 年为 15%，2010 年甚至达到近 21%[⑤]。

---

① John Aubrey Douglass. "The Rise of the For – Profit Sector in US Higher Education and the Brazilian Effect". *European Journal of Education*, Vol. 47, No. 2, 2012.

② Christopher V. Lau. *Policy Issues in For – profit Higher Education*. Evanston, Illinois, 2015, p. 34.

③ John Aubrey Douglass. "The Rise of the For – Profit Sector in US Higher Education and the Brazilian Effect". *European Journal of Education*, Vol. 47, No. 2, 2012.

④ Tressie McMillan Cottom. *The Trouble Rise of For – Profit Colleges In The New Economy*. New York: The New Press, 2017, p. 98.

⑤ Nelson, L. A. *Another Round Inside Higher Education* [EB/OL].
http://www.insidehighered.com/news/2011/06/08/harkin_ hearing_ on_ for_ profit_ colleges.

（二）美国营利性高等教育的联邦财政资助

美国联邦财政资助营利性高等教育的发展，可追溯至 1944 年美国国会颁布的《退伍军人权利法案》（G. I. Bill）。依据该法案，美国国会授权联邦政府，对因战争中断深造机会的美国退伍军人提供资助，退伍军人选择入读大学、学院或高等职业院校可以获得 500 美元一年的教育成本费补助和 50 美元一个月的生活补助①。在随后的七年内，退伍军人权利法案不仅支持退伍军人入读公立高校和非营利性私立院校，它也资助退伍军人入读营利性院校。由于早期美国营利性院校以职业学院为主，主要面向市场提供就业技能的职业培训，因此倍受退伍军人青睐。美国营利性院校的机构数和入学人数的第一次显著增长，就主要受益于大量退伍军人的涌入。到 1965 年，美国国会颁布了《高等教育法》（HEA）。依据《高等教育法》的第四部分（Title Ⅳ），国会创建了一个由教育部管理的联邦学生资助项目，为大学生提供财政资助。在颁布《高等教育法》的同年，国会还颁布了《国家职业学生贷款担保法》（NVSLIA），把贷款项目拓展到了职业技术学校，试图扩大高等教育入学机会。为完成这一任务，贷款机构被要求提供贷款给大学生，而不要顾及他们的经济状况；如果学生拖欠贷款，政府承诺将承担债务偿还责任。起初，联邦 Title Ⅳ 财政资助还只限于入读非营利性高校的学生，到 1972 年，美国国会修改了《高等教育法》，使营利性高等教育机构也能获得资助。《高等教育法》的这一修改，导致营利性院校在 1980 年代初期爆炸性增长。由于认证是联邦政府对高等教育市场施加影响的一个关键性杠杆，也是高等教育机构获得联邦资助的前提，2000 年以后，职业学校和学院认证委员会（ACCSC）、独立学院和学校认证委员会（ACICS）、远距离教育和培训认证委员会（DETCAC）等国家认证机构经由美国教育部批准，积极为营利性院校提供便捷的认证路径，优化了营利性院校获得联邦财政资助的认证环境。

联邦财政资助学生主要有两种形式：助学金和贷款。联邦助学金主要来源于佩尔助学金（Pell Grants），在 2008—2010 年，联邦助学金占了所

---

① John Aubrey Douglass. "The Rise of the For – Profit Sector in US Higher Education and the Brazilian Effect". *European Journal of Education*, Vol. 47, No. 2, 2012.

有联邦补助的 94.2%[①]。助学金的主要好处是它不需要返还,然而获得资助的多少取决于学生经济状况及资金需要。每个计划入读某个高等教育机构的学生必须填写一个联邦学生资助申请(FAFSA),提供自己及家庭收入水平及人口信息。通过这些信息,政府可以计算出学生可预期的家庭支出(EFC),从而决定资助的数额。当政府确定了一个学生的联邦助学金,政府会把信息发送给学生在 FAFSA 表上选择的学校。此外,政府也给相关学校发送资助需求测量表,包含学校整体运行费用和学生预期的家庭支出,以此为据,学校提供建议,确定学生需要多少联邦贷款。学生贷款的主要来源是斯塔福德贷款(Stafford loans),包括两种贷款形式:"补贴性"斯塔福德贷款(subsidized Stafford loans)和"非补贴性"斯塔福德贷款(unsubsidized Stafford loans)。学生在求学期间或毕业后 6 个月内,可以免除支付补贴性贷款的利息,但非补贴性贷款则需要支付利息。补贴性贷款主要基于学生的实际需要,并只提供给本科生;而非补贴性贷款没有限制,可以是本科生、研究生甚至是专业人士。学生第一年获得的补贴性贷款最多是 3500 美元,而非补贴性贷款最多是 9500 美元减去学生获得的补贴性贷款之后的差额;政府目前固定了利息比率,补贴性贷款和非补贴性贷款的利息比率都是 6.8%,而以前,利息比率是变化的,限额是8.25%[②]。学校确定联邦贷款资助的金额之后,会通知学生他们所能获得的资助,包括所有的助学金、奖学金和贷款。学生可以决定是否接受资助或拒绝资助,还能在贷款方面修改学校建议的数额。

从 2000—2001 学年到 2010—2011 学年的十年间,美国联邦政府依照 Title Ⅳ,逐渐扩大了对学生的财政资助,联邦佩尔助学金增长三倍,从100 亿美元增长到 350 亿美元,斯塔福德贷款增长超过两倍,从 370 亿美元增长到 860 亿美元[③]。由于大多数入读营利性院校的学生来自低收入家庭,这些学生特别需要财政资助,联邦学生资助逐渐成为营利性院校经费的主要来源和生存的关键要素。以阿波罗教育集团(凤凰城大学的拥有

---

① Christopher V. Lau. *Policy Issues in For - Profit Higher Education.* Evanston, Illinois, 2015, p. 15.

② Ibid. , p. 34.

③ David Deming, Claudia Golldin & Lawrence Katz. "For - Profit Colleges". *The Future of Children*, Vol. 23, No. 1, 2013.

者）为例，其超过 80% 的收入来自学生获得的联邦助学金和贷款；联邦财政资助占绝大多数营利性院校所有收入的 80%—90%①。在 2008—2009 学年，营利性院校的学生占整个高等教育人数的 11%，然而获得了 24% 的佩尔助学金，获得了 25% 的"补贴性"斯塔福德贷款，获得了 28% 的"非补贴性"斯塔福德贷款；此外，57% 的联邦助学金和 51% 的联邦贷款给了营利性院校②。在两年制营利性学院，有 90% 的学生获得某种联邦资助，其中获得的联邦助学金平均是 4350 美元，获得的联邦贷款平均是 7750 美元③。由于获得联邦助学金项目，学生必须提供需要资助的依据，而学生贷款则对所有学生开放，因此，学生贷款成为联邦学生资助最常见的形式。联邦学生贷款尽管时间长、利息低，但仍有义务偿还并已经制造了巨大的债务负担。截至 2014 年，美国学生贷款总数超过了 1 万亿美元，是 2004 年的 3 倍，并且比信用卡债务或汽车贷款债务都大④。由于营利性院校招生了更多的低收入家庭子女，且主要颁发两年制副学士学位和短期文凭，许多学生不能毕业或者难以找到合适的工作来偿还债务，导致学生债务危机日渐突显，引发了联邦政府一系列的管制行为。

（三）美国营利性高等教育的联邦管制

美国联邦政府对营利性高等教育的管制，主要通过联邦法规对营利性院校施加影响，突显表现在两个方面：一是试图通过招生管制，限制对招生代理的招生使用金钱刺激，确保课程成本和就业前景等相关信息的全面透明；二是试图通过学生贷款违约的管制，确保营利性院校负责任地使用联邦学生资助和改善获资助学生毕业后的经济结果。

1. 对营利性院校招生行为的管制

营利性院校的招生行为被认为是营利性高等教育系统中不光彩的一

---

①　John Aubrey Douglass. "The Rise of the For – Profit Sector in US Higher Education and the Brazilian Effect". *European Journal of Education*, Vol. 47, No. 2, 2012.

②　Christopher V. Lau. *Policy Issues in For – Profit Higher Education.* Evanston, Illinois, 2015, p. 30.

③　Stephanie Riegg Cellini, Latika Chaudhary. "The labor market returns to a for – profit college education". *Economics of Education Review*, Vol. 43, No. 5, 2014.

④　Matthew Munro. "Where The Federal Government Falls State Legislatures Can Succeed: Eliminating Student Debt By Regulating For – Profit Colleges And Universities". *Journal Of College And University Law*, Vol. 41, No. 3, 2015.

面。营利性院校招生的重点主要是那些对传统高等教育不熟悉，生活处境艰难的弱势群体学生。这些学生及其家长对不同教育项目的成本和收益所掌握的信息非常有限，学生入学的决定受到营利性院校招收宣传的影响很大。由于营利性院校收入的主要来源是学生获得的联邦财政资助，因此营利性院校最重视的是招生人数的增长。许多营利性院校花了很多资源用于招生营销，营利性院校的广告经常定期出现在电视、地铁站、火车和州际高速公路广告牌上。据调查，美国13所上市的营利性院校2009年度开支的11%用在了广告方面，一个全国范围连锁经营的大型营利性院校招收新生的平均成本，大约是4000美元，或者相当于25%的年度平均学费①。为了提高招生绩效，营利性院校经常给招生代理提供金钱刺激，制定招生定额标准，薪酬与招生人数挂钩，多招多得，没招到足够生源将受到处罚甚至失去工作。因此，招生代理普遍使用欺骗性的营销策略，来进行招生宣传。如在学生签署协议之前没有具体说明所有的学费成本，提供关于认证方面的误导性信息，怂恿不符合申报条件的学生申请联邦资助，夸大文凭的未来收入，或者误导学生所获文凭能获得什么类型的工作，等等。2010年美国政府审计局（GAO）调查了15所营利性院校，发现所有的被调查院校89%以上的收入来自联邦 Title Ⅳ 财政资金；15所院校中有4所院校鼓励申请者进行欺诈，以便获得联邦财政资助资格；15所院校的工作人员都有欺骗性的招生宣传，如没有提供关于教育成本和过去毕业率的信息，少报学费（说明9个月的学习成本，而课程实际上有12个月）等；一些招生人员还胁迫申请者在与财务顾问沟通之前，先签订合同②。

　　针对营利性院校招生中存在的问题，美国1992年的《高等教育法修正案》取消了所有高校建立在招生基础上的薪酬补偿，禁止营利性院校支付与招生捆绑在一起的各种形式的奖金。然而，这一修正案仅仅取消了金钱刺激的使用，没有限制营利性院校对招生人员制定总的招生定额。到2002年，美国教育部制定了12个"安全港"（safe harbors）的规定，允

---

① David Deming, Claudia Golldin & Lawrence Katz. "For – Profit Colleges". *The Future of Children*, Vol. 23, No. 1, 2013.

② U. S. Government Accountability Office. For – Profit Colleges: Undercover Testing Finds Colleges Encouraged Fraud and Engaged in Deceptive and Questionable Marketing Practices [EB/OL].
http://www.gao.gov/new.items/d10948t.pdf.

许对招生人员给予一定的激励补偿，这些补偿不能直接建立在招生人数基础之上，但能基于其他非直接因素，如招到的学生中完成所有教育课程的人数[①]。由于营利性院校滥用招生技巧，实施误导性、欺骗性招生行为仍然非常普遍，美国教育部 2009 年又制定了《滥用招生规定》（*abusive recruitment regulation*），旨在消除营利性院校对招生人员的金钱刺激。通过规章制度的调整，2002 年规定中的 12 个 "安全港" 取消了，营利性院校被允许一年调整招生人员工资两次，但工资的调整不能仅仅建立在招生数量的多少。除了取消对招生人员招生的金钱补偿，2009 年的《滥用招生规定》还明令禁止营利性院校继续使用错误的或者误导性的信息来招生，要求招生宣传信息全面透明。这些招生管制规章的调整与变革，加强了美国联邦政府对营利性院校的招生监控，对规范营利性院校的招生行为起到了积极作用，而且对拟申请入读的学生有利，可以帮助他们获得充分的信息从而做出合理的教育选择。

2. 对营利性院校学生贷款违约的管制

美国营利性院校学生贷款违约问题由来已久，早在 1988 年，美国教育部长威廉·贝内特（William J. Bennett）曾指出，"仅就 1985 年而言，美国有 600 所营利性院校的学生贷款违约率超过了 50%"[②]。到 20 世纪 80 年代晚期，营利性院校担保贷款计划中的学生违约率火速飙升。据美国政府审计局报道，联邦学生资助中的欺诈和滥用行为的 74%，来自营利性院校；营利性院校学生占联邦贷款学生总数的 41%，但却占贷款违约率的 77%[③]。为改变营利性院校学生贷款违约率居高不下的情况，美国国会颁布了两条重要规定：一条是关于学生贷款违约率的规定，明确指出如果某所学校的学生贷款违约率，连续三年在 25% 以上，或者任何一年比率高于 40%，它将失去获得资助的资格；另一条是 85/15 规定（THE 85/15

①　Matthew Munro. "Where The Federal Government Falls State Legislatures Can Succeed: Eliminating Student Debt By Regulating For - Profit Colleges And Universities". *Journal Of College And University Law*, Vol. 41, No. 3, 2015.

②　William Beaver. "Fraud in For Profit Higher Education". *Social Science And Public Policy*, Vol. 49, No. 3, 2012.

③　Stephanie Riegg Cellini, Latika Chaudhary. "The labor market returns to a for - profit college education". *Economics of Education Review*, Vol. 43, No. 2, 2014.

RULE)，要求学校收入的 15% 来自联邦学生资助以外的资源。新的法规的颁布实施，在现实中取得了一些预期效果。在 1992—1998 年间，大约有 22% 的营利性院校失去了获得学生资助的资格，营利性院校的学生贷款违约率从 1991 年的 36%，下降到 1998 年的 11%[①]。85/15 规定在 1998 年又被修改为 90/10 规定（THE 90/10 RULE），新规定要求营利性院校至少 10% 的收入，来自 Title Ⅳ 财政资助之外的资源。也就是说，最多 90% 的收入可以来自联邦财政资助，违反 90/10 规定的惩罚是失去获得 Title Ⅳ 资助的资格。联邦政府制定这个规定的动机是考虑到营利性院校有不少的学生不能获得学业成功，但又有资格获得联邦财政资助。结果，许多学生可能因就业前景渺茫而辍学，留下大量学习债务。这个 90/10 规定的目的是为了确保营利性院校不过度依靠联邦财政资助，同时刺激营利性院校提供一定质量的教育以使其能够找到其他资助资源。

　　截至 2009 年，美国教育部主要依靠学生贷款违约率的有关规定和 90/10 规定对营利性院校进行监管。由于学生贷款违约率主要与学生毕业后的就业状况密切相关，美国教育部日渐关心营利性院校学生毕业后的经济结果，并于 2010 年颁布了"成功就业规定"（gainful employment regulation，简称 GER）。GER 主要以就业和还贷作为评估学生结果和机构能力的标准，并以此为据，对高等教育机构的学生提供联邦财政资助。"成功就业"是指"学生在一个培训项目中的贷款债务和培训后就业收入之间的一种合理关系"[②]。教育部制定的 GER 的基准是一个债务收入测量准则，这个债务收入测量准则明确了学生的负债—收入标准，以此评价一个教育项目是否成功为学生就业做出充分准备。在这一标准下，一个教育项目要想合法获得联邦 Title Ⅳ 资助，学生的年度贷款支付必须不超过其年度收入的 12% 或者在其可自由支配收入的 30% 之内[③]。债务收入测量准

　　①　William Beaver. "Fraud in For Profit Higher Education". *Social Science And Public Policy*, Vol. 49, No. 3, 2012.

　　②　L. B. Jakiel. "The gainful employment rule and for – profit higher education in the United States". Edited by Mahsood Shah & Chenicheri Sid Nair. *A Global Perspective on Private Higher Education*. Elsevier, 2016, p. 316.

　　③　Matthew Munro. "Where The Federal Government Falls State Legislatures Can Succeed: Eliminating Student Debt By Regulating For – Profit Colleges And Universities". *Journal Of College And University Law*, Vol. 41, No. 3, 2015.

则也包含有一个债务偿还标准，这个标准测量教育项目中学生是否正在偿还他们的贷款，规定一所营利性院校应该有不少于 35% 的毕业生正在偿还他们的贷款①。如果一个教育项目在四个财政年度有三年不能满足这些标准，这个项目中的学生将失去获得联邦 Title Ⅳ 资助的资格。GER 加速了营利性院校，特别是那些大型连锁在线营利性教育机构，去提供学士学位项目。因为更长时间的项目可以获得更多联邦资助，还能使学生更好地偿还联邦贷款。由于营利性院校有很强烈的动机去开发学士学位项目，营利性院校学士学位授予从 1999 年—2011 年增长了三倍，从 1999—2000 学年的 1.6% 增长到了 2010—2011 学年的 6.7%②。

美国教育部 2010 年颁布的"成功就业规定"，在立法层面，遭到美国私立高校协会（APSCU）的挑战。联邦法院也因 GER 标准的模糊性和主观随意性，依照管理程序法，要求教育部重审。为此，教育部重新起草了 GER，并于 2014 年颁布了 GER 的修改版本（简称 2014 规定）。这一新的规定对 2010 年的规定做了较大调整。2014 规定仍然包含一个债务收入测量准则，然而这个规定要求的唯一标准是负债—收入标准，而以前的"成功就业规定"还包含一个贷款偿还标准。而且，在 2014 年的"成功就业"标准中，调低了先前的负债—收入标准。按照以前的规定，营利性院校的负债—收入标准要求毕业生年度债务支付在年度总收入的 12% 以内，或者在毕业生可自由支配收入的 30% 以内。在 2014 规定中，负债—收入标准分别下降到年度收入的 8% 以内和可自由支配收入的 20% 以内。如果毕业生年度债务支付在其年度收入的 8%—12% 之间，或者在其可自由支配收入的 20%—30% 之间，学校将受到警告；如果超过年度收入的 12%，或者超过可自由支配收入的 30%，教育项目将不能通过债务收入测量③。一所营利性院校处于被警告状态或者负债—收入比率没有

① L. B. Jakiel. "The gainful employment rule and for-profit higher education in the United States". Edited by Mahsood Shah & Chenicheri Sid Nair. *A Global Perspective on Private Higher Education*. Elsevier, 2016, p. 310.

② David Deming, Claudia Golldin & Lawrence Katz. "For-Profit Colleges". *The Future of Children*, Vol. 23, No. 1, 2013.

③ The Harvard Law Review Association. "Forgive And Forget: Bankruptcy Reform In The Context Of For-Profit Colleges". *Harvard Law Review*, Vol. 128, No. 4, 2015.

达标的年数，将决定其是否获得联邦 Title Ⅳ 资助资格。如果营利性院校连续四年处于警戒区，或者在三年内有两年负债—收入比率没有达标，那么它将失去获得资助的资格。在营利性院校失去联邦 Title Ⅳ 资助资格的前一年，它还必须把相关信息向在读学生和拟申请入读的学生公开。

通过去掉债务收入测量准则中的贷款偿还标准，教育部对 2014 规定做出了较好的改进，获得了两个联邦地区法院的支持，并在 2015 年 7 月 1 日正式生效。美国教育部长阿恩·邓肯（Arne Duncan）在宣布这个新规定时，指出"长期以来营利性院校使学生背负其永远无法偿还的债务并让纳税人为其买单，今天的决定对美国学生和纳税人来说是一场胜利，任何类型院校的每个学生都应有公平机会获得能帮助他们成功的学位或文凭，我们将继续为此奋斗"①。然而，2014 规定仍然遭到美国营利性院校的强烈反对。他们担忧这一规定的实施，将使数十万学生失去获得联邦财政资助的资格，进而迫使营利性院校许多低收入家庭学生和少数民族学生，放弃接受高等教育，进而影响高等教育入学机会公平。当然，也有不少人相信 2014 规定将导致学生向质量较好的营利性院校转移，而不是营利性高等教育整体入学人数的下降。2014 规定可能促使营利性院校提高教育质量，保障学生足够的教育投资回报率来克服机会成本和债务负担，为学生毕业后就业和还贷提供充分的教育准备，最终使营利性院校的低收入家庭学生和少数民族学生受益。总之，目前美国教育部制定的 2014 规定还处于"进化"阶段，随着政府与营利性院校利益博弈的加剧，该规定能否有效执行，能否解决学生贷款违约问题，对于联邦政府而言，将是一个巨大的挑战，其结局或实施成效还有待实践的检验。

四 美国私立高校分类管理的政策工具选择

美国的高校着重区分为营利性和非营利性（如图 3 - 1 所示），而比较淡化公立与私立的区别。美国的营利性高校和非营利性高校尽管办学性质不同，但是总体而言，其发展速度较快、办学质量较高。他们的蓬勃发

---

① Arne Duncan. Statement from U. S. Secretary of Education Arne Duncan on Federal Court Upholding Gainful Employment Regulation ［EB/OL］. https：//www. ed. gov/news/press - releases/statement - us - secretary - education - arne - duncan - federal - court - upholding - gainful - employment - regulation.

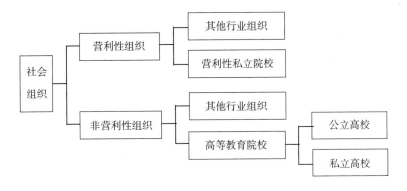

图 3 - 1　美国私立高校分类体系

资料来源：李虔《税收政策与私立高校分类管理：美国经验及其
启示》，《国家教育行政学院学报》2015 年第 8 期。

展离不开美国政府所实施的分类管理制度。有论者曾分析了美国私立高等
教育的行政分类管理，指出"美国私立大学与政府之间没有隶属和上下
级关系，联邦政府也不设有专门的高等教育主管机构，政府仅仅是在法律
的框架内对私立大学进行管理和监督；在分类管理宗旨下，通过研发经费
资助、助学贷款等方式宏观引导私立大学发展，避免非营利性大学的逐利
行为，确保营利性私立大学的教学质量；而州政府的直接管理主要体现
在：第一，非营利性私立大学的设立必须得到州政府的审批；第二，非营
利性私立大学不具有学位授予权；第三，非营利性私立大学运营要接受州
政府的监管特别是财务审计和税收检查方面；第四，州政府还有责任对非
营利性私立大学的建筑设施、教学设备、安全卫生等情况进行定期检查
等。对于营利性大学而言，一方面，联邦政府负责宏观上监督和调控营利
性私立大学在资本逐利性和社会公益性之间的平衡；另一方面，与联邦政
府不同，州政府对营利性私立大学的准入具有直接的决定权，营利性私立
大学必须满足州教育管理部门的申办要求，才能进行高等教育经营活动；
营利型私立大学的法律由各州制定。"① 总体而言，美国的私立高校分类
体系中，并不设置过于复杂的分类标准，而主要通过政府拨款和税收优惠
两大政策工具引导市场主体做出自主选择。

---

① 王诺斯：《营利性与非营利性民办高校分类管理研究》，博士学位论文，大连理工大学，
2017 年，第 105 页。

　　1. 适当运用权威工具，强化联邦政府对私立高校的分类管制。美国政府没有颁布专门针对私立高校分类管理的法规，但依据法律对非营利性机构与营利性机构进行明确的划分，也达到了对私立高校的有效分类和管理。具体而言，非营利性私立高校的衡量指标有三点：一是不以营利为目的，二是利润不能在成员之间分配，三是资产不能以任何形式转变为私人财产；而营利性高校则相反，组织的宗旨是以营利为目的，组织的利润可以用于成员之间的分配，组织财产可以依照法律规定转为私有财产。① 也就是说，美国主要遵循"禁止分配限制"的法律原则来对私立高校进行明确分类，即"不把扣除成本之后净收入分给机构成员的为非营利机构，不受这一限制的是营利性机构"，② 遵循了市场和教育两者的内在规律。另外，在产权界定方面，美国政府对两类高校建立了具有根本区别的产权制度：非营利性私立高校的产权制度主要体现在非营利性私立高校拥有独立的法人财产权，非营利性私立高校没有明确的所有者，产权社会化，非营利性私立高校成员在学校正常运转时，不享有剩余财产索取权，在组织解散时也不享有最终的剩余财产分配权；而美国营利性高校的产权所有者明确，界定清晰，营利性高校投资者在高校正常运转时拥有剩余财产索取权和相应的决策权，在高校解散时拥有最终的剩余财产分配权，营利性高校确立了明确的法人财产权。③ 相较于我国将民办高校归为"民办非企业法人"这一具有模糊性的概念，由此而产生的民办高校的一系列的身份困惑、产权矛盾和资源困境，美国这一简单而精准的分类与产权规定，节省了很多政策设计成本和不必要的政策纠结和争论。

　　在私立高校的设立方面，其设置权基本是下放到州政府层面。机构设置和登记政策取决于地方政府对非营利性和营利性高校的身份定位，若将营利性私立高校视为商业组织，则采用许可模式，予以营业执照或办学许可证，并根据消费者保护法进行办学行为监管；若将营利性私立高校视为

---

　　① 江虹、鞠光宇：《美国政府对营利性和非营利性私立高校的分类管理研究》，《高教探索》2016 年第 1 期。

　　② 袁青山：《美国私立营利性和非营利性大学的分类管理和启示》，《现代教育科学》2011年第 5 期。

　　③ 江虹、鞠光宇：《美国政府对营利性和非营利性私立高校的分类管理研究》，《高教探索》2016 年第 1 期。

教育组织，则采用认证模式，与非营利性私立高校适用同样的审查程序；譬如以印第安纳州为代表的州，侧重于私立高等教育机构的经济属性，州政府首先依据"是否营利"对高等教育机构进行区分，具有学位授予权的非营利性私立高等教育机构由单独的部门进行管理，再根据是否具有学位授予权对营利性私立高等教育机构进行分类，并由不同部门进行管理；而以纽约州为代表的州，则侧重于私立高等教育机构的教育属性，州评议委员会和教育厅首先依据"是否为学历授予机构"进行划分，非学历授予的高等教育机构由单独的机构进行管理，然后将学历授予的私立高校分为营利性和非营利性两类，再由不同部门进行管理。[①] 许多州在私立学校的设立上有严格的审批标准。关于营利性和非营利性私立高校的注册有着不同的规定：申办非营利性私立高校时，首先学校的安全、卫生和消防等基础设施条件必须达标，能够通过州政府卫生、消防等部门的验收；此外，还要向州政府递交学校章程、董事会成员、办学基本条件等诸多文件。营利性私立高校的设立基本上遵循公司的设立程序，一般来说只要满足相关安全、卫生、设施等要求就可申请办理注册开办，但州政府会派考察小组对申请方的办学条件、师资设备等进行实地考察核准；同时，申办方一定要明确学校营利性质、利润分配方案以及税务交纳额，并按企业形式办理税务登记；如加利福尼亚州的高等教育主管机构要求营利性私立大学必须保证60%以上的毕业率、70%以上的就业率，财务赤字不能连续两年出现，债务不能超过固定资产的80%，否则将终止该大学的办学许可；此外，还规定了学校每月提取现金额度，学校的财务账目要通过网络等手段及时汇报给委员会，以便委员会进行检查和监督。[②]

　　总体而言，美国州政府对两类高校的设立标准是依据其自身的属性和教育发展的规律性而作出的。非营利私立高校设立标准的复杂严格程度与其运行后所享受到的政策优惠是呈正相关的。营利性私立高校的设立没有太多的规定性限制，但也意味着其同时放弃了往后的政策优惠，实质是一种权利的让渡。与此同时，美国政府十分注重对私立高校的管制，尤其是

---

　　① 李虔：《国际私立高校分类管理的背景、模式和趋势》，《山东高等教育》2016年第8期。

　　② 王诺斯：《营利性与非营利性民办高校分类管理研究》，博士学位论文，大连理工大学，2017年，第103页。

对营利性私立高校格外严格，主要通过联邦法规对营利性院校施加影响，凸显表现在两个方面：一是试图通过招生管制，限制对招生代理的招生使用金钱刺激，确保课程成本和就业前景等相关信息的全面透明；二是试图通过学生贷款违约的管制，确保营利性院校负责任地使用联邦学生资助和改善获资助学生毕业后的经济结果。此外，美国针对两类私立高校采用了不同的会计制度，非营利性组织的会计制度和特定的会计报表，完全适用于非营利性私立高校；营利性私立高校执行的是企业的会计制度，并填写专门适用于企业、专门为企业设计的会计报表。① 综上可见，美国在私立高校的分类和设立上所运用的权威工具精准而不泛滥，没有过多的规定性限制；同时通过强化联邦政府和州政府的管制，规范了私立高校的行为。

2. 善用激励工具，全方位鼓励支持非营利性私立高校发展。在美国，营利性私立高校和非营利性私立高校的组织行为遵循严格的二元划分，都有系列配套的激励政策工具，体现如下：一在税收方面，非营利性私立高校被列为"免税学校"，营利性私立高校被列为"纳税学校"，两者在税收政策方面享有差异性激励。美国各州主要依据《国内税收法》，对营利性私立高校征缴联邦所得税、联邦事业保险税、州财产税和消费税，对非营利性私立高校则免征这些税种。美国税法还规定，私立非营利性高校筹集的社会捐赠收入免于联邦和州所得税；向非营利性高校捐赠的企业和个人，可按赠金额度享有不同程度的所得税减免，其中向私立非营利性高校及其基金会捐赠的个人，最高可要求对其调整后总收入的50%进行税收减免；实际操作中，由于捐赠物品的性质和捐赠对象不同，税收抵免比例一般在20%—30%之间；向私立非营利性高校及其基金会捐赠的社会组织（一般是公司），在不考虑利息扣除、资本利亏的情况下，最高抵免纳税收入的10%，且捐赠抵税可以是现金捐赠，也可以是经过第三方股价的非现金捐赠；由于美国所得税税率较高，这些政策对鼓励社会各界向非营利性高校捐赠，使更多民间资本流向非营利性高等教育系统起到了积极

---

① 方芳：《分类财政扶持营利性和非营利性民办高校的问题研究》，《教育与经济》2016 年第 2 期。

作用。① 据统计，2012 年，美国大学捐赠基金市值总额达到 4246 亿美元，而在捐赠规模最大的前 30 所大学中，非营利性私立大学就有 21 所，占比 70%；其中不少私立大学基金资产规模超过几百亿美元，如哈佛大学的基金资产规模高达 307 亿美元，耶鲁大学约为 193 亿美元；社会捐赠成为美国非营利性私立大学的第二大经费来源，部分学校的社会捐赠经费甚至超过经费总收入的 50%。② 2012 年，在接受捐赠数最多的 5 所高校中，私立高校占据了前四的位置，它们分别是哈佛大学（320 亿美元）、耶鲁大学（192 亿美元）、普林斯顿大学（172 亿美元）、斯坦福大学（165 亿美元），排在第五的是唯一的一所公立大学——德克萨斯大学体系（146 亿美元）。③ 此外，非营利性私立高校可以享受多种税收优惠，最重要的税收优惠包括免除联邦收入税，免除州、县、市财产税，向免税学校等机构捐赠的组织和个人捐出的资金免除联邦收入税；相比之下，美国营利性私立高校不享有免税待遇，需要缴纳所得税、销售税和资产财产税，大多数营利性私立高校用于纳税的钱占到税前收入的 40%。④

二在政府奖助方面，非营利性私立高校可获得低息贷款或贷款担保等非直接资助，而营利性私立高校尽管无法获得此类优惠，但是营利性私立高校学生同样能够获得联邦财政的其他资助，主要包括助学金和贷款。学生获得助学金资助的多少取决于学生经济状况及资金需要，它不需要学生返还。而学生贷款的主要来源是斯塔福德贷款（Stafford loans），包括两种贷款形式："补贴性"斯塔福德贷款（subsidized Stafford loans）和"非补贴性"斯塔福德贷款（unsubsidized Stafford loans）。在 2008—2009 学年，营利性院校的学生占整个高等教育人数的 11%，然而获得了 24% 的佩尔助学金、25% 的"补贴性"斯塔福德贷款和 28% 的"非补贴性"斯塔

---

① 李虔：《税收政策与私立高校分类管理：美国经验及其启示》，《国家教育行政学院学报》2015 年第 8 期。

② 王诺斯：《营利性与非营利性民办高校分类管理研究》，博士学位论文，大连理工大学，2017 年，第 104 页。

③ 方芳、钟秉林：《我国民办高等教育财政支持制度研究》，北京师范大学出版社 2016 年版，第 115 页。

④ 江虹、鞠光宇：《美国政府对营利性和非营利性私立高校的分类管理研究》，《高教探索》2016 年第 1 期。

福德贷款；此外，57% 的联邦助学金和 51% 的联邦贷款给了营利性院校。① 在两年制营利性学院，有 90% 的学生获得某种联邦资助，其中获得的联邦助学金平均是 4350 美元，获得的联邦贷款平均是 7750 美元。②。

三在慈善捐款方面，向非营利性私立高校进行捐赠的个人或机构，可以获得优于一般社会捐赠的税收抵免，而向营利性私立高校进行捐赠的个人或机构则无法享受此类优惠。四在教育融资方面，政府授权非营利性私立高校可发行低息或无息债券，以拓展办学经费来源，而营利性私立高校相对较难，除非本身银行信度高，且在债券发行资格、类型和利息方面有更多的限制。五在土地使用方面，非营利性高校与公办高校一样，享受同等的法人待遇，其用地方面也享有与公办高校同等的政策，且在绝大多数州享受物业税减免；营利性私立高校按公司法人注册，学校用地纳入市场化管理，还需缴纳土地增值税。③ 六在教师权益方面，美国各州政府对两类高校教师社会保障的政策支持不同，非营利性私立高校基本享有与公办高校同等的权利与保障，可以根据《国家劳动关系法》和《劳资关系法》等联邦劳动法规，通过工会与学校进行集体协商而维护权益，医疗和养老金保险则是由高校和教师同等承担，以高校为主要承担者的方式缴纳，同时这一类型高校教师在职称晋升方面也比营利性高校教师具有更明显的优势。

通过下表相关数据（如表 3 - 4 和表 3 - 5 所示），我们也可以清楚看到政府对非营利性高校与营利性高校在运用财政激励工具方面的差距，其中政府对非营利性私立高校的财政资助力度明显高于营利性私立高校，非营利性私立高校吸引社会捐赠能力更强，创收及服务收入方面也远远高于营利性私立高校。

---

① Christopher V. Lau. Policy Issues in For - Profit Higher Education ［D］. Evanston, Illinois, 2015, pp. 13 - 34.

② Stephanie Riegg Cellini, Latika Chaudhary. "The labor market returns to a for - Profit college education". Economics of Education Review, Vol. 43, No. 2, 2014.

③ 方芳：《分类财政扶持营利性和非营利性民办高校的问题研究》，《教育与经济》2016 年第 2 期。

表 3 - 4　　美国非营利性私立高校经费来源构成百分比（%）（以四年制为例）

年份	学杂费	政府财政经费			社会捐赠	创收及服务收入	其他
		合计	联邦	州及地方			
2004—2005	29.54	15.46	14.06	1.40	11.94	39.40	3.66
2005—2006	28.98	14.25	12.89	1.36	12.01	40.91	3.85
2006—2007	26.03	12.26	11.07	1.19	11.07	46.58	4.06
2007—2008	36.43	16.22	14.51	1.71	15.07	26.96	5.32
2008—2009	77.75	33.91	30.45	3.46	25.59	- 44.95	7.70
2009—2010	33.43	14.88	13.58	1.30	10.68	37.87	3.14
2010—2011	29.00	12.79	11.74	1.05	10.67	43.87	3.67
2011—2012	38.93	16.13	14.92	1.21	13.36	27.06	4.52
2012—2013	32.46	12.70	11.74	0.96	11.05	39.11	4.68
2013—2014	29.58	11.20	10.34	0.86	11.29	43.92	4.01

资料来源：方芳《政府"为何"和"如何"资助民办高等教育——来自美国的经验与启示》，《国家教育行政学院学报》2017 年第 3 期。

表 3 - 5　　美国营利性私立高校经费来源构成百分比（%）（以四年制为例）

年份	学杂费	政府财政经费			社会捐赠	创收及服务收入	其他
		合计	联邦	州及地方			
2004—2005	91.24	3.52	3.27	0.25	0.06	4.65	0.53
2005—2006	90.15	4.73	4.38	0.35	0.03	4.24	0.85
2006—2007	89.52	4.67	4.33	0.34	0.02	4.52	1.27
2007—2008	88.31	5.54	5.29	0.25	0.02	4.66	1.47
2008—2009	87.76	6.61	6.07	0.54	0.48	4.47	0.69
2009—2010	91.34	7.48	7.14	0.34	0.19	4.08	- 3.10
2010—2011	89.83	5.67	5.13	0.54	0.13	3.60	0.76
2011—2012	90.79	4.28	3.95	0.33	0.03	3.50	1.40
2012—2013	90.85	4.47	4.14	0.33	0.06	3.63	0.99
2013—2014	90.70	4.27	3.98	0.29	0.06	3.67	1.31

资料来源：方芳《政府"为何"和"如何"资助民办高等教育——来自美国的经验与启示》，《国家教育行政学院学报》2017 年第 3 期。

上述关于非营利性私立高校和营利性私立高校的差别化待遇，在美国已被上升为法律法规，构成了政府管理私立高校的基本制度，私立高校的激励工具箱得到极大丰富，工具间的协调配合流畅高效，成为激发美国私立高校分类发展的利器。

3. 多维运用学习工具和能力建设工具，提升私立高校治理能力。美国政府在不断提升对非营利性私立高校资助强度的同时，也在加强对私立高等教育领域的监管。但是，美国政府越来越少运用权威工具，改变了以往以行政和法律手段为主的管理方式，而越来越多地运用学习工具和能力建设工具，以增强私立高等院校的自我管理、自我监督与自我发展的能力。例如，认证制度是美国高等教育领域一项重要的管理手段和质量保障举措，其主要通过民间的第三方认证机构来实施，政府将权力部分让渡给了市场化的第三方认证机构。大学认证是一个自愿性的过程，高校为了保证教学质量等各项指标达到最低标准以上，提高学校的美誉度，同时为了获得美国联邦政府提供的各类经济援助，它们都要试图通过美国联邦政府和地方政府赋权的高等教育认证机构的认证。有论者指出，获得联邦教育部认可的认证机构的认证，是私立高校获得联邦资助的必备条件，无论营利性私立高校还是非营利性私立高校都非常重视联邦政府的机构认证，尤其是各类营利性私立高校，都积极加入到认证程序中来；虽然大多数营利性私立高校由全国性认证机构进行认证，现在越来越多的营利性私立高校开始获得地区认证机构的认证。①。

总体来讲，营利性私立高校和非营利性私立高校的认证标准各不相同，获得政府认可的高等教育认证机构的认证是其获得政府财政资助的基本条件。此外，美国政府还很注重对两类私立高校开展定期评估，包括过程性的常规评估和结果性的总体评估，评估指标包括学生培养质量、学术声誉、教学设施、毕业生社会认可度，等。除了注重运用评估认证这类学习工具，美国也很注重运用能力建设工具，引导私立高校按照政策意图方向发展。譬如美国赋予非营利性私立高校享有与公办高校同等的政策待遇和财政资源，为非营利性私立高校能力提升奠定了坚实

---

① 江虹、鞠光宇:《美国政府对营利性和非营利性私立高校的分类管理研究》，《高教探索》2016 年第 1 期。

的基础；美国还很重视为营利性私立高校提供必要的资源，鉴于营利性私立高校主要招收低收入家庭子女、少数民族子女和退伍军人，联邦政府加强了对营利性民办高校学生的财政资助，有力地提高了营利性民办高校的生存与发展能力。

鉴于美国非营利性私立高校和营利性私立高校在价值取向乃至本质属性上存在较大的差异，美国政府在非营利性私立高校和营利性私立高校的实际运行过程中，注重引导他们构建不同的学校治理结构。美国非营利性私立高校的运行主要受到学术权力和行政权力的双重驱动，奉行共同管理的理念。非营利性私立高校的行政权力分为董事会、校长、学院和系四个等级，不同的等级有不同的分工合作，这样的治理结构在保障教学质量和教师权益方面发挥着重要的作用。而营利性私立高校以效益、利润最大化为目标，所以它们采取的是不同于非营利性私立高校的企业管理模式，实行经理负责制。营利性高校科层制的管理结构相较于传统高校而言更具灵活性和弹性，更能适应灵活多变的市场环境。

美国政府通过多维学习工具和能力建设工具的应用，培育了众多的第三方认证评估机构，为各类私立高校提供了足够的信息和资源，并引导了私立高校内部治理结构的完善，这不但提高了政府对私立高校分类管理的效能和效率，也有效地引导了两类私立高校的特色差异化发展，以适应社会和市场对高等教育的需求。

第四节　民办高校分类管理政策工具选择的经验借鉴

通过对国内陕西省、浙江省民办高校分类管理政策工具选择经验的介绍，我们可以发现，国内陕西省和浙江省在民办高校分类管理中，都很注重运用权威工具、激励工具和能力建设工具。通过对美国私立高校分类管理政策工具选择经验的分析，可以发现，美国在私立高校分类管理中非常注重权威工具、激励工具、能力建设工具和学习工具的综合运用。

一　重视权威工具的有效运用

通过比较，可以发现，陕西省、浙江省和美国都很注重在民办（私立）高校分类管理中运用权威工具。譬如陕西省运用权威工具将民办高校分为营利性和非营利性两类，并将非营利性民办高校分为捐资举办、出资不求合理回报、出资要求合理回报三种。其中前两种登记为事业单位法人，第三种登记为民办非企业法人；营利性民办高校则登记为企业法人。浙江省也运用权威工具对民办学校的分类标准、法人属性和产权归属等问题进行了明确规范。比较而言，浙江省在民办高校分类标准方面，与陕西省差别不大；但在产权归属方面的创新突破更为明显。譬如浙江省建立了民办高校产权流转制度，明确非营利性民办高校所有者股权可以增设、释股、转让、继承与赠予。美国也注重运用权威工具，明确私立高校分类标准，简化私立高校设立政策，强化联邦政府的管制。譬如，美国依据"禁止分配限制"的法律原则，对营利性私立高校与非营利性私立高校进行了明确的分类。在产权界定方面，美国政府也对两类高校建立了具有根本区别的产权制度；在私立高校设立方面，美国州政府对两类私立高校的设立标准依据私立高校自身的属性及其发展规律而作出，非营利性私立高校设立标准的复杂严格程度与其设立后所享受的政策优惠呈正相关，营利性私立高校设立没有太多规定性限制，但也意味着放弃了不少的政策优惠；在政府管制方面，美国政府十分重视对私立高校的管制，尤其是对营利性私立高校格外严格，注重通过联邦法规对营利性私立高校的招生和学生贷款进行严格管制。借鉴国内外的经验，我国在民办高校分类管理政策执行过程中，也要注重运用权威工具，进一步明确不同类型民办高校的法人属性、产权归属和设立标准，并出台明确的民办高校分类监管与风险防范制度。

二 注重激励工具的有效运用

陕西省民办高等教育的持续健康发展，与政府积极运用激励工具密不可分。譬如陕西省颁布政策，规定非营利性民办高校出资人要求取得合理回报的，在扣除必要的办学成本之外，合理回报额度可占到其办学结余的40%；陕西省财政每年还划拨3亿—4亿元作为民办高校发展的专项资金。浙江省也很注重运用激励工具，激发民办高校办学活力。浙江省在民办高校分类管理改革中尤为重视发挥制度的互补，致力于构建一个完整的激励政策系统，通过税收优惠政策、土地使用优惠政策、收费自主权和合理回报等一系列配套政策和制度，保障民办高校分类管理政策的顺利推行。美国也很擅长运用激励工具，引导私立高校分类发展，尤其是重视鼓励支持非营利性私立高校的发展。譬如在税收政策方面，实行差异性激励。美国各州对营利性私立高校征收联邦所得税、联邦事业保险税、州财产税和消费税，对非营利性私立高校则免征这些税种；在财政激励方面，美国非营利性私立高校可以获得联邦低息贷款或贷款担保等非直接资助，营利性私立高校不能享有此类优惠，但营利性私立高校的学生同样能够获得联邦政府的助学金和贷款等财政资助；在社会捐赠方面，美国非营利性私立高校可以向捐赠组织或个人开具优于一般性商业组织捐赠的税收抵免单，而营利性私立高校的捐赠方不能享有此类优惠；在土地使用方面，美国非营利性私立高校享有与公办高校同等的土地优惠政策，甚至有机会获得政府赠予土地，营利性私立高校则不能享有类似的优惠；在教师权益方面，美国各州对两类私立高校社会保障的政策支持力度也不相同，非营利性私立高校教师基本享有与公办高校教师同等的权利。借鉴国内外的经验，我国在民办高校分类管理政策执行过程中，也要充分运用激励工具，为民办高校举办者、管理者、教师等核心利益相关者积极参与民办高校分类管理提供动力机制，尤其要学习借鉴美国经验，丰富激励工具形式，引导支持非营利性民办高校的发展。

三　注重能力建设工具的有效运用

陕西省政府注重运用能力建设工具，提高民办高校办学能力。譬如通过建立民办高校教师和公办高校教师合理流动机制、完善民办高校教职工社会保险制度、改善民办高校教师待遇、建立健全民办高校教师人事代理服务制度等，为民办高校教师队伍建设和教学能力提升提供了保障。陕西省从 2012 年起还设立了民办高等教育发展专项资金，重点支持非营利性民办高校开展高水平民办大学建设和改革创新，实施"民办高校能力提升工程"，以项目带动民办高校教学质量、科研能力和教师能力的整体提升。浙江省也很重视深化能力建设工具的应用，扩大民办高校招生自主权。浙江省支持民办高校立足浙江，面向全国，拓宽生源范围，在核定的年度招生规模内，自主确定各地的招生计划，并把民办高校纳入了浙江省综合评价招生改革范围。浙江省还逐步放开了民办高校的专业设置权，根据省内民办高校的办学规模，放宽 20% 的比例核定专业设置总数，在专业设置总数内，允许民办高校根据教育部修订的学科专业目录及设置管理办法，自主设置除国家和省控制布点外的专业，允许民办高校自主确定专业方向。美国也很注重运用能力建设工具，引导私立高校按照政策意图方向发展。譬如美国赋予非营利性私立高校享有与公办高校同等的政策待遇和财政资源，为非营利性私立高校能力提升奠定了坚实的基础；美国还很重视为营利性私立高校提供必要的资源，鉴于营利性私立高校主要招收低收入家庭子女、少数民族子女和退伍军人，联邦政府加强了对营利性民办高校学生的财政资助，有力地提高了营利性民办高校的生存与发展能力。借鉴国内外经验，我国在民办高校分类管理政策执行过程中，也要重视发挥能力建设工具的功能，为各类民办高校提供足够的信息、培训和资源，增强政府对各类民办高校的综合服务能力，提高各类民办高校在招生、专业设置、社会服务等方面的自主能力。

四　注重学习工具的有效运用

对比中国的民办高校分类管理政策与美国的私立高校分类管理政策，我们能发现许多的不同。相对而言，中国在民办高校分类管理方面重分类而轻管理，重限制而轻激励，重公平而轻效率；美国则在这三对关系之间取得了较好的平衡，分类精准明确，管理差异高效，限制准确有效，激励多元全面，公平得到保障，而效率也得到激活。上述政策效果很大程度上受政策执行过程中的政策工具选择影响。通过比较，可以发现，美国政府除了重视运用激励工具和能力建设工具之外，还很注重运用学习工具来提高私立高校的自我学习能力。譬如，美国重视培育第三方的认证评估机构，把获得权威认证机构的认证作为衡量私立高校办学质量的重要指标，并把获得相关认证作为私立高校获得政府财政资助的条件。此举有效促动各类私立高校认真学习、领会权威认证机构的评估指标，按照评估指标指导学校办学。美国政府还很注重对两类私立高校开展定期评估，包括过程性的常规评估和结果性的总体评估，评估指标包括学术声誉、教学设施、学生培养质量、毕业生社会认可度等，也促使私立高校基于政府的评估指标开展自我评估，提高了私立高校自组织运转能力。借鉴美国经验，我国在民办高校分类管理政策执行过程中，也要重视开拓使用学习工具，除了要注重培育民办高等教育中介组织开展评估认证之外，还要引导非营利性民办高校和营利性民办高校制定学校发展战略规划和行动计划，并积极开展自我评估，提高各类民办高校的市场适应能力。

第四章 民办高校分类管理政策工具选择的典型案例分析

本章首先分析广东省民办高等教育发展概况，包括地区分布、办学历史、占地规模、师资力量、在校生数、办学类型、招生情况及相关政策支持等。然后基于对广东省的实证调查，从权威工具、激励工具、能力建设工具、符号和规劝工具、学习工具五个维度分析民办高校分类管理政策工具选择存在的问题，并对存在问题的原因进行探究。

第一节 广东省民办高等教育发展概况

我国民办高等教育自 20 世纪 80 年代起开始恢复，经过 30 多年的发展，民办高等教育已经成长为我国高等教育体系中的重要组成部分。据教育部发布的 2017 年全国教育事业发展统计公报数据显示，"截至 2017 年，全国民办高校已经达到 747 所（含独立学院 265 所，成人高校 1 所），比上年增加 5 所；普通本专科招生 175.37 万人，比上年增加 1.51 万人，增长 0.87%；在校生 628.46 万人，比上年增加 12.25 万人，增长 1.99%；硕士研究生招生 747 人，在学 1223 人；另有民办的其他高等教育机构 800 所，各类注册学生 74.47 万人"。① 广东是改革开放后民办高等教育起步较早的省份，经过长期的发展已经取得了长足的进步。据统计，"截至 2017 年 5 月 31 日，全国高等学校共计 2914 所，其中：普通高等学校 2631 所（含独立学院 265 所），成人高等学校 283 所；广东省共有高等院

---

① 中华人民共和国教育部：《2017 年全国教育事业发展统计公报》，http：//www.moe. gov.cn/jyb_ sjzl/sjzl_ fztjgb/201807/t20180719_ 343508.html。

校151所，其中民办高校50所，含民办本科院校23所和民办专科院校27所"。① 具体情况如表4-1所示。

表4-1 广东省民办高校一览表

序号	学校名称	属性	序号	学校名称	属性
1	广东白云学院	本科	26	广东新安职业技术学院	专科
2	电子科技大学中山学院	本科	27	广州康大职业技术学院	专科
3	广东培正学院	本科	28	珠海艺术职业学院	专科
4	广东东软学院	本科	29	广东岭南职业技术学院	专科
5	华南理工大学广州学院	本科	30	广东亚视演艺职业学院	专科
6	广州大学华软软件学院	本科	31	广州涉外经济职业技术学院	专科
7	中山大学南方学院	本科	32	广州南洋理工职业学院	专科
8	广东外语外贸大学南国商学院	本科	33	广州科技职业技术学院	专科
9	广东财经大学华商学院	本科	34	惠州经济职业技术学院	专科
10	广东海洋大学寸金学院	本科	35	广东工商职业学院	专科
11	华南农业大学珠江学院	本科	36	广州现代信息工程职业技术学院	专科
12	广东技术师范学院天河学院	本科	37	广州华南商贸职业学院	专科
13	北京师范大学珠海分校	本科	38	广州华立科技职业学院	专科
14	广东工业大学华立学院	本科	39	广州珠江职业技术学院	专科
15	广州大学松田学院	本科	40	广州松田职业学院	专科
16	广州商学院	本科	41	广东文理职业学院	专科
17	北京理工大学珠海学院	本科	42	广州城建职业学院	专科
18	吉林大学珠海学院	本科	43	广东南方职业学院	专科
19	广州工商学院	本科	44	广州华商职业学院	专科
20	广东科技学院	本科	45	广州华夏职业学院	专科
21	广东理工学院	本科	46	广州东华职业学院	专科

① 中华人民共和国教育部《全国高等学校名单》，http://www.moe.gov.cn/srcsite/A03/moe_634/201706/t20170614_306900.html。

续表

序号	学校名称	属性	序号	学校名称	属性
22	东莞理工学院城市学院	本科	47	广东创新科技职业学院	专科
23	中山大学新华学院	本科	48	广东信息工程职业学院	专科
24	潮汕职业技术学院	专科	49	广东碧桂园职业学院	专科
25	私立华联学院	专科	50	广东酒店管理职业技术学院	专科

资料来源：中华人民共和国教育部《全国高等学校名单》，http：//www. moe. gov. cn/srcsite/A03/moe_ 634/201706/t20170614_ 306900. html。

艾瑞深中国校友会大学评价课题组公布了《2018 中国民办大学排行榜 150 强》（未包括独立学院），结果显示，广东民办高校入选 150 强的仅广州商学院、广东培正学院、广东白云学院、广东科技学院、广东理工学院、广州工商学院和广东东软学院等 7 所民办高校。[①] 可见，尽管广东省是民办高等教育大省，但广东省的民办高等教育排名在全国还只是处于中等水平，与广东经济发展水平不相称。下面将主要基于对民办本科高校相关数据的分析，来剖析广东省民办高校发展概况。

一   基本情况

（一）地区分布

从广东省民办高等教育的地区分布来看，珠江三角洲地区经济发达，民办高等教育也较为发达，集团化发展趋势明显，在珠江三角洲地区尤其是广州、珠海、东莞等城市，民办教育逐渐规模化，综合实力不断增强，已经初步形成品牌。珠江三角洲地区集中了 46 所民办高校，占广东民办高校总数的 92%，其中 22 所民办本科院校，约占广东民办本科院校总数的 96%。而粤东（潮州、揭阳、汕头、汕尾）、粤西（茂名、阳江、云浮、湛江）和粤北（河源、清远、韶关、梅州）的民办高校发展相对弱势，民办本科院校很少，仅有广东海洋大学寸金学院一所民办本科院校。（如表 4 - 2 和表 4 - 3 所示）

----

①   艾瑞深中国校友会网的博客：《校友会 2018 中国民办大学排行榜 150 强》，http：//blog. sina. com. cn/s/blog_ 48ba1ffd0102xepz. html。

表4—2		广东省各市民办高校数量			（单位：所）
地区	民办高校总数	民办本科院校数量	地区	民办高校总数	民办本科院校数量
广州市	29	14	深圳市	1	0
东莞市	5	2	惠州市	1	0
珠海市	4	3	中山市	1	1
肇庆市	3	1	佛山市	1	1
湛江市	2	1	清远市	1	0
江门市	1	0	揭阳市	1	0

资料来源：中华人民共和国教育部《全国高等学校名单》，http：//www.moe.gov.cn/srcsite/A03/moe_ 634/201706/t20170614_ 306900.html。

表4－3	广东省民办高校地区分布表			（单位：所）
	珠三角	粤东	粤西	粤北
民办高校总数	46	1	2	1
民办本科院校数量	22	0	1	0

资料来源：中华人民共和国教育部《全国高等学校名单》，http：//www.moe.gov.cn/srcsite/A03/moe_ 634/201706/t20170614_ 306900.html。

（二）办学历史

通过数据整理可以看到，广东省成立最早的民办本科院校是建于1986年的电子科技大学中山学院，而成立最早的独立学院是建于1996年的广东外语外贸大学南国商学院。另外建校相对较早的高校还有广东白云学院（1989年）、广东培正学院（1993年）、广州工商学院（1995年）等，而最年轻的一批高校是成立于2006年的华南理工大学广州学院、中山大学南方学院、广东财经大学华商学院和华南农业大学珠江学院。（如表4－4所示）进入21世纪，广东省民办本科院校迈入比较集中的建校期，2001—2006年期间，平均每年有两所民办高校成立。（如图4－1所示）这一时期广东省民办高校之所以能够快速发展，与政策推动密切相关。因为在此期间，《社会力量办学条例》开始发挥作用，广东省后续出台了各项相关规范政策，促进了一批民办高校创建。

表 4 - 4 广东省民办高校（本科）创办时间表

序号	学校名称	创办时间	序号	学校名称	创办时间
1	广东白云学院	1989	13	北京师范大学珠海分校	2001
2	电子科技大学中山学院	1986	14	广东工业大学华立学院	1999
3	广东培正学院	1993	15	广州大学松田学院	1998
4	广东东软学院	2002	16	广州商学院	1997
5	华南理工大学广州学院	2006	17	北京理工大学珠海学院	2004
6	广州大学华软软件学院	2002	18	吉林大学珠海学院	2004
7	中山大学南方学院	2006	19	广州工商学院	1995
8	广东外语外贸大学南国商学院	1996	20	广东科技学院	2003
9	广东财经大学华商学院	2006	21	广东理工学院	1995
10	广东海洋大学寸金学院	1999	22	东莞理工学院城市学院	2004
11	华南农业大学珠江学院	2006	23	中山大学新华学院	2005
12	广东技术师范学院天河学院	2001			

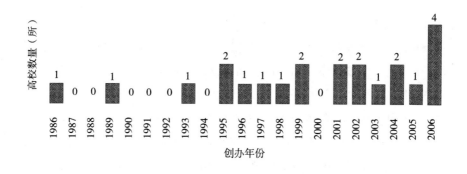

图 4 - 1 广东省民办高校（本科）创办时间分布图

资料来源：广州日报数据和数字化研究院《民办高等教育发展报告（广东 2018）》，http：//www. gzgddi. com/index. php？m = content&c = index&a = show& catid = 17&id = 154。（备注：表 4 - 4 和图 4 - 1 均是根据广州日报数据和数字化研究院提供的数据梳理而成）

（三）占地规模

根据广州日报数据和数字化研究院提供的数据，在 23 所民办本科院校中，占地面积最大的院校为北京师范大学珠海分校和吉林大学珠海学院，都达到了 5000 亩；其次是北京理工大学珠海学院，也达到了 4935 亩；占地面积最小的为广州大学华软软件学院，仅有 483 亩。23 所民办本科院校平均占地面积为 1526 亩。而建筑面积最多的同样是北京师范大学珠海分校，达到 62 万平方米；其次为吉林大学珠海学院，达到 57.8 万平方米；而建筑面积最小的是广东外语外贸大学南国商学院，仅为 15 万平方米。（如表 4 - 5 所示）

表 4 - 5　　　　　　　　广东省民办高校（本科）面积

学校名称	占地面积（亩）	建筑面积（m²）	学校名称	占地面积（亩）	建筑面积（m²）
北京师范大学珠海分校	5000	620000	广东科技学院	934	520000
吉林大学珠海学院	5000	578000	广东工业大学华立学院	925	——
北京理工大学珠海学院	4935	500000	广东外语外贸大学南国商学院	900	150000
华南理工大学广州学院	1723	500000	广东培正学院	869	——
广东理工学院	1521	553500	广东财经大学华商学院	842	500000
中山大学新华学院	1456	458437	电子科技大学中山学院	700	320000
广东海洋大学寸金学院	1393	367300	华南农业大学珠江学院	700	200000
广州工商学院	1358	501662	广东技术师范大学天河学院	665	——
广东白云学院	1300	400000	广东东软学院	630	240000
东莞理工学院城市学院	1228	440000	广州大学松田学院	540	217000
中山大学南方学院	1000	450000	广州大学华软软件学院	483	283112
广州商学院	1000	360000			

资料来源：广州日报数据和数字化研究院《民办高等教育发展报告（广东 2018）》，http://www.gzgddi.com/index.php? m = content&c = index&a = show&catid = 17&id = 154。

二 师生情况

（一）师资力量

师资力量是民办高校的核心竞争力，对民办高校的生存与发展具有举足轻重的作用。根据广州日报数据和数字化研究院提供的数据，民办高校拥有博士和硕士学位教师数量占比80%以上的学校共有7所，分别为北京师范大学珠海分校、北京理工大学珠海学院、吉林大学珠海学院、中山大学南方学院、广东外语外贸大学南国商学院、电子科技大学中山学院和广东培正学院，其中北京师范大学珠海分校达到90%。而拥有博士和硕士学位教师数量占比较低的学校是广州商学院（40.57%）和广东财经大学华商学院（48.08%），皆不足50%。高级职称数量占比40%以上的学校有吉林大学珠海学院、广东外语外贸大学南国商学院、广州商学院和电子科技大学中山学院。而高级职称数量占比较低的学校包括广东财经大学华商学院（13.46%）、广东科技学院（17.02%）、广东培正学院（15.00%）和广东技术师范学院天河学院（19.59%），皆不足20%。（如表4—6所示）可见，在民办高校中，师资力量差异还是比较大的。

表4-6　　　　　　广东省民办高校（本科）师资力量　　　　（单位:%）

学校名称	硕士、博士教师数占比	高级职称数量占比	学校名称	硕士、博士教师数占比	高级职称数量占比
广东白云学院	65.00	35.00	北京师范大学珠海分校	90.00	—
电子科技大学中山学院	80.00	40.00	广东工业大学华立学院	60.00	34.00
广东培正学院	80.00	15.00	广州大学松田学院	80.00	25.00
广东东软学院	—	—	广州商学院	40.57	40.57
华南理工大学广州学院	—	34.80	北京理工大学珠海学院	83.00	34.00
广州大学华软软件学院	—	—	吉林大学珠海学院	83.00	44.00
中山大学南方学院	89.00	20.1	广州工商学院	51.46	36.18
广东外语外贸大学南国商学院	80.19	40.88	广东技术师范学院天河学院	52.75	19.59

续表

学校名称	硕士、博士教师数占比	高级职称数量占比	学校名称	硕士、博士教师数占比	高级职称数量占比
广东财经大学华商学院	48.08	13.46	广东理工学院	—	27.02
广东海洋大学寸金学院	54.87	30.05	东莞理工学院城市学院	58.00	32.00
华南农业大学珠江学院	52.50	20.90	中山大学新华学院	73.52	36.46
广东科技学院	78.60	17.02			

资料来源：广州日报数据和数字化研究院《民办高等教育发展报告（广东 2018）》，http：//www.gzgddi.com/index.php？m = content&c = index&a = show&catid = 17&id = 154。

（二）在校生数

在校生数量体现了学校近期的招生规模，也体现着学校的办学规模及师资力量。在校生数量最多的是吉林大学珠海学院，达到 28406 人，其在校生规模超过了部分公办高校；其次为北京理工大学珠海学院（26484 人）和北京师范大学珠海分校（22446 人）。而在校生数相对较少的是广州大学松田学院（9660 人）、广东外语外贸大学南国商学院（9008 人）和广东东软学院（8917 人），人数皆不足 10000 人。在校生数达到 2 万人以上的民办高校共有 9 所。（如表 4—7 所示）总体而言，广东民办本科院校的在校生规模还是相对较大。

表 4 - 7　　　　　　**广东省民办高校（本科）在校生数**　　　　（单位：人）

序号	学校名称	在校生数	序号	学校名称	在校生数
1	吉林大学珠海学院	28406	13	广东白云学院	17258
2	北京理工大学珠海学院	26484	14	广东科技学院	17106
3	北京师范大学珠海分校	22446	15	广州商学院	16553
4	广东财经大学华商学院	21951	16	广东技术师范学院天河学院	14212
5	中山大学新华学院	21551	17	广东工业大学华立学院	14184
6	华南理工大学广州学院	21255	18	广东培正学院	14064

序号	学校名称	在校生数	序号	学校名称	在校生数
7	广东理工学院	21216	19	广州大学华软软件学院	13516
8	广东海洋大学寸金学院	20406	20	华南农业大学珠江学院	11095
9	东莞理工学院城市学院	20022	21	广州大学松田学院	9660
10	广州工商学院	19889	22	广东外语外贸大学南国商学院	9008
11	电子科技大学中山学院	18602	23	广东东软学院	8917
12	中山大学南方学院	17759			

资料来源：广州日报数据和数字化研究院《民办高等教育发展报告（广东2018）》，http：//www. gzgddi. com/index. php？m = content&c = index&a = show&catid = 17&id = 154。

三　办学情况

（一）办学类型

广东民办本科高校办学形式主要有两种：即独立学院和独立设置的本科院校。当前，广东共有 16 所独立学院和 7 所独立设置的本科院校。（如表 4 - 8 所示）学校的办学类型体现着学校的办学特色，广东民办高校的办学类型主要包括综合类、理工类、财经类、工科类、外语类和应用技术类。其中有 11 所民办本科院校为综合类院校，约占 48%，主要包括电子科技大学中山学院、北京师范大学珠海分校、吉林大学珠海学院、中山大学南方学院等；理工类的民办本科院校有 6 所，约占 26%，主要有广东东软学院、华南理工大学广州学院、广东工业大学华立学院等；财经类的民办本科院校有 3 所，约占 13%，主要包括广东培正学院、广州商学院、广东财经大学华商学院。而工科类、外语类和应用技术类的民办本科院校各仅有 1 所。民办本科高校办学形式和类型的具体情况详见以下图表。（如表 4 - 9、表 4 - 10 和图 4 - 2、图 4 - 3 所示）

表 4 - 8　　　　　广东省民办高校（本科）办学模式分布数

类型	独立设置的本科院校	独立学院
数量	7	16

　　资料来源：广州日报数据和数字化研究院《民办高等教育发展报告（广东2018）》，http://www.gzgddi.com/index.php? m = content&c = index&a = show&catid = 17&id = 154。（备注：根据广州日报数据和数字化研究院提供的数据梳理而成）

表 4 - 9　　　　　**广东省民办高校（本科）办学类型**

序号	学校名称	办学类型	序号	学校名称	办学类型
1	广东白云学院	工科类	13	北京师范大学珠海分校	综合类
2	电子科技大学中山学院	综合类	14	广东工业大学华立学院	理工类
3	广东培正学院	财经类	15	广州大学松田学院	综合类
4	广东东软学院	理工类	16	广州商学院	财经类
5	华南理工大学广州学院	理工类	17	北京理工大学珠海学院	综合类
6	广州大学华软软件学院	理工类	18	吉林大学珠海学院	综合类
7	中山大学南方学院	综合类	19	广州工商学院	应用技术类
8	广东外语外贸大学南国商学院	外语类	20	广东科技学院	综合类
9	广东财经大学华商学院	财经类	21	广东理工学院	理工类
10	广东海洋大学寸金学院	综合类	22	东莞理工学院城市学院	综合类
11	华南农业大学珠江学院	综合类	23	中山大学新华学院	综合类
12	广东技术师范学院天河学院	理工类			

　　资料来源：广州日报数据和数字化研究院《民办高等教育发展报告（广东2018）》，http://www.gzgddi.com/index.php? m = content&c = index&a = show&catid = 17&id = 154。（备注：根据广州日报数据和数字化研究院提供的数据梳理而成）

表 4 - 10　　　**广东省民办高校（本科）办学类型分布数**　　　（单位：所）

类型	工科类	综合类	财经类	理工类	外语类	应用技术类
数量	1	11	3	6	1	1

　　资料来源：广州日报数据和数字化研究院《民办高等教育发展报告（广东2018）》，http://www.gzgddi.com/index.php? m = content&c = index&a = show&catid = 17&id = 154。（备注：根据广州日报数据和数字化研究院提供的数据梳理而成）

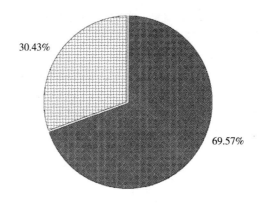

30.43%

69.57%

■ 独立学院 ⊞ 独立设置的本科院校

图 4 - 2 广东省民办高校（本科）办学模式分布图

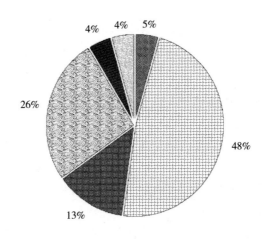

4% 4% 5%

26%

48%

13%

■ 工科类 ⊞ 综合类 ■ 财经类 ▨ 理工类 ■ 外语类 ▨ 应用技术类

图 4 - 3 广东省民办高校（本科）办学类型分布图

（二）招生情况

招生计划人数在一定程度上体现一所学校的办学规模。2017 年招生计划人数最多的是吉林大学珠海学院（8621 人）；其次为广东海洋大学寸金学院（7425 人）；再次为北京理工大学珠海学院（6868 人）；招生数最少的为广州大学松田学院（2000 人）。省内招生数最多的为广东海洋大学寸金学院（7030 人），占学校招生比例为 94.68%；其次为广东理工学院

（6125 人），占学校招生比例为 99.32%；有 5 所学校的招生数在 6000 人以上。省内招生比例最高的为广东理工学院，占学校招生的比例为 99.32%，其次为广东科技学院。有 16 所学校的省内计划招生比例超过 90%。省外招生数最多的为吉林大学珠海学院（2718 人）；其次为北京师范大学珠海分校（2662 人），省外招生比例最高的为北京师范大学珠海分校，占学校招生的比例为 39.73%；其次为吉林大学珠海学院，占学校招生比例为 31.53%。（如表 4 - 11 所示）

表 4 - 11　　　　2017 年广东省民办高校（本科）计划招生情况

学校名称	计划招生数（人）	省内招生数（人）	省内招生占比（%）	省外招生数（人）	省外招生占比（%）
吉林大学珠海学院	8621	5903	68.47	2718	31.53
广东海洋大学寸金学院	7425	7030	94.68	395	5.32
北京理工大学珠海学院	6868	5268	76.70	1600	23.30
北京师范大学珠海分校	6700	4038	60.27	2662	39.73
广东理工学院	6167	6125	99.32	42	0.68
中山大学新华学院	5980	5450	91.14	530	8.86
华南理工大学广州学院	5743	5142	89.54	601	10.46
中山大学南方学院	5443	4678	85.95	765	14.05
广东财经大学华商学院	5403	5253	97.22	150	2.78
广东白云学院	5328	5028	94.37	300	5.63
东莞理工学院城市学院	5200	4906	94.35	294	5.65
广东技术师范学院天河学院	5000	4800	96.00	200	4.00
电子科技大学中山学院	4939	3624	73.38	1315	26.62
广州商学院	4655	4357	93.60	298	6.40
广州工商学院	4646	4357	93.78	298	6.41
广东培正学院	4634	4394	94.82	240	5.18
广东工业大学华立学院	4498	4338	96.44	160	3.56
广东科技学院	4090	4040	98.78	50	1.22
广州大学华软软件学院	3707	3507	94.60	200	5.40

续表

学校名称	计划招生数（人）	省内招生数（人）	省内招生占比（%）	省外招生数（人）	省外招生占比（%）
华南农业大学珠江学院	3216	3156	98.13	60	1.87
广东外语外贸大学南国商学院	2500	2275	91.00	225	9.00
广工东软学院	2300	2106	91.57	194	8.43
广州大学松田学院	2000	1431	71.55	569	28.45
总计	115063	101206	87.96	13866	12.05

资料来源：广州日报数据和数字化研究院《民办高等教育发展报告（广东 2018）》，http://www.gzgddi.com/index.php? m = content&c = index&a = show&catid = 17&id = 154。

四　政策支持

广东民办高等教育良好的发展态势，离不开省政府积极的政策支持。在长期的管理实践中，广东地方政府已经创造出不少领先全国的促进民办教育的有利举措。下面是广东省政府在促进民办高等教育发展过程中所出台的政策回顾和经验总结。

（一）政策历程

1983 年 3 月 17 日，根据党的十二大"把教育作为发展国民经济的战略重点之一"的精神，广东省委、省政府颁布了《中共广东省委、广东省人民政府关于努力开创我省教育事业新局面的决定》，指出加强和发展教育事业是加快社会主义现代化建设的战略重点之一，提出"必须提高各级各类学校的教育质量""鼓励团体办学，允许私人办学"，以全面推进教育改革，加快教育事业的发展。根据 1985 年《中共中央关于教育体制改革的决定》，广东省委、省政府做出《贯彻〈中共中央关于教育体制改革的决定〉的意见》，积极推进广东省教育体制改革。1988 年，广东省委、省政府颁布《中共广东省委、广东省人民政府关于高等教育体制改革的决定》，强调"应从国家、集体、个人等多渠道筹集教育经费，实行谁办学，谁负责，谁管理经费的原则""私人办学可自定学费标准"；1992 年 6 月省教育厅向省委、省政府提出普教投入机制的新思路，即"按照财、税、费、产、社、基、借、贷、储"（财政拨款、征收教育税费、收取学杂费、校产和勤工俭学收入、社会集资捐资、教育基金、借款、贷款、教育储蓄）等并举办法，积极拓宽教育经费来源的各种渠道。[①]广东省委、省政府1993年1月颁布了《中共广东省委、广东省人民政府关于加快高等教育改革和发展步伐的决定》，1994年11月广东省委、省政府又颁布了《中共广东省委、广东省人民政府关于教育改革和发展的决定》；两个政策文本均提出了"实现教育现代化，使广东省成为教育强省"的宏伟目标；这是广东高等教育发展战略的历史性飞跃。[②]根据新形势要求，广东提出了"积极发展、优化结构、提高质量、注重效益"的高等教育总体发展战略，着重开展管理体制改革，建立促进高校内涵发展的新体制。其中《中共广东省委、广东省人民政府关于教育改革和发展的决定》还提出"继续鼓励社会团体和公民个人承办公办学校或采取民办公助、公办民助的形式办学。"1995年7月6日，广东省政府为了开发社会教育资源，引导私立高等学校健康发展，颁布了《广东省私立高等学校管理办法》，认为"私立高等学校是高等教育的组成部分，是政府办学的补充"，并明确提出"私立高等学校不得以营利作为办学宗旨"，还要求"各级人民政府对私立高等学校应采取积极鼓励、大力支持、正确引导、加强管理的方针，维护其合法权益"。这进一步促进和规范了当时民办高校的发展。

2000年10月10日，广东省委、省政府颁布《贯彻〈中共中央、国务院关于深化教育改革全面推进素质教育的决定〉的意见》，提出要"建立多元化教育投资体制"，"社会力量举办的各级各类学校经批准可按学生人均成本收费"，"继续鼓励境内外社会组织、企业和个人投资办学和捐资助学"。2005年8月9日，广东省政府出台《广东省教育现代化建设纲要实施意见（2004—2010年)》，提出"鼓励社会力量举办高等、中等职业学校，形成政府主导，行业、企业、社会团体和个人参与的多元办学格局。鼓励高等、中等职业学校通过社会赞助、捐资、贷款、投资、合作等方式多渠道筹措办学经费，采取独资、股份制、联办、合作（含中外

---

① 张铁明：《广东民办教育发展的新创举及政策创新回顾》，https：//www.xzbu.com。

② 吴开俊：《改革开放以来广东高等教育政策的文本分析》，《辽宁教育研究》2006年第5期。

合作）等多种形式办学。在明晰学校产权、确保公有教育资源不流失的前提下，允许行业、企业、社团和个人采取购买、承包、租赁等方式，参与公办高等、中等职业学校办学"。自此，广东民办高等教育也进入了一个新时期。

2002 年 12 月 28 日，第九届全国人民代表大会常务委员会第三十一次会议通过《中华人民共和国民办教育促进法》。2005 年 8 月，广东省教育厅立项启动《广东省实施〈中华人民共和国民办教育促进法〉办法》立法起草工作。2009 年 11 月 26 日，广东省人大常委会通过了《广东省实施〈中华人民共和国民办教育促进法〉办法》，并于 2010 年 3 月 1 日施行。《广东省实施〈中华人民共和国民办教育促进法〉办法》明确提出"民办教育事业属于公益性事业，是社会主义教育事业的组成部分，民办学校与公办学校具有同等的法律地位"，"坚持积极鼓励、大力支持、正确引导、依法管理的方针，将民办教育事业纳入国民经济和社会发展规划"。以此为标志，广东民办教育进入了坚冰再破的发展规范提升期。

2010 年 10 月，《广东省中长期教育改革和发展规划纲要（2010—2020 年）》颁布，强调"要深化各级各类教育办学体制机制改革；大胆探索，积极创新，形成政府主导、行业企业支持配合、社会力量积极参与、公办与民办共同发展的多元化办学格局；在规范管理的前提下，鼓励和支持从实际出发，以非义务教育阶段为主探索公办名校办民校、公办民助、民办公助、委托管理、兼并重组等办学模式和运作方式，充分发挥优质教育资源的辐射和带动作用，加快满足人民群众多层次多样化的教育需求"。此外，该规划纲要还指出"落实民办学校教师、学生与公办学校教师、学生同等的法律地位；捐资举办和出资人不要求回报的民办学校，享有与公办学校同等的税收、用地及其他优惠政策；出资人要求合理回报的民办学校，享有国家规定的税收及其他优惠政策；参照事业单位人员为民办学校教师办理社会保险。"2012 年 8 月 26 日，广东省政府根据《国家中长期教育改革和发展规划纲要（2010—2020 年）》《广东省中长期教育改革和发展规划纲要（2010—2020 年）》和全国教育工作会议精神，制定发布了《广东省人民政府关于深化教育体制综合改革的意见》，提出要"落实对民办教育的扶持政策，改善民办教育发展环境。"2013 年 7 月 15 日，广东省人民政府办公厅转发了省教育厅《关于促进民办教育规范特色

表 4 - 12　　　　　　　　**广东民办高等教育政策概览**

序号	年份	政　策
1	1983	《中共广东省委、广东省人民政府关于努力开创我省教育事业新局面的决定》
2	1985	《贯彻〈中共中央关于教育体制改革的决定〉的意见》
3	1988	《中共广东省委、广东省人民政府关于高等教育体制改革的决定》
4	1993	《中共广东省委、广东省人民政府关于加快高等教育改革和发展步伐的决定》
5	1994	《中共广东省委、广东省人民政府关于教育改革和发展的决定》
6	1995	《广东省私立高等学校管理办法》
7	2000	《贯彻〈中共中央、国务院关于深化教育改革全面推进素质教育的决定〉的意见》
8	2005	《广东省教育现代化建设纲要实施意见（2004—2010 年)》
9	2009	《广东省实施〈中华人民共和国民办教育促进法〉办法》
10	2010	《广东省中长期教育改革和发展规划纲要（2010—2020 年)》
11	2012	《广东省人民政府关于深化教育体制综合改革的意见》
12	2013	《广东省教育厅关于促进民办教育规范特色发展意见》
13	2016	《广东省教育发展"十三五"规划（2016—2020 年)》
14	2018	《广东省人民政府关于鼓励社会力量兴办教育促进民办教育健康发展的实施意见》

备注：根据政府颁布的相关政策文本汇编而成。

发展意见》的通知，提出要推行民办学校分类管理，"鼓励各地开展民办学校分类管理试点，创新民办教育管理制度，完善民办学校办学许可和注册登记制度、产权和资产管理制度、财务会计和审计制度、学校法人治理结构和政府管理服务体系"。还提出"到 2018 年，建成一批具有特色的品牌民办学校和若干所高质量、高水平的民办高等院校，形成完善的民办教育体系和政府主导、社会参与、办学主体多元、办学形式多样、公办教育与民办教育协调发展的格局，基本建成民办教育强省"。2016 年 12 月 30 日，广东省教育厅印发了《广东省教育发展"十三五"规划（2016—2020 年)》，强调要"促进民办教育规范特色优质发展。实施民办学校分类管理，加强民办学校党的建设，加大对非营利性民办学校的扶持力度，确保民办学校分类管理改革平稳有序推进。"该政策文本还提出"鼓励社会力量和民间资本提供多样化教育服务，扩大社会资本参与教育基础设施建设，提高民办教育质量，提升民办教育社会声誉；鼓励采取股份制、合作制、合伙制设立民办学校，探索举办混合所有制学校；鼓励公办学校、民办学校开展资源共享、人才交流和深度合作，规范独立学院发展；完善民办学校法人治理结构，健全民办学校收费制度，健全资产管理和财务会计制度，建立教育质量监测评估和风险防控机制；健全民办学校退出机制"。2018 年 5 月 4 日，广东省人民政府出台《关于鼓励社会力量兴办教育促进民办教育健康发展的实施意见》，强调切实落实民办教育的分类管理，对全省民办学校实施营利性和非营利性分类管理，非营利性民办学校享有与公办学校同等的税收优惠政策，新设民办学校应明确按非营利性或营利性分类审批和登记。广东的民办高等教育发展也由此逐渐进入规范化管理的轨道。

（二）政策成效

改革开放后，国家确定了"积极鼓励和支持社会力量以多种形式办学，形成以政府办学为主体，公办学校和民办学校共同发展格局"的方针。1982 年通过的《中华人民共和国宪法》，从根本大法层面赋予民办高校合法地位，并明确了民办高校的作用。在后来的民办高校法律规制实践中，国家 2003 年颁布了《民办教育促进法》；2004 年颁布了《民办教育促进法实施条例》；2010 年颁布了《国家中长期教育改革发展规划纲要（2010—2020 年）》；2016 年颁布了《全国人民代表大会常务委员会关于修改〈中华人民共和国民办教育促进法〉的决定》《关于加强民办学校党的建设工作的意见（试行）》《国务院关于鼓励社会力量兴办教育促进民办教育健康发展的若干意见》《民办学校分类登记实施细则》和《营利性民办学校监督管理实施细则》。中央层面出台的这些法规政策对我国各地民办高校发展起到了重要的指导作用。

在扶持和引导民办高等教育发展的过程中，广东省紧随中央的大政方针，勇于进行政策创新，大力推动本省民办高等教育发展。早在 1983 年，广东省政府颁布的《中共广东省委、广东省人民政府关于努力开创我省教育事业新局面的决定》就旗帜鲜明提出"鼓励团体办学，允许私人办学"，对民办高等教育的发展给予政策扶持。尤其是 2009 年广东省民办教育地方立法有着后来居上的体制性突破，使得广东民办教育发展有了较充分的法律依据，为民办高校举办者营造了更加积极稳定的政策环境。《广东省中长期教育改革和发展规划纲要（2010—2020 年)》的颁布实施，则进一步为广东省民办高等教育的发展提供了制度保障和政策支持，明确了民办高校的性质、地位及发展方向。

广东省政府积极为各类民办高校营造较为宽松的发展环境。既对全公益性的捐资办学或不要求回报的办学者给予积极引导和奖励，又给要求回报、要求学校举办权归属独立或要求盈利的学校较为充分的发展空间。同时，还积极支持民办高校内部管理机制的改革。早在 1995 年，广东在全国率先颁布《广东省私立高等学校管理办法》，这是我国第一个民办高等教育的地方性法规。① 此外，广东省政府积极营造民办教育理论和政策研究的良好环境，注重充分发挥民办教育理论的指导、引导和服务作用；对民办教育政策的制订，能积极吸纳专家意见和来自于实践探索的经验，促使政策更加贴近现实，更有前瞻性和可持续性，并推动了一批民办教育专家队伍的成长和成果的形成；同时，能重视和全面加强民办学校举办者以及校长、干部的理论培训与经验总结，重视办学过程也是举办者、校长的教育家成长过程的理念，评价不论出身、不计资历，有力地促进了一大批民办教育投资家和优秀民办学校校长的成长。②

第二节　民办高校分类管理政策工具选择存在的问题

本节主要基于对广东省的实证调查，借鉴英格拉姆（Ingram）和施耐德（Schneider）对政策工具理想类型的分析，从权威工具、激励工具、能力建设工具、符号和规劝工具以及学习工具五个维度，详细阐述民办高校分类管理政策工具选择存在的问题。

---

① 李文章：《我国民办高等教育的现状、问题与趋势：广东为例》，《浙江树人大学学报》（人文社会科学版）2015 年第 15 期。

② 张铁明：《广东民办教育发展的新创举及政策创新回顾（1979—2011 年)》，《广东教育》（综合版）2013 年第 12 期。

一 权威工具过度与缺位并存

权威工具是政府部门使用频率最高的用以达成政策目标的工具，是公共机构或政策制定者执行指派任务的法定权力；权威工具主要在政府的科层体制中被使用，用以指导政府机关和官员的行为；权威工具是以行动者自愿服从为基础，这些行动者承认颁布者赋予规章和命令的合法性，而且认可颁布者的这项权力。[①] 政府在民办高等教育管理方面权威工具使用的过度，主要体现在对民办高校的干预过多，习惯于按照管理公办高校的管理模式来管理民办高校。"对民办高校的收费标准、民办高校招生比例的设置、民办高校的校企合作等问题都有干涉，这种'事无巨细'的管理束缚了民办高校的自由，阻碍了民办高校的发展，政府管理角色的不明确对民办高校的发展造成了阻力。"[②] 据笔者对广东财经大学华商学院管理者 A 的访谈，她就提到："政府存在选择性执法的行为。在广州范围内，有几所大学是要交所得税的？我们要交所得税，这不是普遍现象，这是个别现象。由于我们学校是属于国税管辖，我们每年都要交所得税，其他学校是属于地税管辖的。国税和地税都存在不同的执法标准，地税局都不按国家税务总局的政策来执行，这是否太不公平了？"权威工具的过度使用，在某种程度上会影响民办高校参与分类管理的积极性。

权威工具存在过度使用的同时，还存在缺位的问题。有论者指出，"民办教育分类管理在制度规范方面还有几个问题有待明确：第一，民办学校分类登记时，'符合事业单位登记有关规定的到事业单位登记'，判断一所民办学校是否符合'事业单位'的标准由国家制定还是地方制定？第二，是否需要按照公司法的要求规范营利性学校的名称？第三，土地问题要'实时定价，依法供应'，'实时'是指当时还是现在的时间？'依法'则需要走'招拍挂'的程序，这就存在被其他单位竞拍到的风险，如何解决这一矛盾？第四，有公办学校参与举办的民办学校，是否可以选

---

① 李湘、曾小军：《政策工具视角下民办高校分类管理的障碍及突破》，《浙江树人大学学报》2016 年第 11 期。

② 刘立生：《我国民办高校发展中政府的作用——以江西省为例》，硕士学位论文，南昌大学，2011 年，第 23 页。

择营利性，如果可以，参与举办的公办学校是否可以参与营利分配？"①
显然，在这些方面，我国已有法规体系尚未做出明确的规定。此外，我国
以往不少民办教育法律和政策在现实中并没有得到很好地实施，对民办教
育分类管理政策的实施产生了路径依赖。如原《民办教育促进法》规定
"取得合理回报的具体办法由国务院规定"，但是国务院一直没有相关政
策；又如 2007 年出台的教育部 25 号令要求"民办高校的资产必须于批准
设立之日起 1 年内过户到学校名下"，但时至今日，仍然有很多民办高校
没有将土地等资产过户到学校名下；再如 2012 年出台的《教育部关于鼓
励和引导民间资金进入教育领域促进民办教育健康发展的实施意见》规
定"校长及学校关键岗位实行亲属回避制度"，但是当前民办高校的家族
化管理依然存在，举办者子女接班的现象愈发普遍。② 此外，我国民办高
校法人治理结构方面的法律规定还存在以下问题：一是没有对营利性高校
与非营利性高校的治理结构作出区别性规定；二是对民办高校的组织结构
的规定不明确，体现在对学校理事会、董事会或者其他形式的决策机构的
产生办法没有作出明确的规定，董事会的任期也没有作出说明；三是现有
法规在民办高校治理结构方面的规定缺乏操作性，如《民办教育促进法》
虽然对民办高校的决策机构、校长的职权以及教职工的权益进行了原则性
的规定，但这些规定在现实中不仅存在与其他法规相冲突的问题，而且因
过于笼统很难操作；第四，目前相关法律还没有规定民办高校需要设置监
事机构，使得现实中民办高校很少设置相应的监督机构，致使民办高校的
董事会或校长缺少必要的制约而容易独裁。③ 当前在民办高校监管方面，
除了教育行政部门每年例行开展的年检，基本上没有其他有针对性的监督
举措，尤其是缺乏对民办高校办学风险、财务资金、债务的有效监管。
2013 年，广州增城法院就曾经审理多起因民办高校投资者"一马双鞍"
融资模式而引发的债务纠纷案件，显示了民办高校财务监管的严峻性与重

---

① 郭二榕、景安磊：《推动分类管理促进民办教育健康发展》（观点摘编），《中国高教研究》2017 年第 3 期。

② 王一涛、石猛、王磊：《〈民办教育促进法修正案〉对我国民办高等教育基本格局的影响》，《浙江树人大学学报》2017 年第 3 期。

③ 鞠光宇：《分类管理制度下民办高校法人治理结构构建研究》，《高教探索》2017 年第 1 期。

要性。由于政府监督缺失，教育行政部门聘请会计师事务所等中介机构对民办学校进行外部审计的工作没有落实，师生、家长、社会的监督力薄弱，对学校财产、治理结构的内部运转模式知之甚少，这种监管不力容易产生权力监督盲区，增加管理和学校发展风险。[①] 政府权威工具在这些方面的干预缺位，影响了政策法规的权威性，对民办教育分类管理新政的权威性带来了一定的消极影响。另外，在民办高校的党建工作方面，也没有发挥权威工具应有的规范作用。《高等教育法》提出："国家举办的高等学校实行中国共产党高等学校基层委员会领导下的校长负责制，中国共产党高等学校基层委员会按照中国共产党章程和有关规定，统一领导学校工作"，"社会力量举办的高等学校的内部管理体制按照国家有关社会力量办学的规定确定"。但受历史的限制，原《民办教育促进法》中没有党的建设的相关内容，由此在实践中造成了某些问题，浙江树人大学校长、中国民办高等教育研究院院长徐绪卿认为，这主要表现在[②]：党组织不健全，隶属关系不落实，党的建设和党的领导弱化，党组织法定地位不落实、职权不明确、作用难发挥；党的建设工作淡化，在节省人力、节约经费的幌子下，党的机构被"精简"，人员很少甚至没有安排，党组织生活不健全，党组织经费没预算，存在有组织没机构、有组织没经费和有组织没活动的情况；党组织的主体责任虚化，从严治党力度小、不见效，学校内部治理混乱，事故苗头频出，影响教育教学质量，甚至给社会稳定带来影响；党的作用边缘化，有的民办学校党组织涣散，作用发挥不明显，成为摆设；尽管总体上民办学校党的建设有所加强，但是由于先天不足，缺乏法律依据，并没有得到应有的重视。

具体到地方政府层面，也有权威工具缺失的表现。譬如在分类登记方面，相关法规规章普遍滞后于地方民办教育分类登记的需求，仅 14 个省级政府制定或修订了民办学校分类登记的办法，大多数地方尚未出台相关

---

① 费坚、李斯明、魏训鹏：《基于复杂性范式的非营利性民办高校风险治理》，《教育发展研究》2018 年第 23 期。

② 徐绪卿：《贯彻落实〈民办教育促进法〉新法的若干思考》，《复旦教育论坛》2017 年第 2 期。

规定，也未见分类管理背景下的民办教育地方性法规的修订。[①] 又如浙江省温州市 2011 年颁布了《关于民办学校分类登记管理的实施办法（试行）》，陕西省教育厅、陕西省民政厅、陕西省工商行政管理局 2013 年 7 月 3 日颁发了《陕西省民办高等学校（教育机构）分类登记管理实施办法》；这些实施办法仅仅针对民办学校分类登记管理一项内容，民办高校分类管理中的其他问题则毫无涉及，包括分类标准、税收、举办者权利义务、财产归属、办学结余的处理以及退出机制等问题均没有任何体现。[②] 再以广东省为例，自 2017 年 1 月国务院发布《关于鼓励社会力量兴办教育促进民办教育健康发展的若干意见》以及 2017 年 9 月国家新修订的《民办教育促进法》正式实施以来，已有安徽、甘肃、天津、浙江、云南、湖北、上海、河北等十几个省市相继发布了相关文件，为落实民办高等教育分类管理提供保障。而广东省相关政策出台则相对较为滞后，使得广东省众多的民办高校处于焦虑、迷惘甚至恐慌的环境氛围中，阻碍了民办高校长远规划的制定。据笔者 2018 年初对广东省民办高校管理者的访谈，广东白云学院管理者 A 就指出："广东民办高校分类管理当前最大的障碍就是政策不明朗，主要是分类管理的实施细则不明确，比如权利补偿，税收办法等"。广东财经大学华商学院管理者 B 就明确表示："由于广东省政府还没有明确的态度和明确的政策，我们还处于观望的状态。"广东白云学院管理者 C 也表示："现在还搞不清楚广东省（民办高校分类管理）的政策框架，我们也还是在观望。"直到 2018 年 5 月，广东省才出台《广东省人民政府关于鼓励社会力量兴办教育促进民办教育健康发展的实施意见》（粤府〔2018〕36 号）。民办教育专家黄元维在 2018 民办教育广东论坛指出，"按照《关于修改〈中华人民共和国民办教育促进法〉的决定》，新法自 2017 年 9 月 1 日起施行；《国务院关于鼓励社会力量兴办教育促进民办教育健康发展的若干意见》要求地方各级人民政府根据本意见，因地制宜，积极探索，稳步推进，抓紧制定出台符合地方实际的实施意见和配套措施，这意味着地方政府必须于 2017 年 9 月 1 日前

---

①　刘永林：《民办学校分类登记法律体系构建：主要进展、实践诉求与优化路径》，《浙江树人大学学报》2019 年第 3 期。

②　环建芬：《民办高校分类管理问题的法律探析》，《复旦教育论坛》2016 年第 3 期。

出台地方相关法规文件；截至 2017 年 9 月 1 日，全国 31 个省（市、自治区），没有一个出台具体实施意见，辽宁于 2017 年 9 月 30 日出台意见，成为全国第一个出台实施意见的省份；目前，大约已有 25 个省（直辖市、自治区）出台了实施意见，但除了浙江等极少数省份外，大多数省份并未出台配套文件，这意味着，新法的实施在实践层面已经严重滞后"。总体上，全国各地在民办高校分类登记、差别化管理等核心问题的具体制度设计和责任落实上，缺少实施细则和明确意见；多数地方没有颁布针对民办高等教育发展的政策法规，作为关键问题的财政支持政策基本只涉及到非营利性民办高校，如对选择非营利性办学模式的民办高校在税收减免、贷款贴息、土地优惠、学生资助、教师资助等方面已明确其支持标准和方式，而对于选择营利性质的民办高校，在具体政策支持的标准和办法上多以"公司法"为参照。① 民办高校分类管理权威工具的缺位或滞后，势必会影响到民办高校分类管理政策的有效执行。

二　激励工具不足

激励工具是依靠正向或负向的切实回报来诱导人们遵从的工具；激励工具假定个体是效用最大化的个体，除非他们受到被操控的金钱、自由或者其他切实回报的影响、鼓励或强制，否则不会积极地采取政策倡导的相关行动。② 原《民办教育促进法》第四十五条规定："县级以上各级人民政府可以采取经费资助，出租、转让闲置的国有资产等措施对民办学校予以扶持。"由于缺乏民办高校分类管理的具体政策，激励工具仅限于规范条例中，流于形式，社会效应好的非营利性民办高校未享有充分的政策优惠与激励。譬如，有研究者以四所非营利性民办高校教师及其所在省市的教育厅和财政厅的政府部门的相关人员作为调查对象，通过问卷、访谈、资料收集等方式对非营利性民办高校公共财政资助问题进行调查分析，发现我国政府公共财政对非营利性民办高校资助状况不容乐观，主要体现在三个方面：一是公共财政资助制度缺失，表现为相关资助制度的指向性不

---

① 田晓庆：《加速落实民办高校分类管理政策的实践路径》，《现代教育科学》2018 年第 12 期。

② 李湘、曾小军：《政策工具视角下民办高校分类管理的障碍及突破》，《浙江树人大学学报》2016 年第 11 期。

明确、资助实践显得无章可循、资助政策落实效率极低等方面；二是公共财政资助力度有限，表现为资助金额不高、资助频次不多、资助项目极少等方面；三是公共财政资助方式单一，表现为重直接资助轻间接资助，缺乏必要的奖励性、补助性、专项性等有效资助方式。[①] 陕西省人民政府2011 年 12 月 30 日颁布了《关于进一步支持和规范民办高等教育发展的意见》，分别就分类管理、法人治理、教师待遇、风险防范和退出机制等民办高等教育发展瓶颈问题进行了制度创新，鼓舞了众多民办高校推进改革，西安外事学院 2013 年就与全国 25 所民办高校发起了非营利性民办高校联盟，积极探索非营利性高水平民办大学的发展道路；该学校启动了以法人治理结构为核心的一系列改革，并全面推行大部制改革和教育教学体系改革，力求优化内部权力结构和运行机制，加快人才培养和教育教学工作的责任、权力、重心向二级学院下移，还在全校推行了完全学分制和书院制；然而，上述举措没有得到政府财政资金和优惠政策的鼓励性支持，专项资金拨付额度甚至少于其他同类学校，尴尬之余，学校的改革暂时被缓了下来。[②]

广东省政府对民办高校的公共财政资助也同样存在激励力度不足的问题。根据《广东省"十三五"高等教育"创新强校工程"总体方案（试行)》的规定，广东省"创新强校工程"着眼于全面提升全省各类高校的人才培养、科学研究、社会服务和文化传承创新能力；综合考虑各类型高校的办学层次、办学类型和建设目标，对高水平大学、高水平理工科大学、应用型本科高校、高职院校等 4 种类型进行分类资助建设。根据广东省财政厅下达的《高等教育"创新强校工程"专项资金安排方案》，2018年广东省安排"高校创新强校工程"资金 44850 万元，省内 22 所民办本科高校（含独立学院）共获得"创新强校工程"专项资金 7200 万元，以及"创新强校工程"考核奖补资金 7000 万元；而省属公办高校共获得"创新强校工程"专项资金 37495 万元，以及"创新强校工程"考核奖补资金 36740 万元。（如表 4 – 13 和表 4 – 14 所示）通过对比可以发现，民

---

① 何国伟：《我国非营利性民办高校获公共财政资助现状——基于我国四所非营利性民办高校的调研》，《江西科技师范大学学报》2016 年第 2 期。

② 黄藤：《从办学实践谈民办高校分类管理》，《教育经济评论》2016 年第 2 期。

办本科高校受资助的资金只约占总资金的 16%，而省属公办高校受资助资金是民办本科高校受资助资金的 5 倍多。

另据广东省财政厅《关于下达 2015 年省级民办教育发展专项资金的通知》（粤财教〔2015〕162 号）显示，部分民办高校获得了一定数额的省级民办教育发展专项资金，但总体来看，无论是覆盖面还是数额，广东省民办高等教育的公共财政资助都显得比较薄弱。自 2012 年起，广东民办教育发展专项资金从 3000 万元增加到 5000 万元，其中有 1000 万元是专门用于资助民办高等教育的。虽然广东较早设立了民办教育发展专项资金，但总量严重不足，甚至比不上一所公办高校的财政拨款，对整个广东民办高等教育的发展起不到明显改善作用。况且，对于高等教育"创新强校工程"、省级民办教育发展专项资金等，广东省教育部门还采用专家评审与行政审批相结合、书面评审与现场答辩相结合的方式，实行竞争性分配，一些民办高校根本拿不到任何公共财政资助。当前广东缺乏高水平的民办高校，与民办高校办学成本较高又得不到政府公共财政的有力资助不无关系。广东财经大学华商学院管理者 A 在访谈中表示："这些政策层面的每所高校都有机会申请的统一资助，并不能满足民办高校差异化发展的需要，缺乏更多针对民办高校的资助。同时，税收优惠的力度也不够大，如果有足够多的税收优惠，那么民办高校剩下的资金就能够更多地投入到人才引进、教师培训和保障等方面，进而提高办学质量。"

表 4 - 13　　　　　2018 年广东省高等教育"创新强校工程"
资金安排情况表（省属公办）

学校	性质	"创新强校工程"考核奖补资金（万元）	"创新强校工程"分配金额（万元）
广州中医药大学	省属公办	3193	3193
广东外语外贸大学	省属公办	3505	3520
汕头大学	省属公办	3458	3488
广东财经大学	省属公办	2732	2732
广东海洋大学	省属公办	1844	1844
仲恺农业工程学院	省属公办	1923	1923
广东药科大学	省属公办	2085	2085

学校	性质	"创新强校工程"考核奖补资金（万元）	"创新强校工程"分配金额（万元）
星海音乐学院	省属公办	1809	1809
广州美术学院	省属公办	1966	2211
广州体育学院	省属公办	1708	1708
广东技术师范学院	省属公办	2621	2641
广东石油化工学院	省属公办	2194	2194
广东金融学院	省属公办	2222	2222
广东警官学院	省属公办	1347	1347
广东第二师范学院	省属公办	1321	1321
广州航海学院	省属公办	1472	1472
广东开放大学	省属公办	1340	1740
华南农业大学	省属公办	——	15
广东工业大学	省属公办	——	30
总计		36740	37495

资料来源：广东省财政厅《关于 2018 年高校创新强校工程资金安排方案的公示》，http：//www.gdczt.gov.cn/zwgk/ggtz/201804/t20180402_ 933590.htm。

表 4 - 14　　　　2018 年广东省高等教育"创新强校工程"
资金安排情况表（民办本科）

学校	性质	"创新强校工程"考核奖补资金（万元）	"创新强校工程"分配金额（万元）
广东培正学院	民办本科	237	237
广东白云学院	民办本科	563	563
广东科技学院	民办本科	198	198
广州商学院	民办本科	235	235
广东东软学院	民办本科	283	283
广州工商学院	民办本科	230	230
广东理工学院	民办本科	223	223

学校	性质	"创新强校工程"考核奖补资金（万元）	"创新强校工程"分配金额（万元）
北京师范大学珠海分校	独立学院	620	620
北京理工大学珠海学院	独立学院	583	583
吉林大学珠海学院	独立学院	598	798
广东工业大学华立学院	独立学院	232	232
东莞理工学院城市学院	独立学院	254	254
中山大学新华学院	独立学院	265	265
中山大学南方学院	独立学院	541	541
华南理工大学广州学院	独立学院	282	282
华南农业大学珠江学院	独立学院	242	242
广东外语外贸大学南国商学院	独立学院	274	274
广东财经大学华商学院	独立学院	217	217
广东海洋大学寸金学院	独立学院	184	184
广东技术师范学院天河学院	独立学院	267	267
广州大学华软软件学院	独立学院	265	265
北京师范大学—香港浸会大学联合国际学院	独立学院	207	207
总计		7000	7200

资料来源：广东省财政厅《关于 2018 年高校创新强校工程资金安排方案的公示》，http://www.gdczt.gov.cn/zwgk/ggtz/201804/t20180402_933590.htm。

2016 年 75 所教育部直属高校陆续晒出了上一年度财政决算报告。清华大学以 205 亿元的决算额高居榜首，其余还有浙江大学（156 亿元）、北京大学（140 亿元）和上海交通大学（127 亿元）三所高校决算额超过百亿，远远领先于其他高校。① 而民办高校不能得到有力的财政支持，仅以地方政府财政奖励等形式获得微薄的经济资助。以广东省为例，截至2017 年 5 月 31 日，广东省共有各类高校 151 所，其中民办高校 50 所，成为广东省高教体系中重要组成部分。② 但以广东省著名高校中山大学与其他民办高校对比，即可看出公、民办高校公共财政资助的显著差异。据中山大学 2014 年度决算披露，学校 2014 年学生总数 84088 人，2014 年收入总计 538196.39 万元，财政拨款收入 191855.27 万元，占总收入的35.65%；事业收入 212809.22 万元，占总收入的 39.54%；经营收入2589.80 万元，占总收入的 0.48%；附属单位上缴收入 11371.28 万元，占总收入的 2.11%；其他收入 119570.82 万元，占总收入的 22.22%。而同期广东省民办高校中，北京理工大学珠海学院收入合计 54862 万元，其中上级补助收入 2192 万元，教育事业收入 52579 万元；北京师范大学珠海分校收入合计 59603 万元，其中上级补助收入 0 万元，教育事业收入48991 万元；华南理工大学广州学院收入合计 38198 万元，其中上级补助收入 291 万元，占年度收入的 0.76%；教育事业收入 36503 万元，占年度收入的 94.8%；广东外语外贸大学南国商学院收入合计 17809 万元，其中上级补助收入 556 万元，教育事业收入 17110 万元。以上 4 所在广东较为知名的民办高校学生总数接近中山大学学生总数，合计年度收入170472 万元，为中山大学收入的 31.67%；财政补助收入为 3039 万元，为中山大学的 0.75%。③ 从以上数据对比中可以清楚地看到，广东省对民办高等教育的直接财政资助力度还有很大的改进空间。

公共财政对民办高等教育的间接资助也显不足。间接资助是指采用对第三方（如对师生）进行资助的方式，间接为民办高校提供财政资助，缓解其资金压力。当前，对民办高校学生提供公共财政资助正逐步进入广东省政府的政策视野，主要体现在奖助学金和助学贷款政策上。目前，在

---

① 中华网：《75 所部属高校"晒账单"高校的钱从哪里来》，https://news.china.com/socialgd/10000169/20161121/23910587.html。

② 中华人民共和国教育部：《全国高等学校名单》，http://www.moe.gov.cn/srcsite/A03/moe_634/201706/t20170614_306900.html。

③ 中山大学南方学院：《我国政府教育投入、分配及教育资源有效配置方式方法研究》，内部研究报告 2018 年版，第 34 页。

奖勤助贷方面，广东民办高校全日制在校生可以享受与公办高校学生一样的资助政策：享受国家奖学金、国家励志奖学金、国家助学金以及每生每学年可申请不超过 8000 元的国家助学贷款；对勤工助学的工作时限和工资标准都作了统一规定。不过，民办高校获得国家奖助学金的名额相对于公办高校来说较少，甚至同规模的民办本科高校的名额还远少于公办专科院校的名额。（如表 4 - 15 所示）民办高校的学生和家长要支付较高的学费，政府理应在公共财政资助上与公办高校平等对待，有条件的还应针对民办高校学生经济负担重以及专业设置具有特殊性等情况，给予特别对待。

表 4 - 15　　　　广东省高校本专科生国家奖助学金名额分配表

（部分）（2014 年）　　　　　　　　单位：人

学校	性质	在校生数	国家奖学金人数	励志奖学金人数	助学金人数
南方医科大学	公办本科	14870	31	650	2680
广州中医药大学	公办本科	14212	27	600	2560
仲恺农业工程学院	公办本科	16970	33	670	3000
惠州学院	公办本科	16625	22	530	2460
广东机电职业技术学院	公办专科	14886	18	445	2000
广东工贸职业技术学院	公办专科	14087	15	400	1850
广东交通职业技术学院	公办专科	14102	23	460	2240
广东白云学院	民办本科	14848	15	400	1500
广东科技学院	民办本科	13264	9	260	1200
广州科技职业技术学院	民办专科	11329	5	200	857
广州城建职业学院	民办专科	15725	8	320	1280
东莞理工学院城市学院	民办专科	15408	9	310	1550
中山大学新华学院	民办专科	13244	6	265	1330

资料来源：毕会东《广东省公共财政支持民办高等教育的对策研究》，《浙江树人大学学报》2016 年第 7 期。

激励工具不足还体现在对民办高校教师的激励力度不够。原《民办教育促进法》第二十七条规定："民办学校的教师、受教育者与公办学校的教师、受教育者具有同等的法律地位。"尽管民办高校教师的法律地位得到了肯定，但是从表4—16公办高校教职工与民办高校教职工职位比较情况可以看出，目前民办高校教师与公办高校教师相比，在各种权益保障方面还存在较大的差异。主要表现在民办高校教师社会地位不高、身份编制不清、薪酬待遇较低和社会保障不足，尚没有享受到与公办高校教师同等的政策待遇。民办高校享受的政府专项资金总量偏小且分配不当，民办高校教师申报科研项目很难得到政府的财政资助。根据笔者对广东省教育厅某主管行政人员的访谈，她曾提到："目前广东省民办高校教师拿到的科研项目很少，一直以来对民办高校科研项目申报都有限额的规定，只有教育科学规划项目由于没有经费资助，才对民办高校没有限额。"此外，目前国家自然科学基金等较高层次的纵向课题还未对民办高校开放申报，也对民办高校引进高层次科研人才和建设高水平的教学科研团队造成了一定的不利影响。同时，笔者在对广东某一民办高校校长访谈中，他也特别提到："我觉得政府财政资助最大的不公平在学生方面，民办高校学生同样是纳税人的后代，但却享受不到同等的资助待遇。"广东财经大学华商学院管理者A认为："广东民办高校发展已经度过了'跑马圈地'的阶段，现正在向'内涵发展'的方向前进，如果没有政府出台相关政策来保障民办高校师资队伍的质量，民办高校的发展将十分困难；教师层面不应该区分公办和民办，应该同等对待。"

当前，广东省政府对民办高校师生提供了一定的资助，但是资助和保障的力度还严重不足，制约了民办高校进一步的发展。虽然在高校教学质量与教学改革工程、高等教育教学改革等项目申报方面，政府给予了民办高校一定的支持，但是民办高校教师的工资福利待遇仍明显低于公办高校教师，职称晋升空间也较小。此外，民办高校教师由于身份差异，在社会保险、退休待遇等方面和公办教师还有很大的差异，"即使民办高校的工资待遇不比公办高校差，但是年轻教师考虑到长远问题时，还是会缺乏安全感"，广东财经大学华商学院管理者A补充到。正是由于资助和保障的不足，广东民办高校的教学团队普遍存在以下问题：一是教师队伍不稳定，优质教师流失严重；二是教师年龄结构不合理，教学主体是缺乏经验的青年教师；三是教师科研能力普遍较弱，科研团队难以形成；四是教师的应用实践能力不强。广东白云学院管理者C指出："民办高校发展受阻因素之一是学校平台水平较低；二是国家人事体制的限制。平台的发展需要高校自身用时间去积累，但是在体制上，如果高校选择了非营利性办学，政府对于教师应该按公管理，而不仅是参公管理。如何按公管理，我认为政府可以强制要求非营利性民办高校首先拿出一笔钱成立专项资金，保障所有在编教师按照公办教师的待遇来管理。政府可以把编制同样下达到民办高校，但是向政府要钱肯定不现实，但政府既然作为宏观管控者，就应该强制要求非营利性民办高校对教师按公管理。"

表 4 – 16 　　　　　　　当前公办高校教职工与民办高校教职工职位比较

	公办高校教职工	民办高校教职工
单位性质	事业单位	民办非企业单位
保障系统	失业保险、财政出资	企业（商业）保险、学校出资
	携带保险、自由流动	携带保险、圈内流动
人事关系	组织部（人事局）管理	人才交流中心存档
干部政治待遇	可横跨到党政机关	不可能
	有资格报考副县级以上职位	不可以
社会地位	职业具有吸引力	自由职业者职位

资料来源：杨树兵《民办高校发展战略和政策需求研究——基于核心竞争力理论之视角》，江苏大学出版社 2009 年版，第 235 页。

有论者指出，我国现行民办教育的基本特征是投资办学而不是捐资办学，分类管理政策与现实中绝大部分民办学校举办者以营利性为目的的办学形成了矛盾，同时也对举办者和民办高校缺乏现实可行的激励作用。[1]譬如，新法规定："本决定公布前设立的民办学校，选择登记为非营利性民办学校的，根据依照本决定修改后的学校章程继续办学，终止时，民办学校的财产按照本法规定进行清偿后有剩余的，根据出资者的申请，综合考虑在本决定施行前的出资、取得合理回报的情况以及办学效益等因素，给予出资者相应的补偿或者奖励，其余财产继续用于其他非营利性学校办学"。这一法律条款关键的问题是给予出资者补偿或者奖励的资金该由谁出？补偿和奖励是否可以兼得？法律对此并没有做出明确的规定。此外，

---

① 李文章：《利益相关者视角下的民办高校分类管理政策选择》，《黄河科技大学学报》2015 年第 5 期。

国家在激励营利性民办高等教育方面的力度不足,教育部、人力资源和社会保障部及工商总局虽然联合颁布《营利性民办学校监督管理实施细则》,但重监管轻扶持特色明显,相应的扶持鼓励政策不明确。

有研究人员 2017 年曾对许多民办高校的举办者进行访谈,发现正在选择成为营利性民办高校的比例远远低于选择非营利性民办高校的比例,其原因有四个方面:一是营利性民办高校在我国尚属新生事物,在审批、登记和市场运作等方面面临诸多不确定因素,比如生源可能难以接受营利性民办高校,国家优惠政策的缺失可能加剧学校的生存困境,所以选择营利性民办高校不一定能够实现营利的目的;二是国家在政策设计上明确引导民办高校选择非营利性发展道路,很多民办高校举办者受主客观条件限制,不得不响应国家的这个号召;三是我国很多民办高校拥有一定比例的公共资产,特别是发展水平高的民办高校往往有国有资本的参与,这就导致许多民办高校实际上无法选择成为营利性民办高校;四是即使选择成为非营利性民办高校,举办者依然可以通过多种合法手段获得经济利益。[①]分类管理政策的成效关键在于营利性民办高校是否产生以及有多少民办高校会选择成为营利性民办高校,如果现存民办高校全部选择成为非营利性民办高校,分类管理政策就失去了应有的意义。

在教育捐资方面,《中华人民共和国企业所得税法》《关于公益救济性捐赠税前扣除政策及相关管理问题的通知》和《公益事业捐赠法》等对捐赠免税资格和捐赠支出税收优惠进行了相关规定,但企业和个人捐赠的税收优惠并没有得到较好的执行,在高等教育捐资方面也缺乏特殊的优惠,导致社会资本捐资举办高等教育的政策动力不足;在教育融资方面,《民办教育促进法》和《民办教育促进法实施条例》虽然鼓励社会基金组织和金融信托机构为民办高校进行资金筹措和信贷担保,但在实际操作中,民办高校包括教育用地在内的资产却无法用于向银行抵押贷款,大多数民办高校主要通过担保贷款获取发展资金,无法享有与公办高校同等的贴息和无息贷款。[②]总之,激励工具的缺乏,影响到民办高校举办者、管

---

① 王一涛、石猛、王磊:《〈民办教育促进法修正案〉对我国民办高等教育基本格局的影响》,《浙江树人大学学报》2017 年第 3 期。

② 李虔:《税收政策与私立高校分类管理:美国经验及其启示》,《国家教育行政学院学报》2015 年第 8 期。

理者等利益相关者参与分类管理的积极性，导致民办高校分类管理政策执行的阻滞。

三　能力建设工具缺位

能力建设工具主要用于为有能力的个体、群体或机构决策或开展活动提供资源、信息、培训和教育。长期以来，我国高等教育公共财政经费，主要用于公办高校办学投入，民办高校一直没有享受充分的财政资助，主要体现在："财力资源和人力资源分配的不公平，在财力资源方面，公办高校办学经费来源渠道广，不仅可以享受政府的直接财政拨款，而且在税收、土地、银行贷款和社会捐赠等方面享有诸多的政策优惠；但民办高校到目前为止还难以得到政府有力的财政资助，在银行贷款、土地征用和税收优惠等方面也没有享受到与公办高校同等的优惠政策；这种教育资源分配明显不均的状况，不利于民办高校的能力建设。"[1] 譬如以用地为例，广东某民办学院 2003 年获得广东省规划局 317 亩建设用地规划指标，但在办理过程中，地方土地管理部门将该校的用地指标挪用给了其他房地产开发商；2010 年土地部门调整规划，该 317 亩地变更为旅游用地，造成土地部门的规划与城市部门的规划发生冲突，土地使用权难以落实，导致民办高校难以拓展办学空间。[2] 民办高校的持续健康发展，亟须一个公平的政策环境。这不仅是非营利性民办高校的渴求，也是保障民办高校与公办高校公平竞争和促进良性高等教育市场形成的重要条件。有论者指出，"教育公平与效率问题归根到底是教育政策问题，是教育政策总体上重效率而轻公平的结果；在我国，政府重干预民办高等教育的效率，而轻视民办高等教育的公平。"[3] 由于能力建设工具的缺位，特别是缺乏与资金保障相关的民办高校扶持政策，民办高校普遍感受政策不公平，缺乏积极推动分类管理政策落地的动力。能力建设工具的缺位还体现在大多数民办高校在招生计划等方面做不了主，笔者曾对广东省某民办高校校长进行访

---

① 曾小军：《民办高等教育政府干预研究》，中国社会科学出版社 2014 年版，第 60 页。

② 李文章：《我国民办高等教育的现状、问题与趋势：广东为例》，《浙江树人大学学报》2015 年第 1 期。

③ 石火学：《教育政策视角下的教育公平与效率问题研究》，《清华大学教育研究》2010 年第 10 期。

谈，该校长指出："政府把民办高校招生批次排在最后，是很不合理的，应放开招生批次，让民办高校能与公办高校同等竞争招生指标，给学生更多的选择权；另外政府应下放中外合作办学决策权，像我们学校能有很多机会与国外高校合作办学，但政府对我们的中外合作办学项目申请迟迟没有批准，导致我们不能在招生简章上宣传，影响了我们招生的吸引力"。①

全国知名民办教育研究专家吴华指出，实行民办高校分类管理以后，把民办高校分为营利性民办学校和非营利性民办学校，非营利性民办学校在原有竞争优势的基础上预期将会得到更多的政策扶持，此类学校的市场竞争力应该不会下降；但是，营利性民办学校是否能够保持原有的竞争力则是一个疑问，与非营利性民办学校相比，营利性民办学校在目前的分类管理框架下将在财政资助力和税负成本这两个方面受到负面影响，具体体现在：一是财政资助下降，《全国人民代表大会常务委员会关于修改〈中华人民共和国民办教育促进法〉的决定》第七条规定"县级以上各级人民政府可以采取购买服务、助学贷款、奖助学金和出租、转让闲置的国有资产等措施对民办学校予以扶持；对非营利性民办学校可以采取政府补贴、基金奖励、捐资激励等扶持措施，这就意味着今后营利性民办学校得到政府补贴的可能性大幅下降，这个判断在 2017 年 1 月 18 日公布的国发〔2016〕81 号文件《国务院关于鼓励社会力量兴办教育促进民办教育健康发展的若干意见》中得到了证实，其中第六条要求"建立差别化政策体系，国家积极鼓励和大力支持社会力量举办非营利性民办学校，各级人民政府要完善制度政策，在政府补贴、政府购买服务、基金奖励、捐资激励、土地划拨、税费减免等方面对非营利性民办学校给予扶持；二是税负成本上升，相对于修法前的非营利性组织状态，修法后的营利性民办学校须到工商行政管理部门进行企业法人登记，依据《财政部国家税务总局关于教育税收政策的通知》（财税〔2004〕39 号），学校运行期间需要缴纳企业所得税、增值税、房产税等多项税负，初步测算表明，如果营利性民办学校缴齐这些税，相对于非营利性民办学校将大幅增加办学成本30% 以上。② 这也表明，如果政府不注重运用能力建设工具，扶持营利性

---

① 曾小军：《民办高等教育政府干预研究》，中国社会科学出版社 2014 年版，第 60 页。
② 吴华，王习：《营利性民办学校应该享受税收优惠》，《中国教育学刊》2017 年第 3 期。

民办高校的发展，营利性民办高校的市场竞争力就会下降，导致民办高校办学风险增加，进而导致民间资金进入民办高等教育领域的减少，使得分类管理政策的效果大打折扣甚至失效。

四　符号和规劝工具失灵

符号和规劝工具假定政策目标群体从内部受到刺激，并以他们的价值观为基础决定是否采取与政策导向相符的行动；如果政策目标群体认为这些行为与其价值观一致，则更容易接受并遵循政府的政策导向。现实中，政府习惯于通过各种媒体宣传其倡导的价值观的重要性，通过符号标榜的方式及数据指标诱使民办高校跟随政府的价值观，进而引导民办高校按照国家政策意图方向发展。这种思维模式往往导致政府决策过于笼统，市场干预过强，未考虑民办高校的实际情况。目前，我国处于"让市场在资源配置中起决定性作用"的战略时期。虽然政府的政策工具仍然具有一定的权威性，但市场可能不相信政府作出的决策是最优的或者是最科学的，从而对政府的指引表现出不听任、不配合等特征。因此，政府运用的符号和规劝工具是否有效，取决于政府的公信力。若政府公信力不够，且干预的内容过多、强度过大，则将导致其与民众的疏离、市场的对立，致使符号和规劝工具失灵。根据笔者对广东省肇庆国家新区某民办专科院校董事长的访谈，在谈到民办高校政府准入管制问题时，他说道："我觉得政府根本就不是鼓励民间资金进入教育领域，而是限制！政府的准入标准太高了，像图书量一定要8万—16万册，硬件设置至少要达到600万—1000万元，占地面积至少要150—300亩，建筑面积要达到6万平方米，这些标准显然不合理。我100亩的土地照样也能办1000人的大学，像国外衡量你办学资质主要看教师，而我们的政府主要看场地，太死板了，而且现在很多学生都喜欢网络阅读，购置大量的图书就是摆设浪费。再譬如师资标准也过高了，在学历标准、高级职称方面设置了很高的门槛。"[①]

河北传媒学院校长李锦云也曾指出，"土地问题是制约民办高校的死结，国家要求万人以上大学必须有500亩以上面积的土地，这大概需要15亿—20亿元才能建成一所标准的学校，许多民办高校可能需要10亿元

---

① 曾小军：《民办高等教育政府干预研究》，中国社会科学出版社2014年版，第71页。

以上的贷款才能建设标准校园，这对办学历史不长、资金有限的学校来说压力太大；并且一所大学动则上千亩，在很多情况下是国土资源的浪费"。① 可见，现实中政府对于民办高校的各种干预，使得《民办教育促进法》中写到的"民办教育事业属于公益性事业，是社会主义教育事业的组成部分；国家对民办教育实行积极鼓励、大力支持、正确引导、依法管理的方针"成为空谈，最终造成政府符号和规劝工具的失灵。

为了解民办高校在读学生对民办高校分类管理的态度，笔者曾随机选择广东省某民办本科院校 2016 级三个班发放了调查问卷，通过得到的样本数据对民办高校学生关于民办高校分类管理的态度进行了解和分析。本次问卷的填写人数一共 97 人，其中 2016 级会计 1 班有 21 人；2016 级财务管理 2 班有 30 人；2016 级财务管理 3 班有 46 人。

受调查者对民办高校分类管理的了解程度

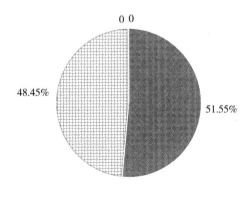

0 0

48.45%

51.55%

■没有了解　▤有一定了解

图 4 - 4　民办高校学生对民办高校分类管理的了解程度

经过统计分析，我们发现本次调查中有超过半数的学生（51.55%）对于民办高校分类管理是没有了解的（如图 4 - 4 所示），很多人都处于一种模糊的状态。另外本次调查还发现，有高达 93.81% 的学生趋向于选择学校往非营利性方向发展，普遍显示对营利性高校没有认同感。另外，

① 郭二榕，景安磊：《推动分类管理 促进民办教育健康发展》（观点摘编），《中国高教研究》2017 年第 3 期。

从可行性的角度分析（如图 4 - 5 所示），在 2016 级会计 1 班中，有 71.43% 的学生认为对民办高校进行分类管理是不可行的；在 2016 级财政管理 2 班中，有 60% 的学生认为对民办高校进行分类管理是不可行的；在 2016 级财务管理 3 班中，则有 50% 的学生认为对民办高校进行分类管理是不可行的。以上调查虽然在全面性、充分性和典型性方面有所欠缺，但也在一定程度上说明民办高校的学生对民办高校分类管理的认知还不全面或者不正确，政府在运用符号和规劝工具加强对民办高校分类管理的宣传，尤其是在增强学生对营利性民办高校的认同度和端正学生对民办高校分类管理的态度等方面，仍有很大的努力空间。

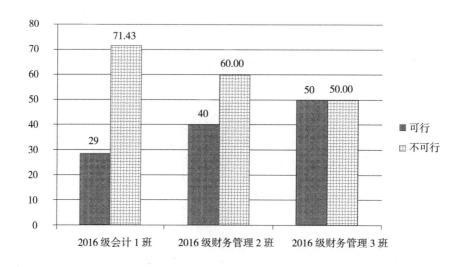

图 4 - 5　民办高校学生对分类管理可行性的态度（%）

另外，新法背景下的地方民办教育配套政策研究课题组的调研显示：整体而言，29% 的大学校长支持设立营利性民办高校，71% 支持设立非营利性民办高校；30% 的教师倾向于选择或支持设立营利性民办高校，70% 的教师倾向于选择或支持设立非营利性民办高校。[①] 笔者对广东省南方学院和广东白云学院的教师的调研，也基本支持这一结论：在对自己所在学校所应选择的方向，即向非营利性方向或者营利性方向发展这个问题上，

---

　　① 张铁明：《抉择——民办教育分类管理新起点新挑战》，广东人民出版社 2017 年版，第 182 页。

75%的教师更倾向于自己所在的学校朝着非营利的方向发展。新法背景下的地方民办教育配套政策研究课题组的调研还显示：整体而言，57%的举办人倾向于选择或支持设立营利性民办学校，43%的举办人倾向于选择或支持设立非营利性民办学校。上海市教科院民办教育研究所董圣足对1391位民办学校举办者的意向调查发现，只有28%的举办者会继续选择维持非营利性民办学校办学形态，而56.5%的举办者倾向于选择转设为营利性民办学校；[①] 他指出，"有的举办者认为在具体分类扶持政策不明朗的情况下，选择非营利性可能是'等死'，而选择营利性则是'找死'；还有举办者认为选择营利性可能只是'短痛'，而选择非营利性则可能是'长痛'。"[②]

　　另外2018年笔者还参与了对广东省民办高校利益相关者就分类管理问题的问卷调查。调查对象的具体信息如下图4-6至图4-12所示。在受调查者中，包括467位民办高校在校学生，56位民办高校教师以及13位民办高校管理者。在接受调查的467位民办高校在校学生中，有50.11%来自独立学院，有48.82%来自独立设置的民办本科院校，有1.07%来自高职高专院校；在接受调查的56位民办高校教师中，有83.93%来自独立学院，有10.71%来自独立设置的民办本科院校，有5.36%来自高职高专院校。56位受调查教师中，73.21%是讲师或助理研究员，教龄在5年以下和6—10年的都分别占了37.5%；在受调查的13位民办高校管理者中，大部分从事民办教育工作达到了6—10年，占比为69.23%，有53.85%来自独立设置的本科院校，有38.46%来自独立学院，有7.69%来自高职高专院校。53.85%的受调查管理者所在高校的初始出资类型是投资办学，而受调查管理者所在高校的初始出资类型是出资不要求取得合理回报和出资要求取得合理回报两种类型所占比重皆为23.08%，这符合我国民办高校以投资办学为主的总体情况。同时，有92.31%的管理者表示学费收入是其所在学校的经费主要来源。针对民办高校管理者的调查虽然样本容量不够大，在全面性、充分性方面有欠缺，但仍然具有一定的代表性和典型性，也在一定程度上说明了广东民办高校

---

① 董圣足：《民办学校分类管理：冲突与调适》，《教育经济评论》2016年第2期。
② 董圣足：《"分类管理"，破解民办教育发展难题》，《人民教育》2016年第23期。

管理者对分类管理政策的普遍看法。

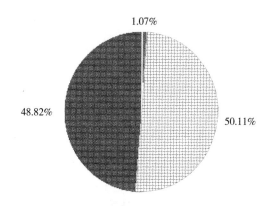

图 4 - 6　受调查学生的就读学校类型

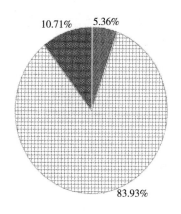

图 4 - 7　受调查教师的就职学校类型

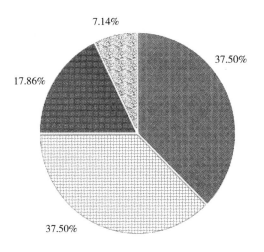

　　■5年以下　▥6—10年　■11—20年　▨20年以上

图4-8　受调查教师教龄分布

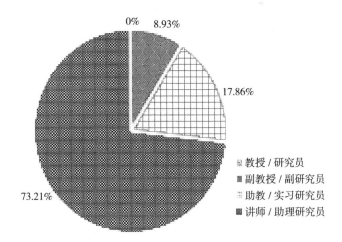

■教授/研究员

■副教授/副研究员

▤助教/实习研究员

■讲师/助理研究员

图4-9　受调查教师职称分布

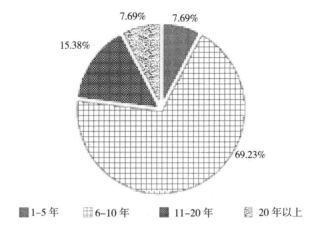

■1-5 年　⊞6-10 年　▨11-20 年　▧ 20 年以上

图 4 - 10　受调查管理者从事教育年限分布

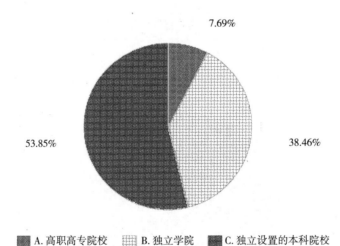

■ A.高职高专院校　⊞ B.独立学院　▨ C.独立设置的本科院校

图 4 - 11　受调查教师的就职学校类型

　　根据调查结果，在对"民办高校营利性和非营利性定位选择的看法"的调查中，管理者中，76.92%的人认为"要允许举办者维持现状，尊重其不做选择的权利，过早要求民办高校选边站队，不利于调动社会力量办学积极性，甚至促退民办高等教育发展"；15.38%的人认为"在具体分类扶持政策不明朗的情况下，选择非营利性可能是'等死'，而选择营利

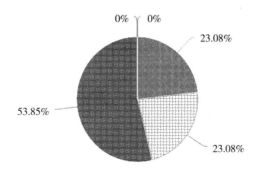

A. 捐资办学　　　B. 出资不要求取得合理回报
C. 出资要求取得合理回报　　D. 投资办学　　　E. 其他

图 4 - 12　受调查管理者所在学校的初始出资类型

性则无疑是'找死'，所以难以抉择"；7.69% 认为"相比较而言，选择营利性可能只是'短痛'，选择非营利性可能是'长痛'，所以主张选择走营利性道路"。在教师中，37.5% 认为"要允许举办者维持现状，尊重其不做选择的权利，过早要求民办高校选边站队，不利于调动社会力量办学积极性，甚至促退民办高等教育发展"；17.86% 认为"相比较而言，选择营利性可能只是'短痛'，选择非营利性可能是'长痛'，所以主张选择走营利性道路"；14.29% 认为"在具体分类扶持政策不明朗的情况下，选择非营利性可能是'等死'，而选择营利性则无疑是'找死'，所以难以抉择"；此外，有 30.36% 对以上三种观点都不同意。在学生中，40.04% 认为"要允许举办者维持现状，尊重其不做选择的权利，过早要求民办高校选边站队，不利于调动社会力量办学积极性，甚至促退民办高等教育发展"；22.7% 认为"在具体分类扶持政策不明朗的情况下，选择非营利性可能是'等死'，而选择营利性则无疑是'找死'，所以难以抉择"；7.28% 认为"相比较而言，选择营利性可能只是'短痛'，选择非营利性可能是'长痛'，所以主张选择走营利性道路"。此外，有 29.98% 对以上三种观点都不同意。

另外，在对"影响学校作出营利性或非营利性选择的决定性因素的看法"的调查中，在管理者中，有 23.08% 选择了"产权归属""办学成本"和"利益回报"；有 15.38% 选择"扶持政策"和"社会评价"；而选择"税收优惠"的比例为 0% 。在教师中，有 41.07% 选择了"利益回报"；有 23.21% 选择"办学成本"；有 17.86% 选择"扶持政策"；有 12.5% 选择"产权归属"；有 5.36% 选择"社会评价"；而选择"税收优惠"的比例为 0%。在学生中，有 36.83% 选择"办学成本"；有 35.76% 选择"利益回报"；有 13.49% 选择"扶持政策"；有 8.57% 选择"产权归属"；有 4.71% 选择"社会评价"；而选择"税收优惠"的比例为 0.6%。

以上调查也表明民办高校利益相关者对民办高校分类管理还没有清晰、统一的认识，不少师生对营利性高校还存在认识上的误区，特别是民办高校举办者与民办高校师生对选择所在学校朝非营利性方向发展，抑或朝向营利性方向发展，还存在较大的观念差异，这就需要政府加强符号和规劝工具的运用，减少民办高校分类管理政策推行过程中的矛盾和阻力。

五 学习工具缺失

学习工具是指当目标群体面临的问题情境具有不确定性和模糊性的时候，可以通过加强自身的学习行为，提高自身的判断与选择能力，从而对其他政策工具作出有效的选择。现实中我国大多民办高校属于投资办学而非捐资办学，市场竞争与资本的驱动，容易诱使民办高校过于趋利而出现"短视"行为，忽视自身的可持续发展。长期以来，民办高校未落实分类管理政策，政府习惯于参照对公办高校的管理模式来管理民办高校。尤其是在民办高校办学质量评估方面，政府往往参照公办高校的评估机制进行，影响了民办高校办学的灵活性，而且也使民办高校浪费了不少资源。例如，笔者曾调研广东两所民办高校的高层管理者，他们共同反映政府的某些评估标准不能切合民办高校的实际情况。

> 某一民办高校校长认为：我觉得政府评估的某些指标不合理。譬如规定生师比为 18∶1，这就提高了民办高校的办学成本，导致我们要养一批没有课的人，这就会导致教师工作量不满、待遇不高、师资不稳的恶性循环；再比方说，我们学校以工科为主，但也有一些社科类专业，而政府评估时规定实训室的生均面积必须都达到工科类专业标准 8.3 平方米，像外语类专业哪里需要那么大的实训室？综合类专业标准往往只要 1.5 平方米；商科类专业往往只要 1.3 平方米；这就

导致评估完了之后，我们有大量资产闲置问题，这对本来办学资金紧张的学校而言，无疑是雪上加霜。另一所民办高校总裁指出：政府对民办高校评估的某些指标是不合理的，包括图书指标，建筑面积、生均行政用房、师生比等。譬如现在是电子化时代，很多学生喜欢电子阅读，但政府规定我们生均纸质图书要达到 400 万册，我们学校现在还差几百万册，我们本来很想给教师涨工资，但政府这些不切实际的评估指标使得我们在硬件方面投入太大，浪费了不少资源，使得用于教师方面的补助不足；再比如师生比规定是 1∶18，而且一定要是专职教师，这对于我们来说也是很难达到的。民办高校本来用人机制很灵活，也需要灵活，因为我们本来就是培养应用型人才，需要大量有丰富实践经验的兼职老师来授课，这也是民办高校的特色，为什么在计算师生比的时候兼职教师不能纳入呢，我觉得不合理①

政府僵化古板的评价机制导致政府没有为民办高校形成合适的学习工具，譬如没有对民办高校在教学质量评估、发展战略规划、教师培训进修计划等方面提供正确的引导。民办高校终日忙于应付政府提出的各项硬性指标，使得自身办学特色较难形成。应当指出的是，政策工具的优化组合非常重要。即使针对民办高校的权威工具、激励工具、能力建设工具、符合和规劝工具都发挥了作用，若缺乏学习工具，民办高校将很难对相关政策作出有效应对和抉择。目前政府针对民办高校的一些政策尚缺乏量化目标和任务，使得科学评估既定政策存在困难。在民办高校营利性和非营利性分类管理政策的推行过程中，对不同类型民办高校的评估更是成为新的课题。目前由于针对民办高校分类管理的差异性评估标准没有确定，政府在政策执行过程中的自由裁量权大，使得许多性质、类型基本类似的民办高校在面对相同扶持政策时却享受到不同的待遇，违背了政策的公平、公正原则，更是侵害了一些民办高校的合法权益。因此，政府在推进民办高校分类管理的过程中，需要加强学习工具的运用，完善民办高校分类管理评估指标体系，引导民办高校按照评估标准和指标，提高自我学习与管理能力。

---

① 曾小军：《民办高等教育政府干预研究》，中国社会科学出版社 2014 年版，第 81—82 页。

第三节　民办高校分类管理政策工具选择存在问题的原因

通过上述分析，我们能够得知目前民办高校分类管理政策工具选择还存在诸多的问题。唯有深入探究民办高校分类管理政策工具选择存在问题的原因，找到问题的症结所在，才能对症下药，更好地选择和运用政策工具，推进民办高校分类管理。

一　民办高校分类管理中的观念偏差

民办高校分类管理中的观念偏差是造成民办高校分类管理障碍的一个重要原因。尽管最新通过的民办教育促进法修正案已经明确了民办学校营利性和非营利性的分类标准，但社会各界对民办高校是否可以按照营利性和非营利性的标准进行划分，仍然存在着很大的争论。这种观念偏差主要体现在以下几个方面。

一是存在着营利性民办高等教育将会影响教育公益性的认识误区。社会各界以往普遍认为教育的公益性需要以保障教育的非营利性为基础，公益性和营利性是相悖的，学校以营利性为目的就会损害学校教育的公益性。据对广东某些民办高校中层管理者和教师的访谈，受访者 F 谈道："我更倾向自己所在的学校往非营利性发展，理由在于教育的公益性！"受访者 E 也说明："民办高校分类管理最大的障碍来源于道德障碍，教育在老百姓心中应该是公益事业，具有非营利性质。"不少受访者对营利性教育持消极的态度，如受访者 B 指出："营利性教育，老师变为打工者，地位很尴尬；营利性教育，学生变为消费者，心态摆不正；营利性教育，学校高层变董事，成本才关键；营利性教育，百姓心中有杆秤，花钱买文凭。"由此可见，对于教育公益性和营利性关系的误解不仅在社会中普遍存在，即使在教育系统内部也是影响巨大。事实上，高等教育的公益性与非营利性之间并非存在必然的因果关系，民办高等教育公益性与营利性之间具有非矛盾性，可以共存。最好的例证就是营利性私立高等教育在美国等西方发达国家的蓬勃发展。二是存在着实施分类管理就是倡导效率优先、牺牲公平的认识误区。社会上还存在着这样的误解：实施民办高校分类管理就会使得营利性民办高校快速增长，教育的效率便会得到提高，但是教育的公平性就会受到损害。三是存在着获得合理回报就是追逐利润的曲解。自从我国《民办教育促进法》颁布以来，许多人将合理回报等同于允许追逐利润，认为获得合理回报的民办高校就是营利性的，有悖于教育事业的公益性。事实上，《民办教育促进法》第五十一条关于出资人可以从办学结余中取得合理回报的规定，是放在"扶持与奖励"章节的，是对民办学校举办者的一种奖励和鼓励措施，因此合理回报属于鼓励奖励性质，而非意味着允许其营利。另外，合理回报的条件和程序，也完全不同于企业的营利模式。当然，不可否认的是，长期以来关于合理回报的相关规定不尽完备，这也是加剧现实中人们对合理回报存有误解的原因。

有论者指出，分类管理写入法律后，社会各界理解不一，由此造成了一些认识误区，主要体现如下：① 第一，非营利性等于公办。有人认为非营利性办学就是捐资办学，而捐资办学是不能参与管理的，由此得出"非营利性办学＝捐资办学＝放弃管理权"的结论，认为新法实施后捐资办学的举办者就要卷铺盖走人，这个观点是错误的；因为法律并未规定非营利性办学就得放弃办学权和管理权，法律规定"民办学校的举办者根据学校章程规定的权限和程序参与学校的办学和管理"，民办学校举办者是否参与管理由学校章程约定，而与营利或非营利的办学类别无关。第二，非营利性等于低收费，这一观点也不准确；学校要走向市场，提高办学质量，留住优质师资，势必增加办学成本，收费也会比较高。第三，非营利等于低酬金，这一观点也是错误的，会导致非营利性民办学校的教师队伍不稳定。其实选择举办非营利性民办学校，不涉及内部酬金分配，无论是营利性民办学校还是非营利性民办学校，若要办出特色，办出水平，就必须引进和留住优秀人才，提高教职员工的待遇，通过高酬金招揽人才也受到政府的鼓励。如上海目前出台的政策是鼓励民办学校提高教师待遇，民办高校职工工资发得越多，政府提供的配套经费也越多。第四，非营利性等于更严格的政府，这一点有些举办者比较担心。虽然实施分类管理之后，政府会加大对非营利性民办学校的支持力度，也会加大对民办学校的监管力度，但随着国家治理现代化的推进，政府会逐渐放松对教育的

---

① 徐绪卿：《贯彻落实〈民办教育促进法〉新法的若干思考》，《复旦教育论坛》2017 年第 2 期。

管制，充分尊重民办学校自治权。第五，营利性民办学校得不到政府资助，这也是一个极端的误区。从目前的制度安排来看，政府对营利性民办学校和非营利性民办学校都持鼓励态度。第六，非营利性民办学校等于放弃产权，这一认识误区是对法律系统的全面学习和理解不够造成的。实际上，根据现有法律法规的规定，无论是举办营利性民办学校还是非营利性民办学校，在学校续存期间，资产均属学校法人资产。

作为一种制度创新，民办高校分类管理政策的有效实施，不仅需要有正式制度安排，还需要考虑传统文化观念、意识形态等非正式制度因素；非正式制度视角下民办高校分类管理政策执行障碍主要体现在三个方面：一是"官尊民卑"价值取向与民办高等教育的受歧视；二是"重义轻利"的价值取向与营利性民办高校的受排斥；三是计划经济体制惯性与民办高等教育的集权管理模式。[①] 社会各界对民办高校分类管理存在的观念偏差对政府的正确认知产生了消极的影响，社会舆情压力影响政府观念，而政府观念又会影响到政府的决策与行为，这是导致民办高校分类管理符号和规劝工具失灵、政策工具选择难以优化组合的重要原因。

二 民办高校分类管理中政策工具运用能力较弱

民办高校分类管理的政策执行困境，与政府自身的政策工具运用能力较弱有很大的关系。政策工具要想在民办高校分类管理中发挥应有的效用，需要经历政策工具设计、选择与实施等环节。然而，目前政府在上述三个环节中都存在着不足与缺陷。一是体现在政策工具设计不科学，造成政策可操作性不强。据对广东某些民办高校中层管理者和教师的访谈，受访者 F 指出："在推进民办高校分类管理方面，不仅民众对分类管理认识不够，更重要的是政府制定的政策不具体，可操作性不强"。此外，对于不同办学类型的民办高校，政府在政策工具设计中没有很好的体现差别化对待，造成了政策工具的模糊性。如受访者 D 谈道："促进非营利性的发展，需要政府在财政、税收、招生等方面有更多的支持；促进营利性的发展，需要政府放开政策限制，给营利性民办高校更多的自主权，市场发挥

---

① 陈文联、黄夏雨：《民办高校分类管理的非正式制度障碍及解决路径》，《浙江树人大学学报》2018 年第 3 期。

更多的资源配置效用。"受访者 F 还补充道："对于非营利性民办高校，政府应当提供相应的激励政策及相应的优惠政策，并能给予在校教师与公办高校同等地位；对于营利性民办高校，政府应在政策上大力鼓励与引导，从制度上保障不进行太多的干涉。"二是政策工具选择不合理，造成政策工具的配套使用存在诸多问题，使得相关配套政策无法有效地落地实施。受访者 C 针对这个问题就谈道："政府目前的政策措施维度单一，在监管之余还要进行放权；政府放权要兼顾适当的规制，给民办高校举办者和管理者，尤其是管理者更多的自主权；政府应在税收、财政、土地等方面出台多种政策给予学校更多的自主权，并引导社会资金和其他资源向民办高校流动。"三是政策工具实施不规范，造成政策效果大打折扣，偏离了原先设定的政策轨道，扭曲了初始的政策目标。如受访者 C 说道："目前民办高校分类管理中的一大障碍来自政府，表现为政府不作为或不愿作为，改革意识弱，以及存在许多不规范的行为，比如越位、缺位等问题。"

综上，政府在民办高校分类管理中的能力欠缺主要体现在政策工具的设计、选择和实施上，这是导致民办高校分类管理政策工具选择出现诸多问题的直接原因。同时，其他政府失灵的表现也会对政府的政策工具选择造成重要的影响。如政府信息的不全面、科层制的弊端、寻租腐败行为的存在、机构膨胀与效率低下，等等。

三　民办高校分类管理中的利益关系尚未理顺

民办高等教育领域存在着多方的关键利益相关者，他们的利益价值取向以及他们之间的利益博弈从根本上决定着民办高校的发展。目前民办高校分类管理牵扯到众多利益相关者的利益，且没有得到很好的协调。尚未理顺的利益关系，为民办高校分类管理及其相应的政策工具运用造成了巨大的阻力，从深层次上影响了民办高校分类管理的推进。据对广东某民办高校中层管理者的访谈，受访者 G 就指出："目前民办高校分类管理主要的障碍在于既得利益的公办高校及其背后的政府管理部门，基于既有的利益格局，会给民办高校尤其是非营利性民办高校设置各种障碍。"民办高校自改革开放以来，快速发展并形成了相对固定的各种利益群体，他们存在着维护现存利益格局的共同目标，并且具有直接影响政策的能力和资源。民办高校的关键利益相关者包括学校举办者、教师、学生和政府。从举办者来看，一直以来不倡导或不允许营利的法律规定与现实中举办者以投资营利为目的的办学愿望之间形成了利益矛盾，而办学者处于政策博弈中的弱势一方，其利益自然是难以得到有效的保障，这也挫伤了举办者的办学积极性，降低了政策工具实施中的效能；从教师和学生来看，一直以来所有的民办高校都统一登记为"民办非企业单位"，与登记为事业单位的公办高校相比，民办高校在机构属性、人事制度、社会保险、税收、师生福利待遇等方面的优惠政策难以落实，形成了民办高校教师、学生与公办高校教师、学生事实上不平等的法律地位及权益，公办与民办高校教师与学生的利益关系没有得到很好的协调，直接影响了民办高校的发展。广东白云学院管理者 A 就着重指出："不管是营利性还是非营利性民办高校，教师的身份问题都是发展的瓶颈之一，在国家社会养老体制不完善的情况下，民办高校教师的退休保障相比公办高校教师是十分不足的，且民办高校教师薪酬福利待遇太低，根本留不住人才。"

从政府来看，政府作为社会公共权力的代言人和公共利益的调节者，维护民办高校、教师、受教育者等组织和个人的合法权益，推动民办高等教育健康发展是其公共管理的应有职能。对中国民办高校来说，政府不仅需要提供政策法规的支持，也要给予较多的实实在在的财政经费支持。[①]但由于政府对民办高校不信任，担心公共财政会落入出资人的个人口袋，因此对民办高等教育的财政资助较为有限，极其谨慎，导致出现激励工具不足等问题；也使得民办高校对政府公信力存有质疑，影响了民办高校对分类管理政策的认可度与执行力。

综上，由于关键利益相关者的利益关系尚未理顺，给民办高校分类管理的推进造成了极大的阻碍，也导致了在分类管理中政策工具难以实施、政策工具效果不明显、政策工具协同不畅等问题，这是造成民办高校分类管理政策工具选择困境的主要原因。

四　民办高校分类管理法制不健全

在民办高校法制方面，制度之间不协调问题突出。受访者 B 就提出：

---

①　李文章：《利益相关者视角下的民办高校分类管理政策选择》，《黄河科技大学学报》2015 年第 5 期。

"在落实民办高校分类管理中国家资金投入很少，法规的相应配套也十分不完善。"从横向角度来看，我国涉及民办高等教育的法律法规之间尚存在一些冲突。譬如我国《税法》规定"凡民办非企业单位都要向国家缴纳税款"。依照法律这一条款，民办高校属于纳税范畴，因为一直以来民办高校归属于民办非企业单位；这就与《民办教育促进法》等教育法律法规将民办教育列为社会公益事业的法条存在较明显的冲突。从纵向角度来看，1993 年《中国教育改革和发展纲要》提出了"积极鼓励、大力支持、正确引导、加强管理"的民办教育发展方针，体现了积极支持的姿态；而 1997 年颁布的《社会办学条例》又提出要"严格控制社会办学力量举办高等教育机构"；随后，以《民办教育促进法》出台作为分界线，我国民办教育政策又呈现出支持与规范并重的倾向；正是由于政策前后的不协调，加上教育部门与工商行政部门、税务部门、民政部门相关规定的不一致甚至相互冲突，导致政府干预的范围、强度、力度在各个时期、各个地区呈现明显差异，滋生各种干预不当的现象。①

此外，在民办高校的财产处置方面的法律规定也存在着不协调问题。1997 年《社会力量办学条例》实施以前，以及 2003 年《民办教育促进法》实施前后等不同时间节点制定的法律法规，对民办学校终止办学时如何处置剩余财产的规定是不一样的。按照《立法法》"法律不溯及既往"的原则，是不能够对非营利性民办学校或营利性民办学校采取一刀切的权利剥夺方案。此外，至今为止，国家法律和行政法规中并没有对非营利组织财产处置的专门立法。相关的规定要么位阶太低，如《民间非营利组织会计制度》系部门规章；要么只是对要求免税优惠的非营利组织明确认定标准，如《企业所得税法实施条例》，其法律位阶虽然够了，但却不是关于非营利组织财产处置的普遍规范。具体到民办学校分类管理方面，已有法规尚缺乏过渡转设期的制度安排和对非营利性民办高校财务进行监管等方面的明确规定。有论者指出，"地方配套制度在对影响分类管理制度推进的重大、核心问题的规定上，如存量剩余资产处置、营利性民办学校的支持优惠待遇、非营利性民办学校财务监管等方面，或照搬国

---

① 曾小军：《民办高等教育政府干预研究》，中国社会科学出版社 2014 年版，第 106—107 页。

家规定，或模糊表述，这既无法实现地方配套与新法新政之间的无缝对接，也难以消除举办者内心的选择焦虑，甚至在一定程度影响社会力量出资办学的热情和积极性，更为重要的还影响了国家新法新政的安全着陆"。[1] 此外，与《民法总则》相比，《民办教育促进法》有关民办高校分类管理的规定存在着诸多问题，主要表现在：营利性民办高校与非营利性民办高校的制度区别规定不详细、没有规定营利性民办高校与非营利性民办高校的法律性质、民办高校章程相关规定不完善、民办高校办学许可证的法律效力规定不合理。[2]

总之，由于民办高校分类管理法制不健全，导致民办高校组织性质定位模糊，地方配套政策无法与新法新政有机衔接，使得政府在对民办高校的具体管理实践中难以按照明确的法人类型进行管理，许多配套政策难以落实，许多政策工具的运用也无法落地，是造成民办高校分类管理政策工具选择困境的重要根源。

---

[1] 谢锡美：《落实新法新政：地方民办教育配套制度该如何抉择——以地方配套制度与新法新政衔接为视角》，《教育发展研究》2018 年第 23 期。

[2] 余中根：《〈民法总则〉法人制度视野下民办高校分类管理存在的问题与解决机制研究》，《高教探索》2019 年第 1 期。

第五章 民办高校分类管理政策
工具选择的优化策略

　　针对当前民办高校分类管理政策工具选择存在的问题，本章首先阐述了民办高校分类管理政策工具选择优化的基本思路。然后从合理运用权威工具、增强激励工具的可操作性、丰富能力建设工具形式、发挥符号和规劝工具的积极作用、积极探索学习工具的有效运用五个维度，提出民办高校分类管理政策工具选择的优化策略。

第一节　民办高校分类管理政策工具选择优化的思路

　　政策执行过程本质上是政策工具选择的过程，政策工具选择很大程度上决定着政策的成败。由于政府对政策工具的选择往往发生在政策的执行阶段，而众多的政策执行经常落在地方政府的肩上，因此地方政府就成为了政策工具选择的主体。对于政策工具选择的优化，一般认为是政策执行主体为了追求理想状态的最优目标，选择最优的政策工具组合的决策过程。政府政策工具选择优化既然是一个决策过程，那么我们就可以从决策的一般理论中去寻找政策工具选择优化的思路。

　　古典决策理论认为，决策的目的在于获取最大的经济利益或最优的目标。[①] 该理论认为，决策者是完全理性的，决策者可以控制各种决策环

---

　　① 古典决策理论又称规范决策理论，是基于"经济人"假设提出的，主要盛行于20世纪50年代以前。该理论认为，应该从经济的角度来看待问题，即决策的目的在于获取最大的经济利益或最优的目标。该理论是基于以下假设建立的：一是决策者对决策情形有完全的信息；二是决策者对各种可能的备选方案有完全的信息；三是决策者能理性地对影响决策的各因素分清主次先后；四是决策者能按组织的经济利益最大化原则对目标作出最后的选择。

境，决策者能够全面掌握所有的决策信息，并且能够充分解读决策信息，预测所有的决策结果，做出完成组织目标的最佳决策。由于古典决策理论无视非经济因素对于决策的作用，并且其上述假定也无法一一具备，因此，有限决策理论对于决策实践来说更具指导意义。该理论认为，由于穷尽所有决策条件的能力以及解读所获信息的能力都是有限的，决策应该遵循的是"有限理性"标准和"满意"原则，而非最优原则。① 有限决策理论启示我们，如果想要实现政府政策工具选择的优化，就必须要考虑那些直接或间接影响政策工具实施效果的各种变量因素。对于政策工具选择的根本标准，公共政策学者大致有两种取向：其一是"效用最大化"。依据预期效用理论，政策工具选择必须以政策工具的预期效用是否趋向最大作为工具选择的根本标准。其二是"掌握平衡点"。政策问题非常复杂，涉及多方面的变量因素，政策决策者与规划者没有办法使得政策工具实现效用最大化，因此必须在效用最大化与各种因素的影响之间找出平衡点，这样才是现实可行的。关于政策工具选择的路径，主要有三种：第一种是经济学路径，主张通过国家干预社会经济生活；第二种是政治学路径，主张政策工具的选择受民意、组织等政治资源因素影响；第三种则是综合路径，提出结合政治和经济两种路径综合考量政策工具的选择。关于政策工具选择的理论模型，多数公共政策学者都持谨慎态度，普遍认为当今尚未

---

① 20世纪60年代以来，随着认知心理学的发展，部分心理学家和经济管理学家合作，极大地推动了行为决策理论的形成与发展。1961年，被誉为"行为决策理论之父"的 Edwards 教授发表综述文章《行为决策理论》，总结了1954年以后的实验研究，提出了"决策权重"的思想，对后续研究产生了重大影响。2002年诺贝尔经济学奖获得者 Kahneman 和他的合作者 Tversky 在20世纪70年代的研究，使行为决策理论得到学术界广泛认可。他们对人们在不确定性条件下的判断与决策行为进行了研究，注意到人们决策时依赖的捷径或直感思维有时很有用，但常出现系统性偏差。实验研究表明，人们在决策时存在三类认知偏向——代表性偏向、易得性偏向和调整与锚定偏向。他们提出了"预期理论"，将决策者本身的行为特征引入传统决策模型，对传统决策理论进行了完善。并且，行为决策理论于1983年由 Herbert A. Simon 引入中国，他在中国科学院心理研究所进行科研合作期间，在北京大学系统地讲授了认知心理学，包括满意原则、启发式搜索等行为决策问题，并将讲课内容整理为《人类的认知——思维的信息加工理论》一书，成为中国行为决策领域的启蒙教材。Herbert A. Simon 对决策过程提出了下述假设：一是决策者对决策形势掌握的信息是不完全的；二是决策者对各种可能的备选方案并不完全了解；三是决策者不可能或不愿意（或两者兼之）对所能得到的每一个备选方案的结果都作出充分的估测。在此基础上，他提出决策应该遵循的是"有限理性"标准和"满意"原则，而非最优原则。参见宋奇《行为决策理论研究综述》，《首都经济经贸大学学报》2010年第5期。

形成具有高度解释力的理论模型。① 公共政策学者们大都认识到，政策工具的选择必须随着政策问题、政策目标和政策环境的变化而变化，并没有绝对准确的理论模型可循。因此，重中之重是把握政策工具选择的关键变量。具体来讲，影响政策工具选择最为重要的因素体现如下。

（1）目标变量。目标变量指的是政策目标变量。政策目标是政策制定者与政策执行机构希望通过政策的实施所达到的预期结果，政策目标是政策工具选择的方向性指导，也是政策工具有效性的评价标准。政策目标不同，对政策手段和工具的要求自然不同。

（2）工具变量。工具变量主要是指政策工具本身所具有的属性和功能。不同的政策工具往往具有不同的特性和作用。从工具主义的角度来看，政策工具的特性事先决定了工具的使用及其效果的好坏，政策的失败往往是因为政策工具选择不当，由所选择的政策工具本身所导致的。虽然我们不能极端地推崇工具至上主义，但毋庸置疑，在政策工具选择的优化过程中，政策工具其自身固有属性是必须考量的一个变量，具有不同属性的政策工具与相同的政策目标和政策环境相结合，会产生不同的政策效果。

（3）环境变量。环境变量是政府在政策工具选择的过程中，所面临的所有无法控制的客观外部条件的总和，是一个涵盖范围广阔的变量。概括而言，环境变量包括以下几个具体要素：一是体制或制度，即国家行政机关指定的规则、程序、伦理规范以及各种关系的体系和制度的总和；二是目标群体，即政策设计和政策实施过程中的利益相关者；三是技术条件，即能对政策工具使用产生影响的某些技术手段。

上述理论的梳理，可以为政府实现民办高校分类管理政策工具选择优化提供一些启示。政府在进行民办高校分类管理政策工具选择的时候，往往习惯于制定最理想状态的政策目标。然而，基于有限理性决策理论我们可以知道，实现最优政策工具选择的各项条件在绝大部分情况下是不可能同时具备的。因此，分类管理政策工具选择的优化不该也无法遵循最优原则，而应该遵循满意原则。民办高校分类管理政策工具选择优化的基本思路体现在，应遵循满意原则，综合考虑目标变量、工具变量和环境变量，

---

① 丘昌泰：《公共政策——当代政策科学理论之研究》，台北巨流图书公司1995年版，第261页。

认识到在各种现有条件的约束下，任何一个民办高校分类管理政策工具都只能达到有限的目标；因此，应基于不同政策工具的属性和功能，努力将各种政策工具的实施效果最大化，使现实不断接近政策目标。

综合上述分析可知，找到满足政策工具有效实施的各类条件，是政策执行机构对政策工具进行选择的前提。在理想实施条件不一一具备的情况下，也就是在各种约束条件下，要尽可能多地找到让民办高校分类管理政策工具发挥作用的基本条件。而目标变量、工具变量和环境变量的组合，就是这些基本条件的组合。"一种政策工具只有在以政策工具特征为一方，以政策环境、目标和目标受众为另一方之间相匹配的时候，才是有效的。"① 因此，政府在进行民办高校分类管理政策工具选择的优化过程中，需要综合考虑目标变量、工具变量和环境变量，并基于这些变量的具体情况来匹配相对应的政策工具。

第二节　民办高校分类管理政策工具选择优化的实施策略

施耐德和英格拉姆将政策工具划分为权威工具、激励工具、能力建设工具、符号和规劝工具以及学习工具这五种类型。前面的分析已经表明，这种政策工具分类与教育政策领域的政策维度高度契合，是教育领域政府干预理想的政策工具类型，也是民办高校分类管理中必不可少的政策工具；它们都可以发挥规范和激励民办高校发展的效果，关键在于如何优化选择这些工具去监管和扶持民办高校的分类发展。

一　合理运用权威工具：健全分类管理的制度体系

从世界范围来看，诸多国家既出台了能够适用于所有类型私立高校的法律法规，如日本的《私立学校法》《私学振兴财团法》等；又出台了针对不同性质教育机构的专门的政策法规，如美国联邦政府在相关税法中规定，应针对两类私立高校实行不同的税收政策，对私立高校实施免税的前提是非营利属性，而营利性私立高校则必须向所在州缴纳相关的特种税。

---

① 唐贤兴：《政策工具的选择与政府的社会动员能力——对"运动式治理"的一个解释》，《学习与探索》2009 年第 3 期。

2016 年 11 月 7 日，第十二届全国人民代表大会常务委员会第二十四次会议审议通过了《关于修改〈中华人民共和国民办教育促进法〉的决定》（简称《民办教育促进法修正案》），为民办高等教育综合改革、促进民办高等教育健康发展提供了法律保障。针对目前民办高校分类管理相关法律政策无法落实等问题，应充分发挥权威工具的功能，对政府监管民办高校作出一些强制性的要求，对监管过程中的一些不合理甚至不合法的行为作出禁止或纠正，除了要修订和完善我国现有的教育法律法规，如《教育法》《高等教育法》或专门制定《学校法》之外，还要健全完善民办高校分类管理的相关政策法规，构建既有共性又有差别的民办高校分类管理制度体系。

（一）明确民办高校法人地位，推进民办高校产权制度创新

《民办教育促进法修正案》突破了《教育法》第二十五条办学公益性原则的规定，明确实行非营利性与营利性民办学校分类管理，允许举办学前教育、高中教育、高等教育以及非学历教育的营利性民办学校。营利性民办学校的举办者可以取得办学收益，学校的办学结余依照公司法等相关法律法规进行处理。营利性民办高校具有企业法人资格，这是毫无疑问的。但由于我国现存大多数民办高校往往被界定为非营利性民办高校，且作为民办高等教育分类管理改革引导大方向，首当其冲需要解决的是非营利性学校法人的法律身份问题。法人制度的建立健全是落实法人财产权的重要前提，如何在现有法律体系中为非营利性民办学校找到一个清楚的法人定位，解决由谁代表学校享有法人财产权的疑惑对落实法人财产权至关重要。[①] 依据新法规定，结合我国各地的实践经验启示，省级地方政府民办高校法人地位确立思路如下：对于注册为民办非企业单位且不要求合理回报的民办高校来说，其中不主张剩余资产索取权的，具有非常明显的捐资办学的特性，可以和捐资办学一起归入到事业单位法人中去；主张剩余资产索取权的，可以继续保留在民办非企业单位中（虽然机关法人也属于非营利法人，但是机关法人专指各级国家机关，不是社会组织登记的可选项）。对于要求合理回报的民办高校来说，同时要求剩余资产索取权

---

① 熊子瑞：《分类管理中非营利性民办学校法人财产权困境与对策——基于〈民办教育促进法〉的修订》，《兵团教育学院学报》2017 年第 1 期。

的，具有非常明显的经营性办学的特性，可以归入到企业法人中去。这样，通过属性特点的区分，就将现有民办非企业单位法人登记的民办高校进行了事业单位法人、企业法人和民办非企业单位法人三种法人的分流，也为实施配套政策奠定了基础。

对于非营利性民办高校财产权问题，《民办教育促进法修正案》规定，对于选择非营利性的民办学校，在"终止时"可以"根据出资者的申请，综合考虑在本决定施行前的出资、取得合理回报的情况等因素，给予出资者相应的补偿或者奖励，其余财产继续用于非营利性学校办学"，"具体办法由省、自治区、直辖市制定"。也就是说，学校终止办学后，举办者虽然不能拥有剩余财产分配权，但可以获得一定的补偿和奖励，该规定充分考虑了举办者的历史贡献和在民办学校发展中所发挥的重要作用，为保护非营利性民办学校举办者的财产权提供了一定的制度空间。为了充分打消举办者选择非营利性民办学校的顾虑，省级政府应尽快明确补偿或奖励举办者的资产比例。学校终止后，剩余资产的多少比例可以作为对举办者的补偿或奖励，是影响举办者办学积极性的主要问题。目前上海、江苏、湖北、浙江等地在对民办学校举办者的补偿或奖励方面已经有了一些制度创新，具有一定的借鉴意义。（如表 5－1 所示）

表 5－1　　　　上海、江苏、湖北、浙江规定的补偿和奖励办法

省市	对举办者的补偿奖励办法
上海市	从学校依法清偿后的剩余财产中给予出资者相应的补偿或者奖励，补偿与奖励从学校剩余财产中的货币资金提取，货币资金不足的，从将其他资金依法转让后获得的货币资金中提取。 办学许可或者法人登记被注销前 2 年年度检查连续不合格的，或者办学许可证或者法人登记证被吊销的民办学校，对其出资者不予奖励。
江苏省	补偿数额为出资额（即学校在登记管理机关登记的开办资金数额）及其增值，增值按照清算当年中国人民银行 5 年期存款基准利率计算；同时，综合考虑出资者取得合理回报的情况、办学成本、办学效益、社会声誉等因素，可采取一次结算、分期奖励的形式，从民办教育专项资金和民办学校剩余净资产中给予出资者一定奖励，奖励数额不高于民办学校补偿后剩余净资产的 20%。

续表

省市	对举办者的补偿奖励办法
湖北省	清偿后的剩余资产可按不高于经确认的出资额返还举办者，仍有结余的，可视情况给予举办者学校净资产（扣除国有资产、捐赠、土地房产增值部分）15% 的奖励。
浙江省	补偿或奖励数额综合考虑举办者原始出资和 2017 年 8 月 31 日之前投入的后续出资、已取得的合理回报以及办学效益等因素，民办学校所在地政府已出台相关规定或与民办学校有约定且仍具有法律效力的，从其规定（约定）；否则，由民办学校所在地县级以上政府确定。

　　资料来源：谢锡美《落实新法新政：地方民办教育配套制度该如何抉择——以地方配套制度与新法新政衔接为视角》，《教育发展研究》2018 年第 23 期。

　　非营利性民办高校的产权制度创新，可从这几个方面展开：一是要限制非营利性民办高校的财产使用权和处分权，使其受到非营利性民办高校办学目标的约束，能够履行和实现委托人的意愿和要求，不拥有对学校资产的自由转让权。二是应限制非营利性民办高校的剩余财产处分权，当非营利性民办高校发生变更或解散时，学校的资产应按照法律规定转让给其他同类公益性质的民办高校或交还给国家；非营利性民办高校的剩余财产处理应遵循以下顺序：退还学生的学费、杂费和其他费用，发放教职工工资和缴纳相关社会保险费用，剩余财产转移给相似的非营利性民办高校，或者移交给政府部门。

　　营利性民办高校的产权制度创新，可从这几个方面展开：一是明确营利性民办高校的收益权。根据《中华人民共和国民法总则（草案）》第七十四条关于营利性法人的界定，"以取得利润并分配给其股东等出资人为目的的成立的法人，为营利性法人"。营利性民办高校的所有者拥有法定的收益权，也只有明确营利性民办高校的收益权，才能提高营利性民办高校所有者的办学积极性。营利性民办高校的利润分配，可参照《公司法》关于企业利润分配方法执行，即在缴纳提取利润的 10% 列入公司法定公积金后，有限责任公司按照实缴的出资比例分取红利，股份有限公司按照股东持有的股份比例分配。二是明确营利性民办高校的财产使用权和处分权，包括交易、担保、抵押、转让等。三是明确营利性民办高校的剩余财产处分权。在退还学生学费、杂费和其他费用，发放教职工工资及缴纳相关社会保险费用，偿还其他债务之后，如果营利性民办高校财产还有剩余，则应交还给营利性民办高校的投资者。

为推进举办者在营利性与非营利性之间做出选择，还应进一步明确、细化民办高校分类管理的相关制度。在营利性民办高等教育方面，应制定《营利性民办高校管理条例》，进一步明确营利性高等教育的边界和政策，包括营利性民办高校的转设条件与程序，财产清算与资产转换，以及营利性民办高校的学历层次、招生、专业课程设置等相关问题的规定，尤其是要尽快完善营利性民办高校的土地税费政策，以便民办高校举办者权衡利弊，自主选择登记类别；在非营利性民办高等教育方面，应制定《非营利性民办高校办学条例》，以立法形式为非营利性民办高校设立运作规则，涉及办学的根本目标、法人属性、办学基本条件、资金来源与运作、会计制度、扶持制度、治理结构、师生权益保障、收费控制与问责机制等领域。①

（二）健全民办高校分类监管体系

根据我们对广东省 467 位民办高校在校学生、56 位民办高校教师以及 13 位民办高校管理者的实证调查，对"您认为当前地方政府在推进分类管理的制度设计过程中，亟须完善的是关于哪方面的内容"这一问题，管理者中，有 92.31% 选择了"关于财产清算、产权明晰与分类登记制度的问题"；69.23% 选择了"关于财务会计、资产管理与财政资助制度的问题"；61.54% 选择了"关于土地性质、税收政策与办学退出机制的问题"；53.85% 选择了"关于质量保障、人事制度和现代治理体制的问题"。教师中，64.29% 选择了"关于质量保障、人事制度和现代治理体制的问题"；62.5% 选择了"关于财务会计、资产管理与财政资助制度的问题"；46.43% 选择了"关于财产清算、产权明晰与分类登记制度的问题"；41.07% 选择了"关于土地性质、税收政策与办学退出机制的问题"。学生中，70.45% 选择了"关于质量保障、人事制度和现代治理体制的问题"；54.82% 选择了"关于财务会计、资产管理与财政资助制度

---

① 陈文联：《举办者视阈下民办高校分类管理制度的调适与创新》，《中国高教研究》2018年第5期。

的问题";48.61%选择了"关于财产清算、产权明晰与分类登记制度的问题";40.9%选择了"关于土地性质、税收政策与办学退出机制的问题"。由此可见,民办高校分类管理的制度建设任务仍很艰巨,应尽快制定出台与新政相衔接的配套制度与实施办法,健全民办高校分类监管体系。

1. 民办高校分类资产与财务监管制度

目前我国还没有专门针对民办高校的资产与财务会计制度。新修订的《民办教育促进法》第三十五条规定,"民办学校应当依法建立财务、会计制度和资产管理制度,并按照国家有关规定设置会计账簿"。《国务院关于鼓励社会力量兴办教育促进民办教育健康发展的若干意见》第二十条规定,"非营利性和营利性民办学校按照登记的法人属性,根据国家有关规定执行相应的会计制度。民办学校要明晰财务管理,依法设置会计账簿。民办学校应将举办者出资、政府补助、受赠、收费、办学累积等各类资产分类登记入账,定期开展资产清查,并将清查结果向社会公布。各地要探索制定符合民办学校特点的财务管理办法,完善民办学校年度财务、决算报告和预算报告报备制度。"依照法规要求,全国各个省份要建立健全民办高校资产管理及财务会计制度,规范民办高校学费收入及资金资产管理,并将民办高校资产与财务规范管理的成效作为财政补助、评优评奖的重要指标和依据。

民办高校的财务会计制度与其自身的法人属性密切关联。非营利性民办高校如果定性为民办非企业单位,则执行《民间非营利性组织会计制度》;如果定性为事业单位,则执行《事业单位会计制度》。营利性民办高校则主要执行《公司会计制度》。在资产管理方面,要按照《关于鼓励社会力量兴办教育促进民办教育健康发展的若干意见》的规定,参照《事业单位国有资产管理暂行办法》和公司资产管理的相关规定,健全民办高校资产分类管理制度,促使民办高校各类资产能够基于资产性质的不同,严格分类登记入账。此外,还要加大激励力度,对财务会计与资产管理制度非常规范健全的非营利性民办高校,优先实施财政扶持政策。

由于举办民办高校属于重资产运作,政府对民办高校设立在资产方面的要求比较严格。《民办高等学校设置暂行规定》(国家教委1993年8月17日发布,已经于2010年12月13日废止)第九条规定,"设置民办高等学校，应具备下述基本条件：有固定、独立、相对集中的土地和校舍。校舍一般应包括教室、图书馆、实验室（含实习场所及附属用房）、校系行政用房及其他用房五项。合计建筑面积参考指标为：文法财经类学校每生 10 平方米，理工农医类学校每生 16 平方米。占地面积应满足校舍建设用地和供学生体育活动的场地"。《独立学院设置与管理办法》（2008 年 2 月 22 日教育部令第 26 号）第八条规定，"参与举办独立学院的社会组织，应当具有法人资格。注册资金不低于 5000 万元，总资产不少于 3 亿元，净资产不少于 1.2 亿元，资产负债率低于 60%。参与举办独立学院的个人，应当具有政治权利和完全民事行为能力。个人总资产不低于 3 亿元，其中货币资金不少于 1.2 亿元"。

此外，《民办高等学校办学管理若干规定》（2007 年 2 月 10 日实行，已经于 2010 年 12 月 13 日废止）第七条规定，"民办高校的资产必须于批准设立之日起 1 年内过户到学校名下；本规定下发前资产未过户到学校名下的，自本规定下发之日起 1 年内完成过户工作"。《民办教育促进法》第三十六条规定，"民办学校对举办者投入民办学校的资产、国有资产、受赠的财产以及办学累积，享有法人财产权"。《国务院关于鼓励社会力量兴办教育促进民办教育健康发展的若干意见》第二十条规定，"民办学校举办者应依法履行出资义务，将出资用于办学的土地、校舍和其他资产足额过户到学校名下"。地方政府也有类似的规定。譬如《广东省人民政府办公厅转发省教育厅关于促进民办教育规范特色发展意见的通知》（粤府办〔2013〕27 号）规定，"落实法人财产权：出资人以不动产用于办学，原有不动产过户到学校名下，不属于买卖、赠予或交换行为的，只收取证件工本费。加快民办高等学校资产过户工作。投入民办学校的货币资产要经法定验资机构验资后过户到学校名下，非货币资产要经有资质的中介机构评估后过户到学校名下。未完成资产过户的民办高等院校，应于 2018 年前基本完成资产过户工作"。

可见，设置民办高校必须具备与学校的学科门类和规模相适应的土地和校舍。只要办学达到法律要求的规模要求和生均面积，无论是举办者自有房地产还是租借的房地产都是允许的。如果出资人明确以不动产用于办学，那么政府应督促其将该不动产过户到学校名下。无论营利性民办高校还是非营利性民办高校，都要明晰财务管理，依法设置会计账簿；要进一步规范学校的会计核算，建立健全第三方审计制度；非营利性民办高校和营利性民办高校按照登记的法人属性，按国家规定执行相应的会计制度；学校应将举办者出资、政府补助、受赠、学费、办学累积等各类资产分类登记入账，定期开展资产清查。针对现实中有些民办高校挪用学费、财务混乱、违规收费、抽逃资产等现象，迫切需要加强财务监管，增强财务运作的透明度。像上海市开发了统一的民办学校会计核算软件，民办高校已经全部使用，充分利用网络技术实时监控民办学校财务管理情况，并由上海市教委、市财政局进行审计和监管。[①] 辽宁省规定民办高校的所有银行账户必须由学校财务部门统一管理和集中核算，每个会计年度结束时应出具财务会计报告；云南、天津等地规定，引入第三方审计制度，并将审计结果向社会公布。[②] 这些创新举措具有借鉴意义。针对民办高校举办者变更频繁、变相买卖学校资产、风险投资涌入等问题，急需填补监管漏洞、细化举办者变更核准程序，避免学校法人财产流失。政府应研究制定适合民办高校特点的会计制度，进行会计核算，并实行财务公开制度，接受第三方审计，公布审计结果，报审批机关备案，按时接受检查。非营利性民办高校财务制度应遵照国家规定的会计核算方式精神，按照省一级的《非营利性民办学校会计核算办法》实行。

我国虽然已经制定了营利性民办高校监管细则，但对非营利性民办高校的监管，还没有出台明确的规定。因此，建议政府制定严格而具体的管理规定，对非营利性民办高校的资产、财务等关键行为进行监督，不能再容许"浑水摸鱼"或者"搭便车"的情况出现。如果政府严格监管，举办者将依法办学，保持民办高校的非营利性；如果监管不到位，举办者将重复以往非营利名义下的营利性行为。政府要展现出对分类管理的决心和信心，坚决对非营利性民办高校予以规范，把实际行为不符合非营利性的学校清除出去。只有在严格治理情况下，一些举办者才会收起侥幸心理，按照自身实际需求，选择营利性或非营利性。由于长期以来政府相关部门将民办高等教育管理置于整个高等教育管理中的边缘位置，政府部门、民

---

① 熊子瑞：《分类管理中非营利性民办学校法人财产权困境与对策——基于〈民办教育促进法〉的修订》，《兵团教育学院学报》2007 年第 1 期。

② 李立国、鞠光宇等：《民办高校如何实现"非营利性"——以防范非公平关联方交易保证"非营利性"的制度设计》，《教育发展研究》2018 年第 23 期。

办高校举办者及其他利益相关者已经形成了一种固化的协同模式。面对分类管理新政的推行，政府相关部门很可能会倾向持有一种审慎、保守乃至消极的态度，很难摆脱以往形成的路径依赖。因此，需要建立综合约束机制，增加监管主体，赋予第三方机构部分监管权力，形成新的协调模式，将监管的权力分散到不同的权力中心，通过权力相互制约，削弱路径依赖的程度。

2. 民办高校分类退出制度

2016 年修订的《民办教育促进法》对营利性民办学校和非营利性民办学校终止时剩余财产的处理做出了不同的规定，主要体现在两类学校退出后剩余财产的处理不同，但退出制度总体而言不完善。体现在《民办教育促进法》对两类学校剩余财产处理的规定不够明确；《营利性民办学校监督管理实施细则》的很多规定不够具体，民办学校退出后学生权益保障制度不完善。《民办教育促进法》只规定了义务教育阶段学生退出后的学生权益保障制度，对于高等教育阶段民办学校退出后的学生权益保障制度没有做出明确规定；《营利性民办学校监督管理实施细则》也没有具体规定保障学生权益的相关制度安排。

因此，要重视建立健全民办高等教育的退出机制，对营利性民办高校、非营利性民办高校退出的标准、程序、方式、适用法律及监督管理进行全方位的明确规定。例如，应当允许营利性民办高校举办者基于自身意愿以转让股权等方式退出，前提是不影响学生等利益相关者的权益以及民办高校的健康发展；营利性民办高校可以与一般的企业法人一样，当发生我国《破产法》第二条规定的"不能清偿到期债务，并且资产不足以清偿全部债务或者明显缺乏清偿能力"的情形时，债权人或债务人可以向法院申请破产，这样学校的财产可以获得有效清理，债权人的利益可以得到应有的保护；对于非营利性高校，则不发生股权转让问题，学校可以与举办者或股东商量，将其原先的投资转为捐资，或者将其股份折算成具体金额退还给他们。[①]

具体来讲，建议从以下几个方面着手完善民办高校分类退出机制。[②]

---

① 环建芬：《民办高校分类管理问题的法律探析》，《复旦教育论坛》2016 年第 3 期。

② 鞠光宇：《民办学校分类管理制度研究》，《中国人民大学教育学刊》2017 年第 9 期。

（1）明确退出中的法律适用。非营利性民办高校退出时，应该主要适用《民办教育促进法》，参照适用《企业破产法》；而营利性民办高校在资不抵债、破产退出时，可以适用《企业破产法》。

（2）明确退出的事由。非营利性民办高校退出的事由可以归纳为三个方面：一是主动退出。即学校基于自己的决定而退出，主要是章程所定事由的出现。二是法定退出。即当法律规定的事项出现时，学校退出，例如与其他机构合并。三是强制退出。即在出现法定事由时，由法院或者行政机关强制退出，例如被吊销办学许可证的，或者因资不抵债无法继续办学的；营利性民办高校的退出事由也可分为三个方面：一是主动退出。即学校基于自己的决定而退出，受三因素驱动，即章程所定事由的出现、经股东全体同意、股东会议决议。二是法定退出。即当法律规定的事项出现时，学校退出，例如与其他机构合并。三是强制退出。即在出现法定事由时，由法院或者行政机关强制退出，例如被吊销办学许可证的，或者因资不抵债无法继续办学的。

（3）明确退出的提出主体。退出的提出主体是指有资格申请或者决定注销学校法人资格的主体。有资格申请或者决定非营利性民办高校退出的主体包括：机构自身（由其法定代表人提出）、法院、政府主管部门。此外，校长、教职工、学生和监事会在一定情况下也可以成为非营利性民办高校退出的提出主体；营利性民办高校的退出主体包括：机构自身（由其法定代表人提出）、股东会、法院、政府主管部门、达到一定数量的股东。此外，校长、教职工、学生和监事会在一定情况下也可以成为营利性民办高校退出的提出主体。

（4）完善退出后学生权益保障制度。一是设立办学风险保证金制度。可借鉴美国的制度，要求非营利性民办高校和营利性民办高校设立风险保证金，使民办高校在读学生的权益能够得到保障。具体做法可以省为单位，规定省内所有民办高校都必须从学费中缴纳一定比例的数额，设立办学风险保证金，由省教育部门统一管理；在本省的某一民办高校出现资不抵债，不足以偿还学生的剩余学费时，由省民办高校办学风险保证金出资支付学生的剩余学费，以此来保障学生的权益。由于营利性民办高校拥有较大财务自由，为防范营利性高校的办学风险，特别是规避营利性民办高校倒闭可能对学生权益造成的消极影响，应明文规定营利性民办高校缴纳足够数额的风险保障金，存放在政府指定的银行账户，由政府进行资产专户管理；当营利性民办高校倒闭或者举办者恶意终止办学时，政府就可以用这笔资金来偿付学生的损失，像陕西、宁波、山西等地已经开始实施民办学校风险保证金制度。[①] 二是校际学分互认制度。可借鉴国外制度，建立校际学分互认制度，帮助退出的民办高校就读的学生转到其他高校就读。具体做法可以采用在就读前，组织民办高校学生与就读学校之外的几所高校签订协议，保证就读民办高校的学分与其他几所特定的高校相互承认，在就读的民办高校出现破产等情况时，学生可以携带在原来就读学校的学分转到协议高校中的一所就读。

3. 民办高校分类收费管理办法

依据新修订的《民办教育促进法》，对民办高校实施分类管理后其收费也将实行分类收费政策。其中，营利性民办高校依照市场机制确定收费标准，实行市场调节价；非营利性民办高校通过市场化改革试点，收费逐步实行市场调节价，具体政策由省级人民政府制定。《国务院关于鼓励社会力量兴办教育促进民办教育健康发展意见》规定：进一步明确分类收费政策，非营利性的民办学校收费通过市场和改革试点逐步实行市场调节价，由省政府根据办学成本，还有公办教育保障程度、民办教育发展情况等因素确定；营利性学校的收费，则由民办学校依照市场供求机制自主确定。当前全国各地对民办学校的收费，主要有三种模式：即成本加成、最高限价和自主定价。其中，"成本加成"收费模式最为普遍。这种模式由于不能涵盖办学的真实成本，且缺乏灵活的调整机制，导致频繁出现"物价逐年上涨、学费多年不变"等问题而饱受诟病。目前国内已有云南、江西、山东等10多个省市在民办学校收费方面实施了全面放开的政策，赋予民办学校自主定价权。因此，根据《中共中央、国务院关于推进价格机制改革的若干意见》（2015年10月12日）及《国务院关于第三批取消中央指定地方实施行政许可事项的决定》（国发〔2017〕7号）等相关文件精神，在民办高等教育领域继续深化市场取向的改革，对民办高校的收费实施全面放开的政策，应是政府最优的政策选项。

---

① 王一涛、高飞：《中国营利性民办高校探索：必要、可能及对策》，《山东高等教育》2015年第2期。

据对广东省的调研，多数举办者支持放开对非营利性民办高校的收费管制，充分发挥市场在资源配置中的决定性作用，营造一个良好的高等教育市场竞争环境。为落实新政规定，政府应全面放开营利性民办高校的收费管制，允许营利性民办高校自主定价，实行市场调节价。对非营利性民办高校的收费，也应该通过市场化改革试点，综合考虑办学成本以及本地公办高等教育保障程度、民办高校发展情况等因素，逐步实行市场调节价。非营利性民办高校的学费定价，可采取政府最高限价，在区间内，由政府对学校采取指导协商制；营利性民办高校和非营利性民办高校都应依据各自办学成本、软硬件计划投入、教师工资的增长预期、学校的办学声誉、学校的可持续发展等因素，自主确定收费标准，并报物价管理部门和教育行政部门予以协商备案，做到"一校一价、优质优价"。[①] 总之，政府应继续完善已有的民办高校收费管理机制，在学费和住宿费等方面由原来的政府指导价改为由市场调节和民办高校自主确定收费标准。

4. 民办高校分类登记的具体办法

当前全国各地在推进现有民办高校分类登记方面，还有需要突破的一系列难题：譬如是否需要对民办高校设置分类登记的过渡期问题，民办高校登记为事业单位的条件及政策待遇问题，非营利性民办高校的章程修改与规范问题，营利性民办高校的名称登记问题，现有民办高校登记为营利性民办高校的改制程序、土地等资产过户转移中的税费缴纳办法和有望降低转制成本的政策优惠问题，分类登记后的再选择问题，等等。针对这些问题，全国各个省份已在积极进行地方政府的制度创新："比如法律虽明确不设过渡期，但为了改革的整体推进，不少地区设置了1—5 年不等的过渡期；有的地区对选择营利性的民办学校还做出了限期提交变更申请的要求；对非营利性民办学校登记为事业单位的条件，有些地区做出了国有资产成分不受形态、比例和数额限制的规定；为了解决营利性民办学校登记的名称问题，某地把营利性民办学校名称中的组织形式核定为'学校'，经济性质核定为'联营企业'；就资产过户转移中的有关政策优惠问题，某地提出原学校土地资产可以按照原有性质和功能协议转让给新设

---

① 张铁明：《抉择——民办教育分类管理新起点新挑战》，广东人民出版社 2017 年版，第119 页。

立的营利性民办学校，办理转让过户手续后，再由新设立的营利性民办学校申请办理土地性质划拨改出让等相关手续，并按基准地价计算应补缴的土地出让金；某地提出参照企业重组业务中企业法律形式改变的相关规定和特殊重组业务处理企业所得税和个人所得税，参照企业改制和用于教育教学的房产土地有关规定，处理土地增值税、契税和印花税；就分类登记后的再选择问题，有些地区拟实行'单程票'制度，关闭选择登记为非营利性的民办学校再选择为营利性的通道"。①

依据新法规定，结合对各地经验的借鉴，民办高校分类登记机制创新路径建议如下：首先要制定民办高校变更登记类型的具体办法。按照《民办学校分类登记实施细则》规定，由省级人民政府根据国家有关规定、结合地方实际制定该办法。在分类转设问题上，应按"新校新办法、老校老办法"，在法律授权下，允许存量学校实施长期过渡（5—10 年）；在学校法人类型上，应充分尊重举办者的意愿，并尽可能简化相应的转设程序，最大限度地降低制度性交易成本。重新分类之后，登记为民办非企业单位的民办高校中具有捐资办学特点和具有经营性企业特点的，分别被分流到公益性的事业单位法人和营利性的企业法人中去。其余仍然坚持登记为民办非企业单位的民办高校，具有的基本特点是享有剩余资产的所有或部分所有权，但不得要求合理回报。这样，通过属性特点的区分，可以实现对现有民办高校中公益性办学和经营性办学的分流，为实施配套政策奠定基础。当然，民办高校即便因为种种原因选择登记为民办非企业单位（享有剩余资产索取权，但不要求合理回报），可能仍然希望通过各种途径获得收益。考虑到这一情况，为平稳过渡，建议政府将原来的"合理回报"改为"适当的办学奖励"的同时，制定"适当的办学奖励"标准或者比例。其与合理回报的最大区别是，"办学奖励"不再是法律上认可的、允许长期存在的现象，而是在一定时期内允许存在的过渡政策，而且有具体、明晰的标准或比例。随着 2016 年 6 月《社会服务机构登记管理条例修订草案》（征求意见稿）的颁布，民办非企业单位被更名为社会服务机构，社会服务机构被界定为非营利组织，这就缓解了民办高校"非

---

① 章露红：《贯彻"民促法"新法新政地方配套政策的重点与亮点》，http：//epaper.rmzxb. com. cn/detail. aspx？ id ＝407054。

驴非马"的尴尬境地，也为最终登记为民办非企业单位法人的民办高校
过渡到纯粹的公益性事业单位法人或营利性的企业单位法人创造了条件。
为此，对涉及民办高校分类登记的《民办教育促进法实施条例》《事业单
位登记管理暂行条例》和《民办非企业单位登记暂行条例》三部重要的
行政法规，政府应尽快启动或推动修法进程，使其与分类管理背景下已修
改的顶层设计保持一致，在行政法规层面形成社会服务机构、事业单位和
企业法人三类主体的法人登记基本制度框架。①

（三）健全义务责任制度，强化对民办高校的规范

有论者指出，"权利体现立法的价值目标，义务保障权利和价值目标
的实现，两者具有一致性"。② 也就是说，举办者在享有权利的同时，也
应承担相应的义务；只行使权利而不履行义务，就必须承担相应的责任。
因此，为保障民办高等教育公益性的实现，须健全义务责任制度，限制举
办者的权利并规范其行为。举办者的义务主要包括出资义务和信义义务。
首先，出资义务是举办者取得资格的前提，也是能享有权利的依据。2007
年发布的《民办高等学校办学管理若干规定》第七条规定"资产须于批
准设立之日起1年内过户到学校"，但从该规定颁布到2011年广东省只有
6%的民办高校完成了资产过户③，到2012年江苏省只有7%的民办高校
完成了资产完全过户④。举办者不履行出资义务的情况普遍存在，不利于
保护学校的法人财产权，应根据其不同的违反义务行为追究不同的责任。
举办者拒绝出资、不能出资、延迟出资等属于违约行为，应承担支付违约
金和继续履行等责任；虚假出资、抽逃出资、出资不实及瑕疵出资等属于
侵权行为，应承担损害赔偿、出资填补、取消举办者资格等责任。其次，
"举办者控制"是我国民办高校治理模式的主要特征，信义义务应成为制
衡举办者强势地位的有效手段；信义义务主要包括注意义务和忠实义务，
前者从积极方面要求举办者为学校的利益而行事，防止"懈怠"行为，

---

① 刘永林：《民办学校分类登记法律体系构建：主要进展、实践诉求与优化路径》，《浙江树人大学学报》2019年第3期。

② 张文显：《法理学》（第三版），高等教育出版社2007年版，第147页。

③ 李强、徐林：《给民校"民办事业单位"待遇》，《南方日报》2011年6月16日第2版。

④ 李勤、钟建芳：《制度视阈下的我国民办高校法人治理结构分析》，《黑龙江高教研究》2014年第9期。

后者从消极方面禁止举办者从事损害学校的行为，防止"不忠"行为；注意义务要求举办者出于善意并采取对学校最有利的方式行使权利，同时如同谨慎之人谨慎地履行义务，违反该义务时，应停止其行为，并追究其赔偿责任；忠实义务禁止举办者的欺诈行为，如操纵利润分配、虚假信息披露、侵吞学校和其他利益相关者的财产等，也限制关联交易，以防止举办者转移学校资产及利润，违反该义务，应承担停止作为、返还财产及损害赔偿等责任。[①] 为防止营利性民办高校过于趋利而不履行保证民办高等教育公益性实现的义务，可尝试建立营利性民办高校教育公益报告制度。营利性民办高校每一学年向教育主管部门提交一份教育公益性报告，对本学年学校在体现教育公益性方面所做的工作进行汇报。公益性报告需要详细说明在依法办学、坚持正确的办学方向、改善办学条件、提高教育教学质量、保障学生以及教师权益、改善教师福利待遇等方面所做的工作，详细说明本学年学校的运营情况、收入支出情况、办学结余以及对办学结余的分配情况。学校要对公益性报告的真实性负责，确保真实准确，教育主管部门要对公益性报告中涉及的事项逐一调查、核实，并认真评估，形成评估报告，对营利性民办高校存在的问题提出具体的指导及要求，并限期整改。对在公益性报告中弄虚作假者要严肃处理，确保营利性民办高校体现足够的公益性。[②]

二　增强激励工具的可操作性：完善分类管理的配套激励措施

《民办教育促进法》和《民办教育促进法实施条例》制定了一系列针对民办高校的优惠政策，但是一直以来都未能落实到位。其主要原因是没有严格区分非营利性和营利性民办高校，使得国家对民办高校的许多扶持政策无法差别化对待，并真正落到实处。还有一个原因则是由于教育法律法规中的土地、财政、税收优惠政策需要发改委、财政、税收、国土、规划、建设、房地产登记等部门的共同参与，但教育部门与相关职能部门一直未能就相关政策措施达成共识，也导致了许多优惠政策无法落地。因

---

①　王华，王德清：《民办学校举办者利益诉求与国家需要的矛盾及化解路径》，《中国教育学刊》2017 年第 3 期。

②　宋广伟：《论我国营利性民办高校"社会抵触现象"的突围策略》，《黑龙江高教研究》2017 年第 4 期。

此，要积极运用激励工具，丰富激励工具箱，完善民办高校分类管理的配套激励措施。

（一）细化分类扶持措施，为激励工具的切实运用提供土壤

新修订的《民办教育促进法》和国务院印发的《关于鼓励社会力量兴办教育促进民办教育健康发展的若干意见》，提出了一些具有一定创新性的扶持性规定。譬如新修订的《民办教育促进法》第四十六条规定，"县级以上各级人民政府可以采取购买服务、助学贷款、奖助学金和出租、转让闲置的国有资产等措施对民办学校予以扶持；对非营利性民办学校还可以采取政府补贴、基金奖励、捐资激励等扶持措施"。与原《民办教育促进法》相比，新修订的《民办教育促进法》增加了购买服务、基金奖励等规定。但新修订的《民办教育促进法》并没有对地方政府扶持民办教育进行强制性规定，民办学校财政扶持属于地方政府的自由裁量权范围，同时由于近几年经济下滑，部分地区（如东北和西北地区）面临的财政压力较大，短期内大幅加大对民办高等教育的财政扶持力度的可能性较小。因此，一些举办者希望中央政府能够通过类似原来的"985""211"工程以及现有的"双一流"建设，设置专项经费，实现对非营利性民办高校的扶持。[①]　因此，在接下来的《民办教育促进法实施条例》以及相关政策修订调整中，要对民办学校的扶持激励政策细化，使其能够落地；地方政府也应加强研究，尽快出台相应的实施细则。由于政府对民办高校的分类扶持涉及许多部门，因此需要加强教育、财政、税收、收费、金融、人事和社保等不同公共部门间的相互协作；此外，还要完善与民办高校财政扶持政策相配套的政策体系，譬如制定针对两类民办高校不同的收费定价政策与金融信贷政策等。

（二）落实分类财政、土地与税收政策，提高激励工具的针对性

根据我们对广东省包括 467 位民办高校在校学生、56 位民办高校教师以及 13 位民办高校管理者的实证调查，对"您认为贵校最需要获得的政府财政支持是什么"这一问题，管理者选择"教师资助，如教师社保、福利、培训资助等"的占比最高，为 76.92%；其次是"普惠性支持，如

---

① 李媛：《全国政协委员任芳：履职五年，我从旁观者变成责任人》，http//www.sxdaily.com.cn / n /2017 /0313 / 0376 - 6135682. Html。

税收减免、贷款贴息、土地使用优惠等"，占比为61.54%；再次是"绩效性支持，如绩效奖励、项目资助等"和"学生资助，如奖助学金、助学贷款等"，占比分别为30.77%和23.08%。教师选择"教师资助，如教师社保、福利、培训资助等"的占比最高，为85.71%；其次是"绩效性支持，如绩效奖励、项目资助等"，占比为42.86%；再次是"普惠性支持，如税收减免、贷款贴息、土地使用优惠等"和"学生资助，如奖助学金、助学贷款等"，占比分别是37.5%和19.64%。学生选择"学生资助，如奖助学金、助学贷款等"的占比最高，为67.02%；其次是"绩效性支持，如绩效奖励、项目资助等"，占比为47.11%；再次是"普惠性支持，如税收减免、贷款贴息、土地使用优惠等"和"教师资助，如教师社保、福利、培训资助等"，占比分别为37.04%和27.41%。

对"您最期待民办高校享有的税收优惠政策是什么"这一问题，管理者中有53.85%选择了"明确非营利性民办高校的学费免税"；38.46%选择了"明确民办高校资产过户免税"；38.46%选择了"明确营利性民办高校的所得税优惠"；30.77%选择了"降低民办高校获得免税资格的认定条件"；23.08%选择了"明确非营利性民办高校举办进修班、培训班取得的收入免税"。教师中53.57%选择了"明确非营利性民办高校举办进修班、培训班取得的收入免税"；41.07%选择了"降低民办高校获得免税资格的认定条件"；33.93%选择了"明确营利性民办高校的所得税优惠"；26.79%选择了"明确非营利性民办高校的学费免税"；12.5%选择了"明确民办高校资产过户免税"。

由以上数据可知，民办高校利益相关者对财政支持的诉求，具有共性也具有差异，需要政府提高激励工具的针对性。

1. 财政资助

针对不同类型民办高校，实施分类财政扶持，应注重把握以下几点：第一，应明确权责划分和支持主体。由于民办高校主要由省级政府管理，因此，其相应的财政支持也应由省级财政负担。同时，还要注重加大中央财政对贫困地区民办高等教育的财政转移支付力度。第二，要充分发挥财政这种激励政策工具在民办高校结构优化和质量提升方面的作用。第三，针对不同类型民办高校，需要实行差异化的财政扶持政策，并遵循"优先资助非营利性民办高校"和"非营利性民办高校获得资助的力度大于营利性民办高校"的原则。[①] 为推进民办高校分类管理，维护民办高校及其师生的合法权益，政府需要进一步完善民办高校财政资助政策。尤其要注重资助非营利性民办高校的发展，采取政府补贴、专项资金、基金奖励等方式予以扶持。陕西省"十二五"期间每年拿出 3 亿元支持民办高等教育；重庆市从 2014 年起民办高职专科生生均经费财政补助 1400—2000元，民办高校本科生生均补助 2000 元。借鉴已有地方财政资助经验，政府具体可从资助制度、资助主体、资助方式、资助力度和监管方式等五个方面实现创新和转变。

（1）财政资助制度由政策主导向法规主导转变。目前国内不少省份已有的政策法规对于财政资助非营利性民办高校还没有明确的规定。省级人大常委会应根据新修订的《民办教育促进法》及其配套文件，结合当地经济社会和民办高等教育发展实际，修改或出台对应的地方法规，对财政资助各类民办高等教育作出明确、具体的规定，为政府财政资助提供依据。省级政府也可以根据地方实际，制定完善本省的《民办高等教育条例》，为地方各级政府财政资助非营利性民办高校作出详尽具体、操作性强的明确规定。要真正落实政府补贴和基金奖励的相关政策制度细则，给予民办高校的补贴或奖励纳入省、市、区级财政支出预算，由各级政府予以财政专项拨付。

（2）财政资助主体以省级政府为主向多级主体协同转变。非营利性民办高校财政资助的主体比较单一，国内大多数省份由省级政府负责。由于财政资源的稀缺性，单级政府财政资助往往难以满足非营利性民办高校的发展需求。省政府可以根据本地区经济发展水平、财政收入状况、民办高等教育发展状况，实施省、市、县（区）多级政府协同财政资助的机制。可以由省级政府统筹，按照一定的资助标准，采取一校一策的办法，明确省、市、学校所在县（区）三级政府的财政资助责任、税收减免责任、用地优惠责任和应承担的资助资金比例，并明确各级政府财政资助的责任部门，使财政资助的政策落到实处。发展改革部门的 PPP 项目库可设立教育专项，由教育行政部门与发改部门共同管理；鼓励教育行政部门

---

① 方芳：《分类财政扶持营利性和非营利性民办高校的问题研究》，《教育与经济》2016 年第 2 期。

实施多种形式的 PPP 资金项目，尤其在民办高等教育领域，资助合作举办非营利性民办高校。

（3）财政资助方式由单一向多元转变。当前，省级政府财政资助非营利性民办高校的方式相对比较单一传统。分类管理新政背景下，要综合运用财政、税收、土地、金融、资产、基金等政策措施，探索建立定额补助、差别补助、项目补助、奖励性补助等多元化的公共财政资助体系。尤其需要加强以下几种资助方式：一是生均财政拨款方式。省级政府可参照公办高校生均拨款制度的有关原则，建立以改革和绩效为导向的非营利性民办高校生均财政拨款制度；二是学生财政补贴方式。可按照一定标准对非营利性民办高校予以学费补助，直接拨付给学生本人，提高资金使用效率。省级财政对民办高校学生，在 2020 年之前，建议按照学生人头和学费的比例（按公办高校学生年教育事业费 1/10—1/5），给予相应的财政补贴；① 三是教师工资和社会保险补助方式。财政对非营利性民办高校教师的基本工资予以适当补助，并直接拨付给教师本人；同时通过补助，使教师享受与当地公办高校教师同等的社会保险待遇。四是购买服务与教研科研资助方式。政府购买服务、教改项目和科研课题申请资助，应覆盖营利性和非营利性民办高校。五是基金和捐资奖励方式。建议设立省级非营利性民办高校发展专项基金，鼓励社会捐助民办高等教育，对捐资办学的非营利性民办高校加以重点扶持，大力支持和奖励捐资办学的非营利性民办高校、办学团体和个人。政府还可设立省级民办高校办学奖励基金，对办学质量优良、社会知名度与美誉度高的民办高校举办者，提供一定比例的基金奖励。这种基金奖励不仅有利于增强政府与民办高校之间的交流互信，而且有利于树立此类民办高校举办者的公益性形象。

（4）财政资助力度由公私悬殊向标准趋同转变。尽管民办高校与公办高校具有同等的法律地位，但政府财政资助非营利性民办高校的力度与公办高校相比，还有很大差距。建议政府将投入到民办教育的财政额度纳入预算，省级财政应达到总教育经费的 10% 以上。省政府应加大对非营利性民办高校的财政资助，可参照本省地方所属公办高校的生均拨款水

---

① 张铁明：《抉择——民办教育分类管理新起点新挑战》，广东人民出版社 2017 年版，第 122 页。

平，本省非营利性民办高校的学费标准，本省地方所属公办高校的学费标准等因素，确定财政资助的额度标准。基本原则应当是，非营利性民办高校的学费加生均拨款与当地同类公办高校的生均财政拨款加学费基本持平。对于相对公办高校多出的、对非营利性民办高校的税收项目和额度，当地政府可以采取税收返还的政策，以财政补贴方式支持非营利性民办高校。另外，建议政府对营利性民办高校和非营利性民办高校的学生提供同等的财政资助，民办高校学生获得荣誉的奖励与公办高校学生享有同等待遇，确保民办高校学生与公办高校学生对公共资源享有平等的权利。

（5）财政资助监管方式由审计年检向实时监控转变。政府在加大财政资助的同时，也应加强对非营利性民办高校的财务监管，切实保障资助资金用到实处。国内一些省份目前采用的是对民办高校财务进行年度审计的办法，并实行财政性资金专款专用制度。这些规定不能从根本上杜绝违规使用财政资金的行为。为此，政府可以采取以下财务监管措施[①]：一是以省为单位，统一制定实施切合非营利性民办高校实际的财务管理制度、会计制度、资产管理制度等，切实做到有章可依；二是向非营利性民办高校委派会计团队。会计团队由公办高校财务管理关键岗位的数人组成，这些人员的人事、档案、工资关系等仍在原单位，一切工资福利等均由原单位发放，不与民办高校发生任何个人经济往来；三是开发使用统一的非营利性民办高校会计软件和财务管理系统，建立统一的财务管理平台，实现学校财务与政府相关职能部门信息联网、共享和公开，使政府和社会公众能对财政资金和学费收入实时监控，确保办学资金合理高效使用。

2. 税收优惠

民办高校可以享有的税收优惠政策，大多体现在国家近年来颁布的有关教育、税收的政策法规中。有论者基于《教育部关于鼓励和引导民间资金进入教育领域促进民办教育健康发展的实施意见》《财政部 国家税务总局关于教育税收政策的通知》和《财政部 国家税务总局关于职业教育等营业税若干政策问题的通知》等政策文本，梳理出民办高校享有的税收优惠如下："（1）营业税、所得税优惠政策。按现行规定，国家对从事

---

① 高宏赋：《非营利性民办高校的政府财政支持研究》，《浙江树人大学学报》2018 年第 18 期。

学历教育的学校提供教育劳务取得的收入免征营业税。免征营业税的教育劳务收入是指对列入规定招生计划的在籍学生提供学历教育劳务取得的收入，包括经有关部门审核批准，按规定标准收取的学费、住宿费、课本费、作业本费、伙食费、考试报名费收入等。但超过规定收费标准或规定范围的收入不属于免征营业税的教育劳务收入，一律按规定征税。除此之外，对学校从事技术开发、技术转让业务和与之相关的技术咨询、技术服务业务取得的收入，免征营业税；对高等学校、各类职业学校服务于各业的技术转让、技术培训、技术咨询、技术服务、技术承包所取得的技术性服务收入，暂免征企业所得税。对学生勤工俭学提供劳务取得的收入，免征营业税。民办高校免征企业所得税的收入项目包括：财政拨款；经国务院及财政部批准设立和收取，并纳入财政预算管理或财政预算外资金专户管理的政府性基金、资金、附加收入等；经国务院、省级人民政府批准，并纳入财政预算管理或财政预算外资金专户管理等行政事业性收入；经财政部核准不上缴财政专户管理的预算外资金；社会各界的捐赠收入等。
（2）房产税、城镇土地使用税、印花税、契税、农业税和农业特产税、耕地占用税等优惠政策。对全日制民办高校的教学用房、实验室、操场、图书馆、办公室及师生员工食堂宿舍用地免征房产税、城镇土地使用税；对学校自用的房产、土地免征房产税和城镇土地使用税。对财产所有人将财产赠给学校所立的书据，免征印花税。民办高校承受的土地、房屋权属用于教学的，免征契税。对学校经批准征用的耕地，免征耕地占用税。
（3）关税优惠政策。对境外捐赠人无偿捐赠的直接用于各类职业学校的教学仪器、图书、资料和一般学习用品，免征进口关税和进口环节增值税。相关事宜按照国家批准的《扶贫、慈善性捐赠物质免征进口税收暂行办法》办理。对教育部承认学历的大专以上全日制高等院校以及财政部会同国务院有关部门批准的其他学校，不以营利为目的，在合理数量范围内进口国内不能生产的科学研究和教学用品，直接用于科学研究或教学的，免征进口关税和进口环节增值税、消费税。科学研究和教学用品的范围参见国务院批准的《科学研究和教学用品免征进口税收暂行规定》"。[①]

民办高校具体享有的税收优惠政策，体现如下。（如表5-2所示）

---

① 劳凯声：《民办学校分类管理问题及其解决途径》，《教育学报》2016年第10期。

表 5 - 2 　　　　　　　　　　　**民办学校主要使用的税收优惠政策**

税种	内容	相关法规
企业所得税	以下收入免征/暂免征/不免征企业所得税 ——纳入财政预算管理的收费/财政预算外资金专户管理的收费/财政拨款/专项补助收入 ——政府举办的高等学校组织进修班、培训班取得的收入 ——政府举办的职业学校设立的主要为在校学生提供实习场所的企业服务项目取得的收入 ——高等学校、各类职业学校的技术性服务收入（包括技术转让、技术咨询等）	财税〔2004〕39 号
增值税	以下收入免征增值税 从事学历教育的学校提供的教育服务，包括高等教育，仅限于不超过规定标准的学费、住宿费、课本费、作业本费、考试报名费以及学校食堂提供餐饮服务取得的伙食费收入（经过政府批准）	财税〔2016〕36 号
增值税	以下收入可选择适用简易征收办法 ——非学历教育（各类培训、演讲、讲座、报告会等）	财税〔2016〕68 号
增值税	——教育辅助服务（教育测评、考试、招生等服务）	财税〔2016〕140 号
房产税/城镇土地使用税	对国家拨付事业经费和企业办的各类学校自用的房产、土地，免征房产税、城镇土地使用税	《财政部、国家税务总局关于教育税收政策的通知》
房产税/城镇土地使用税	民办学校按照国家有关规定享受相关税收优惠政策。对企业办的各类学校自用的房产、土地，免征房产税、城镇土地使用税	《国务院关于鼓励社会力量兴办教育促进民办教育健康发展的若干意见》

资料来源：张铁明《抉择——民办教育分类管理新起点新挑战》，广东人民出版社 2017 年版，第 338 页。

新修订的《民办教育促进法》明确规定，非营利性民办学校享有与公办学校同等的税收优惠政策。但《关于鼓励社会兴办教育促进民办教育健康发展的若干意见》规定，非营利性民办学校需要按照税法规定进行免税资格认定后，才能免征非营利性收入的企业所得税。而按照财政部、国家税务总局《关于非营利组织免税资格认定管理有关问题的通知》（财税〔2014〕13 号）的有关规定，获得免税资格认定是有条件的，必须满足"投入人对投入该组织的财产不保留或者享有任何财产权利"。按照这一规定，那些选择非营利性办学，但出资人在办学终止时要求从剩余资产中获得补偿或奖励的民办高校，将很难获得免税资格。因此，需要积极通过制度创新，明确各类民办高校所能享有的税收优惠待遇。

民办高校税收优惠政策创新，可从以下三方面着手：一是清理整顿针对民办高校不合理的税收，尤其应减免非营利性民办高校资产过户的相关税费，减轻民办高校过重的税收负担。现有民办高校在选择转型过程中涉及资产剥离、产权变更、学校用地时限等一系列的重组问题，可参照国企重组等相关优惠政策，给予学校在转型重组时适用企业所得税、土地增值税、契税等优惠政策；或采取先征后返补等办法减免；二是出台民办高校结构性减税改革方案，针对特定民办高校、特定税种进行有选择的税负调整，突出对办学社会效益突出的非营利性民办高校和营利性民办高校的导向支持。三是对非营利性民办高校和营利性民办高校实施差异性税收政策，精心设计差异性税收管理办法，由民办高校根据学校的组织定位和办学目标自主选择。

对于非营利性民办高校的税收优惠，应重点解决以下几个问题：一是明确民办高校资产过户是否免税。按照已有规定，民办高校落实法人财产权需要将土地校舍过户到学校名下，资产过户时民办高校举办者需要缴纳城镇土地使用税和房产税，要缴纳相当于房地产价值约9%的税费，增加了民办高校的负担。目前已有黑龙江、重庆、上海等地予以免除。借鉴已有经验，政府在制定具体实施意见时，也应考虑免收民办高校资产过户税；二是明确非营利性民办高校社会服务项目是否免税。为鼓励民办高校积极提供社会服务，建议非营利性民办高校举办进修班和培训班的收入免征增值税和所得税。三是降低民办高校获得免税资格认定的条件。目前非营利性组织免税收入资格认定的标准过高，《财政部 国家税务总局关于非营利性组织免税资格认定管理有关问题的通知》规定，非营利组织获得免税资格的条件包括"工作人员平均工资薪金水平不得超过上年度税务登记所在地人均工资水平的 2 倍"；民办高校是人力资本密集型行业，保持较高的工资水平是吸引高水平师资的关键，应适当降低对非营利性民办高校免征企业所得税资格的认定标准。① 四是明确非营利性民办高校的学费是否免税。鉴于非营利性民办高校享有的免征企业所得税的收入范围非常有限，建议出台相关配套税收政策，明确非营利性民办高校的学费收入属于不征税收入范畴。五是结合《慈善法》相关规定，进一步完善捐资激励制度设计，对捐资办学的非营利性民办高校加大税收减免的激励，对向民办高校进行捐赠的个人和组织，建立直接的"捐赠抵税"制度，给予其扣除所得税优惠，在全社会营造良好的捐资办学理念和教育捐赠文化氛围。

有论者指出，在目前的法律体系中，任何关于税收的立法都只能通过全国人大或国务院来决策，地方没有相应的立法权；因此，对营利性民办学校提供税收优惠的政策设计，首先需要在国家层面就"税种的设立、税率的确定和税收征收管理等税收基本制度"作出相应规定，然后才谈得上地方的落实和创新；根据《中华人民共和国企业所得税法》第三十六条等相关文件规定，并参照《国务院办公厅关于印发文化体制改革中经营性文化事业单位转制为企业和进一步支持文化企业发展两个规定的通知》（国办发〔2014〕15 号），国务院在修订《民办教育促进法实施条例》时可以作出"对营利性民办学校免征或减按 3% 的征收率征收增值税，免征或减按 15% 税率征收企业所得税"等税收优惠规定，为地方创造性利用财政税收工具支持营利性民办学校发展提供更加宽松的政策环境。② 针对营利性民办高校的税收优惠，总的原则是要明确对营利性高校征税的范围比例，使其能够享有优于一般企业的税收优惠。具体建议：一是营利性民办高校如果从事学历教育，其提供教育劳务取得的收入，应明文规定免征营业税；二是营利性高校合法办学取得的各类合法收入，可比照国家高新技术企业 15% 的税率收取企业所得税。依照我国《企业所得税法》的相关规定，"国家需要重点扶持的高新技术企业，减按 15% 的税率征收企业所得税"。对于营利性民办高校结余的征税可参照高新技术企业的优惠税率标准执行。对新型的和新办的从事学历教育的营利性民办高

---

① 王一涛、李宝枝：《分类管理后民办学校税收政策梳理与优化建议》，《浙江树人大学学报》2017 年第 11 期。

② 吴华、王习：《营利性民办学校应该享受税收优惠》，《中国教育学刊》2017 年第 3 期。

校，可赋予其"前3年给予免征企业所得税，后2年减半征收企业所得税"的税收优惠。对营利性高校从上级教育行政部门获得的用于民办高等教育事业发展的专项补助收入，不征收企业所得税。三是对从事学历教育的营利性高校自用的土地、房产暂缓征收城镇土地使用税和房产税。四是对那些从原来的民办非企业单位转设为公司制企业的营利性民办高校，在不改变教育用地性质的前提下，按账面原值过户的民办高校校园用地及校舍，暂缓征收土地增值税和契税。五是鼓励营利性民办高校持续的教研投入，把预算教研投入作为学校的研发费用实行税前加计扣除。六是营利性民办高校的后勤服务业务，如非对外委托经营，也可参照公办高校减免税收。

3. 土地优惠

由于举办民办高校门槛高，地方政府在支持举办民办高等教育时都有一项实质性扶持措施——提供教育性质的行政划拨用地。现实中，民办高校不少举办者有类似这种疑惑，"如果我们学校现在使用的就是行政划拨土地，那是不是意味着我以后不能选择营利性办学了呢？如果我就是要选择营利性办学，我需要补交多少费用？"根据新修订的《民办教育促进法》第五十一条规定，"新建、扩建非营利性民办学校，人民政府应当按照与公办学校同等原则，以划拨等方式给予用地优惠。新建、扩建营利性民办学校，人民政府应当按照国家规定供给土地。"随后颁布的《国务院关于鼓励社会力量兴办教育促进民办教育健康发展的若干意见》第十五条明确规定，"实行差别化用地政策。民办学校建设用地按科教用地管理。非营利性民办学校享受公办学校同等政策，按划拨等方式供应土地。营利性民办学校按国家相应的政策供给土地。只有一个意向用地者的，可按协议方式供地。土地使用权人申请改变全部或者部分土地用途的，政府应当将申请改变用途的土地收回，按时价定价，重新依法供应。"

依照法律规定，新建、扩建非营利性民办学校，可以取得和使用划拨用地；新建、扩建营利性民办学校，不能取得和使用划拨用地。另外，《中华人民共和国城镇国有土地使用权出让和转让暂行条例》第四十五条规定，"符合下列条件的，经市、县人民政府土地管理部门和房产管理部门批准，其划拨土地使用权和地上建筑物、其他附着物所有权可以转让、出租、抵押：（1）土地使用者为公司、企业、其他经济组织和个人；（2）

领有国有土地使用证；（3）具有地上建筑物、其他附着物合法的产权证明；（4）依照本条例第二章的规定签订土地使用权出让合同，向当地市、县人民政府补交土地使用权出让金或者以转让、出租、抵押所获收益抵交土地使用权出让金。"

由此可见，只要符合特定的条件，行政划拨土地也是可以转让的。既然可以行政划拨土地，那么土地使用年限如何确定？补交的土地使用权出让金应该遵循什么标准呢？《划拨土地使用权管理暂行办法》（1992 年 3 月 8 日国家土地管理局令〔92〕第 1 号发布）第二十五条规定，"土地使用者转让、出租、抵押土地使用权，在办理土地使用权出让手续时，其土地使用权出让期由所在地市、县人民政府土地管理部门与土地使用者经过协商后，在土地使用权出让合同中订明，但不得超过《条例》规定的最高年限"；第二十六条规定，"土地使用权出让金，区别土地使用权转让、出租、抵押等不同方式，按标定地价的一定比例收取，最低不得低于标定地价的 40%。标定地价由所在地市、县人民政府土地管理部门根据基准地价，按土地使用权转让、出租、抵押期限和地块条件核定"。依照法律规定，从非营利性民办高校转为营利性民办高校，需要对行政划拨土地进行价值评估，可考虑留作国有债权保留，也可考虑直接把行政划拨土地转化为出让土地。民办高校所在地市、县人民政府土地管理部门可与土地使用者协商确定土地使用权出让期。

为保障民办高校举办者在土地方面合法利益，激发办学的持续热情，政府应从以下几方面着手，提供相关土地优惠：首先要保障土地供应。非营利性民办高校可按照划拨方式获得土地，营利性民办高校可按照协议方式供地。独立学院为迎接教育部规范验收，满足不低于 500 亩土地的达标要求，面临增加校园占地面积的严峻挑战，江苏、浙江等地采取地方政府无偿供应土地的方式，有 18 所独立学院迁址办学、有效改善了办学条件。其他省份也可参照此方法进行。鉴于土地、房产的权属及税费，在新修订的《民办教育促进法》实施的过渡期及后续运行期，是举办人、投资人在做选择时关键考量的因素（如表 5-3 所示），为吸引社会资本进入民办高等教育领域，政府在土地及其税费方面也要制定明确的优惠政策。

表 5 - 3　　　　民办学校举办人土地、房产权方面的权益和税收考量

学校性质	土地、房产权属登记在举办人名下			土地、房产权属登记在学校名下	
	过渡期	运营期		过渡期	运营期
营利性学校	不适用	——获得租赁收入，并承担财产租赁税费 ——获得办学利润回报		可能发生交易税费	获得办学利润回报
非营利性民办学校	不适用	——无办学利润回报 ——获得租赁收入，并承担财产租赁税费 ——获得关联服务收入，并承担关联交易相关税费		如土地房产权属从学校转出，很可能产生交易税费	——无办学利润回报 ——获得关联服务收入，并承担关联服务交易相关税费

资料来源：张铁明《抉择——民办教育分类管理新起点新挑战》，广东人民出版社 2017 年版，第 340 页。

　　目前，高额的土地转让费，让现有登记为民办非企业单位的民办高校无法转为营利性高校，也阻挡了社会资金进入营利性民办高等教育领域。温州方案指出，按照企业法人登记管理的民办学校原则上以有偿出让方式获得土地使用权，土地有偿使用费可在出让方案规定期限内分期支付。原以行政划拨方式供地的，分类改革后，需要由划拨改为出让的，出让金由原土地使用者一次性支付。也就是说，登记为营利性民办高校的举办者，需要首先出资补齐土地出让金。按 2014—2015 年全国土地出让平均价来计算，非营利民办学校土地单价是 15 万元/亩，营利性民办学校的土地出让金则是按照 270 万元/亩，校均 100 亩来计算，两者就有 2.5 亿元的差距。高额的土地出让费，使现有登记为民办非企业单位的民办学校无法转为营利性学校，也让社会资金举办营利性学校望而却步。

　　为此，建议营利性民办高校土地过户中的税收减免，参照高新技术产业、现代制造业政策执行，即：实行土地一级开发，采取公开招投标方式，控制和降低开发成本及地价；实行土地出让方式多元化，工业用地可采取土地出让、租赁、划拨、作价入股等多种形式获得土地使用权；授予

管理权限，简化工业用地供地手续；减免土地使用权出让金、城市基础设施建设费和部分行政事业性收费。现有民办高校法人分类分立后，民办高校举办人等就自有或购买的土地、房产，可以通过与民办高校法人签订合同，以协商的形式保证举办者及其他土地房产业主的合法收益；租赁收入按照教育功能使用，税收给予减免。明确每一个民办高校法人机构中的不同性质土地分列存档，但都应全部视同已经是"教育实际使用地"的土地，采取简便程序，以不同法人之间财产的平移办法，转营利性民办高校免缴不同性质土地的当时差价，继续办学；但学校终止清算时应以时价按照不同性质土地计算后计入清算总资产值。

（三）拓展激励工具的形式，实行产权激励和权利补偿

依据新修订的《民办教育促进法》、国务院颁布的《鼓励社会力量兴办教育促进民办教育健康发展的若干意见》、教育部联合人力资源社会保障部、民政部、中央编办、工商总局颁发的《民办学校分类登记实施细则》和教育部联合人力资源社会保障部、工商总局颁发的《营利性民办学校监督管理实施细则》，我们可以看出，民办学校举办者在学校筹设初期、正常运营阶段和学校终止阶段有着不同的权利，如表5-4所示。

表5-4　　　　　　　　　　民办高校不同办学阶段权利概况

	学校法律状态	举办者权利
学校筹设阶段	1. 不具有独立的法人资格。 2. 尚未形成法人治理结构。 3. 以举办者为核心的学校筹委会是学校筹设工作的主要机构。	1. 整体规划和设计学校，确定学校管理体制，制定学校基本规章制度。 2. 拟定学校章程，组建学校首届董事会、理事会或其他形式的决策机构。 3. 聘请学校首任校长和其他管理干部、招聘首批教师。 4. 决定学校选择营利性还是非营利性方向。

续表

	学校法律状态	举办者权利
学校运营阶段	1. 学校已取得独立的法人资格。 2. 法人治理结构基本完备。 3. 学校依据章程和规章制度有序运转。	1. 根据学校章程规定的权限和程序参与学校的办学和管理：（1）举办者或其代表参加学校董事会或理事会，成为学校决策机构的法定成员；（2）举办者或其代表担任学校行政管理负责人或其他管理干部，参与学校日常管理。 2. 担任学校董事长或校长职务后，依法成为学校的法定代表人。 3. 对于学校的重大事项、运营情况和财务状况享有知情权。 4. 选择营利性学校后依法享有经济收益权。 5. 依照法定程序行使举办者变更权利。
学校终止阶段	学校的法人主体权利不完整，受到举办者、审批机构和司法机关强行介入。	1. 部分地方政策规定，民办学校举办者有提出终止办学的权利。 2. 新政规定，新法颁布前的非营利性民办学校举办者可以获取相应的补偿和奖励。 3. 由新政可推，营利性民办学校举办者可以依据学校章程终止办学。 4. 营利性民办学校提出终止时，举办者有权利组织清算。 5. 对学校清偿后剩余的资产，依据《公司法》和地方有关规定进行处理的权利。

资料来源：搜狐网《从首例民办学校举办者知情权案追问民办学校举办者的权利和义务》http://www.sohu.com/a/137592764_379440。

民办高校举办者如果选择营利性办学，可采取产权激励方式，参照《中华人民共和国公司法》对股权的规定，界定其权利，保护其正当利益。而对于选择非营利性办学方向的举办者，则可采取权利补偿方式，通过社会认同和提供实现平台来激励其行为。具体来讲，应努力做好以下几点。

第一，把非营利性民办高校举办者的办学视为捐资办学，通过税收减免来补偿其经济损失。美国的《国内收入法典》规定：个人进行捐赠的，当年税收可扣除的限额为所得额或毛收入的50%，超过部分可结转5年内扣除。因此，我国可借鉴美国的做法，加大扣税幅度和结转的年限。第二，界定清楚学校终止时举办者的补偿和奖励。举办者的原始出资可作为补偿的依据，学费形成的办学积累可作为奖励的依据，由各省制定补偿和奖励所占出资和办学积累的比例。第三，重点从非财产类权利满足举办者的需要，明确举办者学校重大事务参与权的权限。可参考我国台湾地区《私立学校法》的规定"创办人为当然董事，不经选举而连任"，明确举办者的成员权；举办者不再持有出资份额，其行使表决权应遵循一人一票的原则，构建利益相关者共同治理的模式。另外，举办者还可根据捐助章程行使选举权、知情权和监督权等。①

　　在权利补偿方面，当前政府要重视制定明确的民办高校分类选择补偿及奖励办法，提高民办高校参与分类管理的积极性。"政府需要明确补偿奖励的对象和资格、清产核资的时间和费用、补偿奖励的标准和测算方法、补偿奖励的获取方式和期限等一系列问题；就目前各地的政策探索来看，在补偿奖励的资格问题上，多地认为应仅限于选择非营利性的民办学校，但也有地方提出基于对办学历史和贡献的尊重，选择营利性的民办学校具有同等补偿奖励资格；在清产核资相关问题上，为避免全面清算工作引起的政策性恐慌，以及举办者确权后大量抽离办学资金或选择终止办学的政策性风险，有的地区提出仅对选择登记为营利性的民办学校以 2017 年 8 月 31 日为基准日进行资产清算，相关工作由学校自行委托有资质的中介机构承担；就测算方案来看，各地普遍的政策考量是以依法清偿后的净资产为限给予举办者补偿和奖励，仅在具体数额和操作程序上有所区别。譬如，多地认为应返还举办者累计出资或累计出资及其增值部分，视情况再给予奖励，奖励部分可达出资额的 50%，或学校总资产的 10%；某地将举办者原始出资和 2017 年 8 月 31 日之前投入的后续出资形成的净资产认定为举办者所有；历年办学累积和无法确认其来源形成的净资产按照一定比例给予举办者补偿或奖励；某地采取'回赎'政策，允许每年从学校发展基金回赎出资人的财产权利，且补偿奖励的权利可以继承、赠与和转让；综合各地政策实践，政府的相关补偿奖励政策制定，既要考虑

---

①　王华、王德清：《民办学校举办者利益诉求与国家需要的矛盾及化解路径》，《中国教育学刊》2017 年第 3 期。

依法清偿后资产有剩余的前提，又要权衡举办者出资、取得合理回报情况和办学效益等因素的权重；还要遵循尊重办学历史和贡献的法律精神，对于清算后净资产为零或负的民办高校，其确权后的补偿奖励如何实现，也纳入政策考量范畴"。[①]

政府需要结合具体情况，综合考虑民办高校初始出资、资产增值及行业属性等因素，做出既有利于稳定又有利于发展的规定。2016 年 11 月 7 日之前政府许可创办的非营利性民办高校；在 2017 年 9 月 1 日之前追加出资的部分，列入现有学校出资累积总额，以此为基础在清算时计入给举办者的补偿或奖励。现有民办高校选择非营利性办学的，应对其初始投入的债务给予界定。非营利性民办高校举办者负债投入，或举办者经学校或当时学校筹备组同意委托举债的，视同学校法人举债，应用办学结余合理偿还债务。非营利性民办高校清算时，按现学校举办者原始投入和资产增值占现有积累净资产的一定比例给予补偿；同时给予非营利性民办高校出资举办者相应奖励时，应考量其出资或累积出资额度、办学年限贡献累加，奖励额建议不少于可支配剩余资产的 30%。非营利性民办高校清算时，现有学校无证明举办者原始投入或依靠滚动发展的，按占现有累积净资产依办学每年 1% 比例累加给予补偿；同时给予举办者计算相应奖励时，应考量其累计持续滚动出资额度、办学年限贡献累加，奖励额不少于依办学每年 1% 比例累加数额。现有和新办非营利性民办高校举办者前期开办投入资金，可以通过学校章程决定，在有办学结余且不影响学校正常教育秩序和发展的前提下，采用董事会决议一定年限内（如 20—30 年以上）的折旧率作参照的形式给予奖励以逐步返还，折旧返还额建议免征所得税；还可参照当年银行利率和通货膨胀等因素，每年可以适当提高折旧数额，但达到决议预算投资返还数额为止。建议政府允许让现有民办高校在选择非营利性民办高校时，采取先清算、确权、补偿和奖励，并将暂时不能套现的应获得的补偿和奖励当作学校法人向社会或举办者的借款，除在举办新校内分期获得本息和利息返回等之外，今后终止时应仍可拿回原有的借款。

---

① 章露红：《贯彻"民促法"新法新政地方配套政策的重点与亮点》，http：//epaper. rmzxb. com. cn/detail. aspx？id = 407054。

政府还应尽快明确补偿或奖励非营利性民办高校举办者的时间节点。新修订的《民办教育促进法》规定选择登记为非营利性的民办学校，出资者在"终止时"才可以获得补偿或奖励。关于"终止"可以有三种理解。第一种理解是将学校"停止办学"看作是"终止"。对于那些打算长期办学的举办者来说，按照这种理解将很难获得补偿或奖励，除非主动终止办学。第二种理解是将 2017 年 9 月 1 日新修订的《民办教育促进法》实施日作为学校的终止日。第三种理解，即将民办学校按照新修订的《民办教育促进法》修改章程选择成为非营利性民办学校的日期作为民办学校的终止日。针对这种情况，政府在制定民办高校分类管理配套政策时，明确补偿和奖励举办者的时间节点就显得非常必要，建议明确规定民办高校按照新法规定修改章程，选择成为非营利性民办高校的日期作为民办高校的终止日。

（四）政府还可创新激励工具运用方式

近年来，全国很多地方出台了面向民办高等教育的财政扶持政策：陕西省从 2013 年开始每年拿出 3 亿元资金扶持省内民办高校的发展；云南省 2015 年起，政府公共财政每年安排 8000 万元专项资金支持民办高等教育发展；重庆市按照每生每年 1400—2200 元、上海市按照每生每年 1500 元、浙江温州市按照公办高校生均经费 20% 的标准进行补助[①]；浙江、山东、吉林、河南和江苏等地都建立了对民办高校的专项财政补助政策；吉林华侨外国语学院一次性获得国家发改委 1.4 亿元的财政资金扶持；目前很多省（市、自治权）正在制定分类管理条例，有些提出了按照公办高校生均拨款的相应比例对民办高校进行财政支持。[②] 以上这些创新性激励举措还要逐步完善与强化。此外，还可引入公益融资机制，允许非营利性民办高校信用担保贷款和长期低息贷款，允许非教学资产作抵押、学费收费权作质押申请贷款，倡导鼓励个人、企业和社会组织捐赠等。有论者指出："通过税收优惠而进行的间接支出具有'配置'性质，对所有社会资源产生影响；而通过政府拨款给予的直接支出具有'分配'性质，对具

---

① 杜世雄、惠向红：《民办高校公共财政扶持政策的实施现状与改进对策——基于广东、陕西和上海三省（市）的考察》，《浙江树人大学学报》2018 年第 1 期。

② 王一涛、石猛，王磊：《〈民办教育促进法修正案〉对我国民办高等教育基本格局的影响》，《浙江树人大学学报》2017 年第 3 期。

体受益人产生影响。"[1] 这些极具操作性的措施，有利于优化非营利性民办高校的投融资环境，从而保证民办高校分类管理的顺利推行。

政府还可单独针对民办高校出台激励项目，为建设高水平的民办高校营造更好的政策范围；也可给予民办高校更多的招生自主权，或在招生指标方面适当倾斜，比如发改委、教育部可以每年给各省一个招生的总数，招生结构由各省自行决定，各省可以因地制宜，尤其可以对高水平民办高校在招生指标方面进行适当倾斜；在资金支持比较困难时，国家和省里可以尝试通过增加招生计划来支持民办高校，扶持其发展。[2] 为使更多举办者自愿选择非营利性模式，除了更多财政拨款、税收、土地、融资优惠之外，还可给予冠名权、一次性资本兑现作为奖励、财产归属期权等政策优惠；为使更多举办者理性选择营利性模式，政府还应让营利性高校享受略低于非教育类企业的税收，允许营利性民办高校进入高等学历教育，特别是拥有招生自主权，唯有如此，才能保障营利性民办高校真正行使追求利润最大化的权利。[3]

针对当前民办高校举办者对选择非营利性民办高校可能导致自身权益受损顾虑，省级政府应尽快明确奖励或补偿举办者资产比例，才能使新的《民办教育促进法》规定的"对于选择非营利性的民办学校，在终止时可以根据出资者的申请，综合考虑在本决定施行前的出资、取得合理回报的情况等因素，给予出资者相应的补偿或者奖励，其余财产继续用于非营利性学校办学"和"具体办法由省、自治权、直辖市制定"等条款落到实处。如《黑龙江人民政府关于促进民办教育发展的若干意见》（黑政发〔2005〕25号）曾规定"目前办学积累达到一定规模但没有明确出资比例的举办者，根据对学校发展贡献情况，经学校理事会或者董事会同意，审批机关核定，可以一次性给予举办者相当于学校净资产（扣除国有资产和社会捐赠部分）15%的奖励，作为举办者的初始出资额"。湖北、重

---

① Shaviro D N. "Rethinking Tax Expenditures and Fiscal Language". Tax Law Review, Vol. 57, No. 6, 2003.

② 郭二榕，景安磊：《推动分类管理促进民办教育健康发展》（观点摘编），《中国高教研究》2017第3期。

③ 陈爱民：《民办高等教育分类管理与社会资源优化配置》，《教育发展研究》2017年第3期。

庆等地也曾出台类似的规定。参照部分地区前期试点情况，有论者结合对全国 100 余所民办高校、民办中小学以及民办幼儿园的举办者、管理者的问卷调查和访谈，提出民办学校终止办学后可将学校剩余资产的 15%—20% 作为对举办者的补偿或奖励。[①] 政府还应制定政策，促进民办高校教师和公办高校教师之间的流动与合作。可颁布鼓励公办高校教师到非营利性民办高校兼职或支教的政策：譬如规定凡自愿应聘到民办高校任教的公办高校教师，经原单位批准同意，可以在民办高校从事教学与科研工作；在民办高校工作期间年度考核合格的，其公办高校教师身份保持不变，其社会保险和住房公积金改由民办高校按所在地公办高校的标准缴纳；其工资由聘用单位解决，原档案工资作为晋级、调资、计算退休费用的依据，退休后回原公办高校享受同等退休教师待遇。

三　丰富能力建设工具形式：提高分类管理的公共治理能力

民办高校的持续健康发展，还应重视发挥能力建设工具的效用。应用能力建设工具背后的行为假设就是，政策执行者和政策实施对象在获得行为合法性、认同行为背后价值观，却因缺乏行为能力的时候所应采取的措施。民办高校分类管理是一个渐进的长远过程，有了完善的法律制度和政策体系，还需要培育和提升政府和民办高校相应的能力。权威工具、符号和规劝工具、学习工具、激励工具还需搭配能力建设工具，构建一个完整的政策工具运作体系，才能使民办高校分类管理落到实处。当前，从教育管理迈向教育治理的理念已经得到社会各界的广泛认同，加快推进教育治理体系和治理能力现代化也已成为我国教育发展的重要战略。在此背景下，积极应用能力工具，促成政府部门、民办高校和民办高等教育中介组织三者多元"共治"格局的形成，提高民办高等教育管理领域的公共治理能力，就成为贯彻落实国家教育发展重要战略，促进民办高等教育持续健康发展的重要条件。

（一）建立内外部监管机制，增强对民办高校的监管能力

新修订的《民办教育促进法》第四十一条规定："教育行政部门及有

---

① 王一涛、徐绪卿、宋斌：《非营利性民办学校举办者权益的合理保护》，《中国教育学刊》2017 年第 3 期。

关部门依法对民办学校实行督导，建立信息公示和信用档案制度；组织或者委托社会中介组织评估办学水平和教育质量。"第二十条也提出："民办学校应建立相应的监督机制。"这些法律条款显示了国家对民办学校监督制度的强调。有论者指出："民办学校通过高额管理费、咨询费等方式规避法律、转移办学收益的做法并不鲜见，这种做法在法律上属于关联交易，应该予以规制；针对实践中存在的问题，《民办教育促进法》应该像《慈善法》一样明确规定关联交易限制规则，从而让'非营利'真正落到实处；即使在《民办教育促进法》没有相关规定的情况下，相关部门也应该加强这方面的监督，评估其是否具备'非营利'地位以及是否应该享有相应的税收和土地等方面的待遇。"[①]

为了防止举办者滥用权力谋取私利，应建立政府、社会及学校"三位一体"的内外部监督机制，增强对营利性和非营利性民办高校的监管能力。首先，政府要注重培育民办高校内部的监督力量，如党组织和教职工代表大会等；政府可通过年检联动制度核查和审计民办高校的财务状况，检查结果归入信用档案，作为政府资助的绩效评估指标；同时，建立信息公开制度，要求各类民办高校公布经费收支、重大决策、人事变动及年检报告等内容。其次，社会评估机构可定期评估各类民办高校的教学质量和管理水平并公开报告书或发布学校排行榜，建立教育行业的市场信用机制，形成市场监督。此外，还可全面推行民办高等教育清单管理制度。按照党的十八届三中全会精神，各地要坚持教育事权法治化方向，深化教育行政体制改革，完善教育行政组织和行政程序法律制度，实现机构、职能、权限、程序和责任法定化，从源头上解决民办高等教育治理中存在的政府"缺位""越位"和"错位"问题。深入推进"放管服"改革，将清单式管理引入民办高等教育治理，按照"法定职责必须为、法无授权不可为"的原则，在教育系统全面实行权力清单、责任清单、负面清单制度，建立规范、精简和高效的教育行政审批流程，创新行政管理方式，改进和提升教育管理服务质量。各级地方政府及其有关部门务必依据现有法律法规及上位行政规章规定，因地制宜，抓紧研制并适时公布涉及民办

---

① 魏建国：《"非营利"内涵的立法界定及其对民办教育发展的意义——从〈慈善法〉出台到〈民办教育促进法〉修改》，《华中师范大学学报》（人文社会科学版）2017 年第 1 期。

高等教育管理的权力清单和责任清单。凡是清单中没有规定的，政府不得随意进入民办高校进行检查，不得在清单外设定管理民办高等教育的权力，没有法律法规依据不得作出减损学校、教师和学生等合法权益或者增加其义务的决定。上级政府对下级政府部门所承诺实施的清单管理，要与其政务公开、财务公开制度相结合，引入第三方论证评估，实施责任倒查及问责制度。

（二）培育民办高等教育中介组织，推进民办高等教育公共治理①

我国当前民办高等教育中介组织大致可以分为三类：② 一是民办高等教育的行业自律机构，如中国民办教育协会高等教育专业委员会，各省市区的民办高等教育协会等，主要功能为：协调民办高校与政府的关系，实现政府治理和民办高校自治的有机结合；开展调查研究，为政府部门的教育决策和改革提供咨询和建议等；组织广大民办高校宣传和贯彻相关政策法规，规范民办高校的办学行为与定位，降低和消除民办高校的办学风险；维护民办高校教师的权益，促进教师专业化发展和教学质量的提高；面向社会开展民办教育科学理论与实践研究，开展行业交流、行业自律、行业维权与其他行业服务活动；二是民办高等教育的研究咨询机构，主要从事民办高等教育理论和政策研究，包括比较研究；除了原有一些大学的教育研究机构从事民办高等教育研究以外，近几年来我国一些民办教育机构的研究工作也在快速发展，比较著名的有浙江树人大学的中国民办高等教育研究院，中国民办教育协会所属的中国民办教育研究院，西安外事学院下属的七方教育研究院等，它们在调研民办高校发展状况和问题，反映民办高校呼声诉求，思考民办高校发展法律和政策建议方面，发挥越来越重要的作用；三是民办高等教育的评估鉴定型机构，主要是全国性、地区性和专业性认证组织；这些组织通过开展活动，为社会提供各类民办高校发展的相关信息，为社会选择和评判民办高校提供依据，甚至为政府资助民办高校提供参考。

鉴于我国民办高等教育规模庞大，分类管理后政府的监管任务艰巨，

---

① 曾小军：《民办高等教育中介组织发展的动因、障碍与对策》，《浙江树人大学学报》2016 年第 1 期。

② 徐绪卿：《我国民办高校治理及机制创新研究》，中国社会科学出版社 2017 年版，第 390 页。

政府应认识到自身管理能力的局限，像社会主义市场经济初期培育市场经济各类主体那样，在民办高等教育领域继续进行"小政府、大社会"的改革，通过培育民办高等教育中介组织来代替政府行使专业化监管职能，以此改善对民办高等教育的公共治理能力。

第一，加强法规调控，促进规范发展。从国际视角来看，以美国为代表的西方国家对高等教育中介组织有一整套完善的法律法规，对组织成员资格、权利、职责及组织活动方式均有明确具体的规范。当前我国特别需要"在法制规范上保障教育中介组织发挥公共服务职能的合法性"。[①] 因此，可在借鉴国外立法经验的基础上，采取自下而上的制度创新路径，地方政府先分批立法，积累经验，然后中央政府再适时出台专门的教育中介组织法。具体来讲，地方政府应该根据本地实际，制定民办高等教育中介组织法规及其实施细则，明确规范各类民办高等教育中介组织的法人性质、设立条件、设立程序、主体功能及行为方式。还要明确民办高等教育中介组织与政府的关系，划清各自职责范围，保障民办高等教育中介组织一定的自治权，包括制定约束成员的规则，监督规则实施及对违反规则者进行必要处罚等权力[②]，并明文规定其可以通过行政诉讼或行政复议寻求救济，从而使政府行为也能受到法规的约束，为民办高等教育中介组织的独立发展及运作提供有力的法规保障。

第二，实施简政分权，引导多元发展。分权（decentralization）是指等级体系中的高层实体向下属授权的决策过程。在公共管理领域，我们一般把分权理解为政府把部分行政执行权让渡给社会团体和个人的一种社会民主管理形式。分权主要有委托代理（deligation）和权力下放（devolution）这两种形式。随着民办高等教育规模的扩大，政府的有效监管面临越来越严峻的挑战，需要联合教育中介组织等社会力量，对民办高等教育实行多元共治。面对新形势，政府应尊重民办高等教育发展规律，在一些专业性较强的领域实行管制权力的下放，委托民办高等教育中介组织行使部分管理职权，并加大对民办高等教育中介组织的扶持力度，规避其志愿失灵等问题，使其多元功能得以充分发挥。一是扶持介于学校与学校之间

---

① 冯芳：《教育中介组织发展的现实困境与出路》，《当代教育科学》2014 年第 21 期。
② 熊耕：《美国高等教育协会组织研究》，知识产权出版社 2010 年版，第 214 页。

的民办高等教育中介组织的发展，如民办高等教育协会、非营利性民办高校联盟等，使其在政策宣传、交流合作、人员培训、决策咨询等方面发挥积极作用，并赋予其对民办高校的监督权、业务指导权以及参与民办高等教育政策制定的权力，把目前政府无力有效承担的财务审计、年检等专业性工作赋权给这类中介组织，提高对民办高等教育的专业化管理程度。二是扶持介于学校与市场之间的民办高等教育中介组织的发展，类似于美国私立大学认证委员会 ACICS（Accrediting Council for Independent Colleges and Schools），赋予其对民办高校办学水平进行认证与评估的权力，使其通过设计分类认证与评估标准，开展分类认定与评估，引导民办高校明确定位、分类发展；该类教育中介组织还可对学生、用人单位、捐赠机构、社会团体等提供信息咨询、信息反馈等服务，尤其应在招生就业、专业课程设置、财务等方面提供信息咨询与反馈，减少市场主体的信息收集与分辨成本，政府依据评估结果对民办高校进行奖惩，提高评估的权威性。三是培育对民办高等教育中介组织进行"元评估"的介于政府与市场之间的教育中介机构，赋予其对现有民办高等教育中介组织进行评估的权力，从而促使民办高等教育中介组织加强自身能力建设，增强竞争意识，提高专业化服务能力；还要赋予其对教育行政部门进行评估的权力，使其能够对涉及民办高等教育的决策进行有效的监管，保障政府决策过程的规范化、科学化以及决策结果的客观公正性。针对目前民办高等教育公共财政资助不足的问题，我国特别需要建立大学拨款委员会或高等教育基金会等中介组织，对民办高校进行拨款。"世界上私立高等教育发达的诸多国家在政府与大学之间建立了中介拨款机构，如英国、美国、新西兰、巴基斯坦、孟加拉国、澳大利亚、以色列等，以及中国香港地区"[①]，这些中介组织通过将评估结果与拨款挂钩的方式有效引导了大学间的良性竞争。借鉴国外做法，我们也可组建拨款中介组织，以竞争性专项拨款的形式促进各类民办高校参与竞争，提高公共财政资助对民办高等教育的激励与引导力度。政府还应创造条件，使民办高等教育中介组织能够独立运作，因为自治性是教育中介组织充分发挥作用的基石。因此，应赋权民办高等教育中介组织拥有独立的法人资格、独立的管理团队、独立的财务运作及独立

---

①　杨东平：《2020：中国教育改革方略》，人民出版社 2010 年版，第 137 页。

的专业自主权。在民办高等教育中介组织发展初期，还应对其给予一定的财政拨款和税收支持，以保证其正常运转及实现各种职能。在其成熟稳定后则可以放手，让其独立运作。此外，为防止民办高等教育中介组织形成特殊的利益集团，导致小团体利益膨胀，忽视社会公共利益，或者为了防止其内部出现少数领导控制组织行为，出现权力滥用与腐败，教育主管部门和登记部门除了在准入阶段要重视审批登记工作之外，还要在其开展业务时，重视进行业务指导及监督检查。

第三，加快制度建设，实现有序发展。政府应加大对民办高等教育中介组织的政策扶持，尤其应在公益捐赠、减免税、财政资助等方面制定促进民办高等教育中介组织发展的政策，扩大民办高等教育中介组织经费来源，提高社会参与民办高等教育治理的积极性。同时，还要建立健全民办高等教育中介组织的准入制度、从业人员资格认定与评估制度，改变"纯粹民办性质的教育中介组织成立难、生存难、发展难，而官办或半官方性质的教育社团往往由政府官员（或者退休的官员）出任社团领导，官方色彩浓厚，专业性不强，效率低下"[①] 的现状，使原来依附于政府的教育中介组织逐步与政府部门分离，支持独立注册拥有法人地位的民办高等教育中介组织的发展，提高民办高等教育中介组织的独立性与专业化程度。为了实现有效管理，还要建立健全民办高等教育中介组织的信用评估制度，推进民办高等教育中介组织的诚信建设，提高民办高等教育中介组织的信用程度和服务水准，防止暗箱操作及寻租腐败等问题的出现。此外，还可建立健全委托代理制度，通过政府购买服务、行政执法委托等形式把专业化的管理任务委托给民办高等教育中介组织，使政府下拨的项目资金能够成为支撑民办高等教育中介组织发展的经费来源，进而引导、激励其加强自身能力建设，充实专业人才队伍，提高在民办高校年检、教育教学质量评估、财务审计等方面的代理水平。

总的来说，民办高等教育中介组织要在以下几个方面充分发挥纽带作用：协调政府和民办高校之间的关系，反映民办高校的利益诉求，指导规划学校发展，维护学校及其师生权益，推动学术交流的开展，提供法律政策咨询服务，推动民办高等教育改革研究和分享民办高等教育改革经验。

---

① 康乔：《民办教育中介组织业务探讨》，《教育理论与实践》2008 年专刊。

我国目前民办高等教育行业组织发展迅速，如非营利性民办高校联盟成员已由 2013 年 12 月的 26 家扩展到了 2016 年的 74 家。[①] 政府应鼓励和支持各类民办高等教育行业协会、非营利性联盟组织等中介组织参与民办高等教育共同治理，"在生源竞争、教师工资标准、教育收费、学校纠纷等方面制定同业守则，接受政府委托开展调查和决策咨询研究，参与评议学校资质，开展办学水平评估，组织民办高校开展政策法规的学习、教育改革研讨、国内教育考察、教育国际交流等活动"[②]，维护民办高等教育行业秩序，提高民办高等教育行业的生存与发展能力。

（三）建立针对民办高校能力建设的政策支持体系

民办高校能力建设需要政府有力的政策支持。民办高校也要通过自身办学绩效的提升积极争取国家各项政策的支持，在学校建筑用地、税收等方面争取更多的优惠，从而拿出更多的资源进一步提高民办高校的办学条件。建立针对民办高校能力建设的支持体系，具体而言，要做好以下几点。

1. 扩大民办高校办学自主权

扩大办学自主权是民办高校增强办学能力，形成办学特色的基础。招生权、专业设置权、收费权和合作办学权是民办高校较为关心的四大权利。要在分类管理的基础上，吸取各个地方政府近些年在分类管理方面积累的有益经验和教训，对不同类型的民办高校逐步有序地放开上述权利，提高民办高校的办学积极性和办学能力。在招生方面，政府相关部门应允许民办高校按照核定的办学规模，与所在地公办高校同期面向社会自主招生，对于一些优质民办高校可考虑给予提前招生，且不应在跨区域招生方面设置障碍。《国务院关于鼓励社会力量兴办教育促进民办教育健康发展的若干意见》第十七条规定，"各地不得对民办学校跨区域招生设置障碍"。现实中全国许多省份，都对民办高校跨区域招生，设置了各种障碍，这是民办高校分类管理制度创新过程中亟须突破的地方。应赋予营利性民办高校招生自主权，采取自愿申报和政府指导办法对招生数额给予核定，按审批的办学规模自主招生。应鼓励营利性民办高校和非营利性民办

---

① 陈爱民：《民办高等教育分类管理与社会资源优化配置》，《教育发展研究》2017 年第 3 期。

② 徐绪卿：《我国民办高校治理及机制创新研究》，中国社会科学出版社 2018 年版，第 391 页。

高校自愿选择统招或自招办法，以及自主选择当年统招或自招生的比例。在专业设置方面，要进一步扩大营利性与非营利性民办高校的专业设置权，鼓励和支持民办高校按照区域产业发展需求，突破专业目录，自主设置和调整学科专业；在合作办学方面，应适当降低门槛，鼓励和支持营利性和非营利性民办高校多渠道引进国外优质教育资源，包括引进国际教师、开设融合课程和研发双语教材等，优先审批民办高校与境外高校的合作办学项目，支持民办高校探索国际合作的新模式和新途径，培养具有国际素质的综合性人才；在收费自主权方面，截至 2017 年 12 月，全国各地已有北京、上海、广东、湖北、江西、陕西、贵州、江西、湖南、新疆、内蒙古、云南和辽宁 13 个省（市、区）完全放开对民办高校的收费管制，其中，江苏、浙江、福建和河南 4 省赋予民办高校收费更多的调整权，天津、吉林、河南和四川 4 省（市）公开发文将逐步放开民办高校的收费管制。① 可借鉴浙江省等地的做法，明确民办高校可结合人才培养模式改革，自主选择本校当年专业总数 25% 以内的专业，在规定基准价的基础上，在 50% 浮动的幅度范围内，自主制定具体学费标准。还可借鉴江苏省的做法，将收费权的下放与民办高校公益办学结合起来，规定民办高校学费收入的 3% 作为奖学金与助学金，学费收入纳入监管专户管理，以提高民办高校收费管理的规范化程度。

2. 完善民办高校法人治理结构

从我国法律规定和现实来看，我国民办高校的法人治理结构还存在以下问题：② 一是没有对非营利性民办高校和营利性民办高校的法人治理结构做出区别性规定。营利性民办高校治理结构的基础是财产权，因此其基本治理结构也应该以财产权为基础进行架构，至少应包括四部分：股东会、董事会、校长和监事会；非营利性民办高校治理结构的基础不是财产权，而是基于一种社会公益，其治理结构的基本组成要素应至少包括三部分：董事会、校长和监事会，董事会除了捐赠人指定的代表外，还要有教师代表、校友和社会贤达人士等组成。营利性民办高校和非营利性民办高

---

① 潘奇：《新政下民办高校收费管理制度改革走向》，《浙江树人大学学报》2018 年第 1 期。

② 鞠光宇：《民办学校分类管理制度研究》，《中国人民大学教育学刊》2017 年第 3 期。

校的治理结构组成要素和组成原则，是根本不同的。但我国新修订的《民办教育促进法》及其配套文件只是将民办学校分为营利性和非营利性两类，没有对不同类型民办学校的治理结构的基本组成框架要素和组成原则进行区别性规定。二是民办高校治理机构的规定不完善。对于营利性民办高校来说，股东会是其治理结构的重要组成部分；对于非营利性民办高校来说，学术机构理应是其治理机构的重要组成部分，但是我国相关政策法规并没有做出明确的规定。此外，对于教职工代表大会、工会、学生代表大会、党组织、共青团等治理机构的作用，也没有明确界定；对民办高校的决策机构、校长、监督机构与其他治理机构之间的关系也没有做出说明。三是民办高校决策机构组成、任期规定和权力分配不明确。新修订的《民办教育促进法》和《国务院关于鼓励社会力量兴办教育促进民办教育健康发展的若干意见》虽然对民办学校决策机构的组成进行了规定，但没有对决策机构的组成人员的比例、任期、权力进行明确的界定，使得现实中民办高校决策机构组成人员随意性强，可能引发各种矛盾。

根据我们对广东省包括 467 位民办高校在校学生、56 位民办高校教师以及 13 位民办高校管理者的实证调查，管理者中，53.85% 认为民办高校法人治理结构存在的问题是"民办高校决策机构组成、任期规定和权力分配不明确"；认为"营利性民办高校与非营利性民办高校的法人治理结构不分"和"内部治理结构中没有设置监督机构"的比例均为 46.15%；38.46% 认为"民办高校治理结构的规定缺乏操作性"。教师中，51.79% 认为"营利性民办高校与非营利性民办高校的法人治理结构不分"；48.21% 认为"民办高校治理结构的规定缺乏操作性"；44.64% 认为"民办高校决策机构组成、任期规定和权力分配不明确"；30.36% 认为"内部治理结构中没有设置监督机构"。针对以上问题，政府应积极促进民办高校分类法人治理机构的健全与完善，具体实施路径如下。①

（1）非营利性民办高校法人治理结构的构建

一是建立非营利性民办高校董事会。董事会成员包括捐赠人或者捐赠人指定的成员、党的代表、社会贤达人士、教师、校友和学生代表等。董事会承担以下职能：聘任和解聘校长；修改学校章程和制定学校的规章制

---

① 鞠光宇：《民办学校分类管理制度研究》，《中国人民大学教育学刊》2017 年第 3 期。

度；制定发展规划，批准年度工作计划；筹集办学经费，审核预算、决算；决定教职工的编制定额和工资标准；决定学校的分立、合并、终止；决定其他重大事项。非营利性民办高校董事会成员的权利不以财产权为基础，每个董事会成员享有平等的权利。要对董事会成员的比例、任期、权力进行明确的界定。二是设立校长。非营利性民办高校的校长由董事会聘任或者解聘，校长主要承担以下职能：执行学校理事会、董事会或者其他形式决策机构的决定；实施发展规划，拟定年度工作计划、财务预算和学校规章制度；聘任和解聘学校工作人员，实施奖惩；组织教育教学、科学研究活动，保证教育教学质量；负责学校日常管理工作；学校理事会、董事会或者其他形式决策机构的其他授权。三是设立监事会。非营利性民办高校监事会由捐赠者指定的代表、党代表、教师代表和学生代表等组成，承担以下职能：检查学校财务；对董事、校长执行学校职务的行为进行监督，对违反法律、行政法规、学校章程或者董事会决议的高级管理人员提出罢免的建议；当董事、校长的行为损害学校利益时，要求董事、校长等人员予以纠正；依照法律对董事、校长提起诉讼；学校章程规定的其他职权；还要规定非营利性高校需要接受捐助者、受益人及社会公众的监督。[①] 四是积极推进党组织参与治理与决策的机制创新。主要体现在党组织成员交叉兼职进入决策层，直接参与学校决策和监督，保证党的活动围绕学校中心工作来进行，保证党的路线方针政策在民办高校得到贯彻落实。中共中央办公厅《关于加强民办学校党的建设工作的意见（试行）》的通知（中办发〔2016〕78 号）中强调，"推行向民办高校选派党组织书记"。要进一步完善"派遣党委书记兼督导专员"的工作，加强民办高校党委书记的选拔和培养。要依照学校党委—党总支—党支部—党小组的体制，完善各级党组织，建立健全民办高校党组织体系。要完善董事长、校长、党委书记相互配合、相互制约的法人治理结构，建立党政联席会议制度，形成决策、执行、监督有机结合的治理机制。

（2）营利性民办高校法人治理结构的构建

首先，营利性民办高校应设立股东会或者股东大会，作为最高权力机

---

① 鞠光宇：《分类管理制度下民办高校的法人治理结构构建研究》，《高教探索》2017 年第1 期。

构。股东会行使以下职权：决定营利性民办高校的经营方针和投资计划；选举和更换由非职工代表担任的董事、监事，决定有关董事、监事的报酬事项；审议批准董事会报告；审议批准监事会或者监事的报告；审议批准学校的年度财务预算方案、决算方案；审议批准学校的利润分配方案和弥补亏损方案；对学校增加或者减少注册资本作出决议；对发行营利性民办高校债券做出决议；对营利性高校合并、分立、解散、清算或者变更营利性民办高校形式做出决议；修改营利性民办高校章程；营利性民办高校规定的其他职权。鉴于营利性民办高校的主要职能是培养人才，为维护公共利益，应强制性要求营利性民办高校的董事会成员除了有股东的代表之外，还应该有党的代表、社会的代表、教师代表和学生代表，使营利性民办高校除了能够维护股东利益之外，还能够维护国家利益、社会利益与师生利益。

其次，营利性民办高校应该设立董事会。董事会由股东大会选举产生，董事会负责以下事项：召集股东会会议，并向股东会报告工作；执行股东会的决议；决定营利性民办高校的经营计划和投资方案；制定营利性民办高校的年度财务预算方案、决算方案；制定营利性民办高校的利润分配方案和弥补亏损方案；制定营利性民办高校增加或者减少注册资本以及发行营利性民办高校债券的方案；制定营利性民办高校合并、分立、解散或者变更学校形式的方案；决定营利性民办高校内部管理机构的设置；决定聘任或者解聘营利性民办高校校长及其报酬事项，并根据校长的提名决定聘任或者解聘营利性民办高校副校长、财务负责人及其报酬事项；制定营利性民办高校的基本管理制度；营利性民办高校章程规定的其他职权。董事会的代表也应该有党的代表、社会的代表和师生代表，以保障教育的公共利益。

再次，营利性民办高校应设立监事会或监事。监事会由股东代表、党代表、教师代表和学生代表等组成。监事会或者监事的主要职责是：检查学校财务；对董事、高级管理人员执行营利性民办高校职务的行为进行监督，对违反法律、行政法规、公司章程或者股东会决议的董事、高级管理人员提出罢免的建议；当董事、高级管理人员的行为损害公司利益时，要求董事、高级管理人员予以纠正；向股东会会议提交议案；依照相关规定，对董事、高级管理人员提起诉讼；营利性民办高校章程规定的其他职权。此外，营利性民办高校应设立校长。校长由董事会聘任或者解聘，校长主要负责主持营利性民办高校的教学工作，组织实施董事会决议；组织实施学校年度经营计划和投资方案；拟定学校内部管理机构设置方案；拟定学校的基本管理制度；制定学校的具体规章；提请聘任或者解聘学校的副校长、财务负责人；决定聘任或者解聘除应由董事会决定聘任或者解聘以外的管理人员；董事会授予的其他职权。最后，营利性民办高校还应设立其他机构。如按照法律规定设立党组织等机构，并行使与非营利性民办高校党组织相似的职能。

3. 推进民办高校章程建设

新修订的《民办教育促进法》第二十条规定："民办学校的举办者依据学校章程规定的权限和程序参与学校的办学和管理。"这一规定为保护民办学校举办者的管理权提供了法律依据，这预示着民办学校将进入依法依章治校的时代，但这一条款的具体实施依赖于章程的具体内容和章程的制定程序。章程内容应该明确举办者参与学校治理的方式和手段。瑛明律师事务所合伙人孙瑜认为：学校的治理结构和普通公司相比是存在差异的，这种差异主要体现在具体治理部门、层级、治理权限的不同，权限的划分、范围、内容也会有不同。对于学校来说，《营利性民办学校监督管理实施细则》中提到的校长、董事长、董事会、监事/监事会、行政机构、党组织、教职工（代表）大会和工会应在章程和其他配套的治理细则中细化；在登记的这一环节，应该考虑怎样去完善和健全学校类型公司的内部治理机构和内部治理机构不同层级之间的权限划分，确保其不违反公司法的监管，又能够体现学校作为办学机构的特点。[①]

具体来说，董事会是民办高校的最高决策机构，要维护董事会的权威性，监督机构行使监督职能不能影响董事会的独立决策。章程的制定和核准程序要保障董事会和举办者的主导性作用。董事会和举办者应在章程的制定中发挥主导作用，同时尽可能地吸纳学校管理者、党组织负责人、教师和学生等利益相关者的参与，使章程在民主集中制的基础上制定得更科学、更合理、更公正。民办高校的章程可以将学校举办者及其代表的比例

---

① 李敏：《营利性民办学校的公司章程与普通的公司章程法律地位有哪些区别?》，https://mp.weixin.qq.com/s/6gE_ ulhJJt10IBaYaqjyiwJHJ&safe =0。

控制在董事会成员的 1/3 以内。目前大部分民办高校的举办者担任董事长，所以民办高校章程可以对董事长的年龄和任期、董事长的退出机制以及接班人的选择办法等作出有利于举办者的前瞻性规定，如允许董事长终身在位、允许符合条件的家族成员参与管理等；这在私立高等教育发展史上是有先例的，如斯坦福大学的创办者斯坦福在斯坦福大学章程中规定，他和夫人终生享有校董事会的全部权力和职能；① 此外，要建立民办高校章程政府报备核准制度，鼓励通过章程确定，保障营利性和非营利性民办高校举办者合法参与学校长远的经营管理权及其合法流转机制。章程的核准也要体现不同民办高校的特殊性和多样性。目前国内部分地区的教育行政机构在核准民办学校章程时，往往为本行政区域内的民办学校制定一个统一的章程范本，然后让各个学校来"填空"。"填空式"的章程往往影响民办学校的办学自主性。今后省级教育行政部门在核准民办高校的章程时，应该充分尊重民办高校的发展历史、发展现实和发展特色，尊重民办高校在董事会成员结构、董事会决策程序、董事长任期等方面的自主性，真正做到"一校一章程"，鼓励民办高校在规范发展的同时实现特色发展。②

所谓"一校一章程"，就是要考虑民办高校自身的特点，考虑学校在治理结构上的设计，学校的分拆、剥离、外包、委托管理、购买服务等事项都需要在章程里规定。无论是营利性抑或非营利性民办高校，都要通过章程，依法规范董事会成员的构成，建立健全董事会的运作机制，明确董事长及校长的权力与责任。章程要明确对学校董事、校长及财务、人事等重要部门负责人的遴选实行亲属回避制度；章程不仅要科学有效，而且要凸显学校特色，不仅要文本规范，而且要切实可行，成为学校自主管理、自我约束、履行社会职责的依据，体现法治要求对学校工作全局、管理过程的统摄与指导，对学校的办学活动和管理行为的系统规范；章程起草小组中至少要有 1 名具有教育学或法学背景的成员，要凝聚教职员工、家长、社区的共识与价值认同；要体现学校的办学理念、办学特色和发展目

① 约翰·奥伯利·道格拉斯：《加利福尼亚思想与美国高等教育：1850—1960 年的总体规划》，周左宇译，教育科学出版社 2008 年版，第 89 页。

② 王一涛、徐绪卿、宋斌：《非营利性民办学校举办者权益的合理保护》，《中国教育学刊》2017 年第 3 期。

标；章程必须经过教职工代表大会充分讨论和审议后予以表决，必须有 2/3 以上代表通过才生效；民办高校章程要向社会公布，接受社会监督，督促学校举办者和管理者依章程办学，依章程办事。[①]

4. 提高营利性民办高校竞争能力

由于在已有分类管理政策框架下，营利性民办高校没有享有足够的税收优惠政策，导致其存在办学成本上升、市场竞争力下降等风险，影响营利性民办高校与非营利性民办高校共同发展格局的形成，也影响良性民办高等教育市场形成的政策预期。因此，应努力通过对营利性民办高校的税收优惠政策创新，加强营利性高校的能力建设。在目前的法律体系中，特别是依据《中华人民共和国立法法》第八条、第六十五条以及《中华人民共和国税收征收管理法》第三条，任何关于税收的立法都只能通过全国人大或国务院来决策，地方没有相应的立法权。因此，对营利性民办高校提供税收优惠的政策设计，首先需要在国家层面就"税种的设立、税率的确定和税收征收管理等税收基本制度"作出相应规定，根据《企业所得税法》第三十六条、《财政部国家税务总局关于教育税收政策的通知》等相关文件规定，并参照《国务院办公厅关于印发文化体制改革中经营性文化事业单位转为企业和进一步支持文化企业发展两个规定的通知》（国办发〔2014〕15 号）的税收优惠政策，国务院在修订《民办教育促进法实施条例》时可以作出"对营利性民办学校免征或减按 3% 的征收率征收增值税，免征或减按 15% 税率征收企业所得税"等税收优惠规定，为地方创造性利用财政税收工具支持营利性民办高校发展营造良好的政策环境。[②] 此外，应给予营利性民办高校的优惠政策还包括：一是给予冠名权，有的地区出台政策规定营利性民办高校的名称一律是"教育公司"而不能称为学校，这种名称在当前社会舆情环境下，可能会增加学校生存和发展的困难；二是自由设置专业和开设课程的权利，对于营利性民办高校而言，为了更好地提高其市场竞争力，可以允许他们根据社会需求情况灵活地设置市场需要的专业或课程；三是学费自由定价权，应该使

---

① 张铁明：《抉择——民办教育分类管理新起点新挑战》，广东人民出版社 2017 年版，第 318 页。

② 吴华：《营利性民办学校应该享受税收优惠》，《中国教育学刊》2007 年第 3 期。

营利性民办高校根据市场需求和提供的服务质量来自主确定学费；四是降低对营利性民办高校的建筑面积、土地等方面的政策要求，促使其将更多经费用于师资、课程建设等方面，提高教育教学质量。[①]此外，还要保障营利性民办高校享有政府出租、转让闲置国有资产等土地优惠政策；保障营利性民办高校的学生能够享有与公办高校及非营利性民办高校学生同等的助学贷款、奖助学金等资助权益；政府在设计购买服务方案时，应同等对待营利性民办高校与非营利性民办高校，并制定面向营利性民办高校购买职业培训、政策咨询、科研成果、就读学位等教育服务的具体政策举措。[②]

5. 拓宽社会力量办学准入领域及融资渠道

按照"法无禁止皆可为"原则，政府应全面放宽办学准入条件，采取相应措施鼓励社会资金进入民办高等教育领域，举办学校或投入项目建设。在风险可控的前提下，鼓励金融机构为营利性高校和非营利性高校提供多样化的金融服务，允许民办高校以非教育资产向银行申请抵押贷款、以收费权等质押贷款。此外，还可通过加大教育捐赠的政策激励力度，提高民办高校吸引社会捐赠的能力。譬如加大捐赠办学的税收激励，依法支持捐赠者成立基金会或者将捐赠资金委托给有能力的基金会去运作筹集民办高校办学经费，提供更大的税收优惠支持社会捐赠资金进入民办高等教育领域，提高社会组织和个人捐赠在其应纳税所得额中扣除比例的上限。为拓宽非营利性民办高校的融资渠道，政府还可与金融机构协作，制定金融政策，完善民办高校低息、贴息贷款政策，鼓励金融机构开发符合民办高校资金运行规律的各类金融产品；探索民办高校知识产权、学费和住宿费收费权质押贷款和功能清晰、产权独立的非教育教学不动产为自身债务抵押贷款业务；还可探索营利性民办高校股权质押贷款、融资上市、融资租赁、信托投资等投融资改革。

6. 充分保障民办高校教师的合法权益

师资队伍水平从根本上决定了一所大学的教学质量、科研水平和社会

---

① 王一涛、高飞：《中国营利性民办高校探索：必要、可能及对策》，《山东高等教育》2015 年第 2 期。

② 谢锡美：《落实新法新政：地方民办教育配套制度该如何抉择——以地方配套制度与新法新政衔接为视角》，《教育发展研究》2018 年第 23 期。

服务能力。要增强民办高校的自主能力就必须构建一支高素质的专业化教师队伍。新修订的《民办教育促进法》第二十八条明确规定："民办学校的教师、受教育者与公办学校的教师、受教育者具有同等的法律地位。"《国务院关于鼓励社会力量兴办教育促进民办教育健康发展的若干意见》第十八条规定，"完善学校、个人、政府合理分担的民办学校教职工社会保障机制。"新修订的《民办教育促进法》第三十一条规定："民办学校应当依法保障教职工的工资、福利待遇和其他合法权益，并为教职工缴纳社会保险费。国家鼓励民办学校按照国家规定为教职工办理补充养老保险。"新修订的《民办教育促进法》第三十二条规定："民办学校教职工在业务培训、职务聘任、教龄和工龄计算、表彰奖励、社会活动等方面依法享有与公办学校教职工同等权利。"尽管诸多政策法规强调要保障民办学校教师的合法权益，但在现实中却没有得到很好的落实。譬如当前不少民办高校管理者在教师专业发展方面，并没有建立长效的培训机制，部分院校管理者只注重教师的岗位培训，忽视教师后期在职培训、专业技能培训、学科领域发展培训；在培训资金配套、培训资源分配上也没有一一落实，导致教师自我职业发展受限，影响民办高校核心竞争能力的提升。

为了更好地保障民办高校教师的合法权益，第一，从国家层面讲，政府要出台相关的法规制度来保证民办高校的教师和公办高校的教师拥有平等的培训机会和发展前景，促进不同高校间师资的合理流动，不能让民办高校的教师感觉好像"低公办高校的教师一等"。第二，从民办高校层面讲，学校也应响应政府号召，加强教师队伍建设。尽管从国际惯例来看，国外营利性高等教育机构主要以聘用兼职教师为主，以美国为例，根据HELP 委员会对 28 所营利性院校的统计，其中 80% 的教师属于兼职教师，99565 名教职员工中 79738 名为兼职教师。[1] 但是，正如潘懋元先生所言，"聘请兼职教师，虽占有'物美价廉'的优点，但一所独立的学校，不能不建立自己的专职教师。"[2] 因此，民办高校要努力加强师资队伍建设，不断完善自身的教师管理制度、薪酬激励措施、考核评价机制等，不断提

---

① 王文萃、徐煜：《美国营利性大学教育质量问题及奥巴马政府应对政策》，《湖北师范学院学报（哲学社会科学版）》2015 年第 4 期。

② 潘懋元：《中国大陆民办高等教育基本情况与发展中的若干问题》，《民办教育研究》2005 年第 2 期。

高现有教师队伍的稳定性，并大力引进优质教师资源。

虽然目前相关法律法规对民办学校教师权益做了详细的说明，使民办学校教师与公办学校教师享有了平等的法律地位，但同等的法律地位并不意味着享有同样的社会保障水平，不同属性教师的社保待遇差异明显。原来事业单位工作人员退休后的退休工资按本人退休前"岗位（职务）工资"和"薪级工资"之和的一定比例计发；其中：工作年限满 35 年的，按 90% 计发；工作年限满 30 年不满 35 年的，按 85% 计发；工作年限满 20 年不满 30 年的，按 80% 计发；工作年限满 10 年不满 20 年的，按 70% 计发；属于独生子女的，增加 5% 。而民办学校按企业员工公式计算，个人养老金约为原每月工资的 40% 。即使加上过渡性养老金，替代率最多也只能在 50% 的水平，与机关事业单位相比，差了 20%—40% 。[①] 按照现有国家相关规定，2014 年 10 月 1 日以后入职的公办学校教师，工作 30 年以后退休，能够拿到的退休金相当于退休前工资的 80%；而民办学校教师，在同样工作 30 年后退休，教师能够拿到的退休金，结合企业养老保险个人账户，加上社会统筹，只能拿到 40% 左右，所以民办学校教师很难稳定。[②]

虽然 2015 年国务院颁布了《国务院关于机关事业单位工作人员养老保险制度改革的决定》（国发〔2015〕2 号），企事业单位养老保险已经于 2014 年 10 月起实行并轨，但现实中民办高校教师社保待遇仍然偏低，主要原因有[③]：一是企业单位社保缴纳比例自 2016 年开始下调。2016 年 4 月 13 日召开的国务院常务会议上，决定阶段性降低企业社保缴费费率和住房公积金缴存比例，为市场主体减负、增加职工现金收入。自 2016 年 5 月 1 日起两年内，一方面，对企业职工基本养老保险单位缴费比例超过 20% 的省份，将缴费比例降至 20%；单位缴费比例为 20% 且 2015 年底基金累计结余可支付月数超过 9 个月的省份，可以阶段性降低至 19%。另

---

① 方建锋：《民办学校分类管理宏观制度设计的基本走向》，《复旦教育论坛》2017 年第 2 期。

② 张铁明：《抉择——民办教育分类管理新起点新挑战》，广东人民出版社 2017 年版，第 88 页。

③ 方建锋：《民办学校分类管理宏观制度设计的基本走向》，《复旦教育论坛》2017 年第 2 期。

一方面，将失业保险总费率由现行的 2% 阶段性降至 1%—1.5%，具体方案由各省（区、市）确定。参照企业标准执行的民办学校，可能根据新规定降低社保缴费比例，也就降低了民办学校教师的社保待遇。

二是民办学校缴费基数低于机关事业单位。国家实行机关事业单位养老保险制度改革以后，企业单位养老保险和机关事业单位的计算公式换算后是一致的。区别只在于当地上年度在岗职工月平均工资、本人指数化月平均缴费工资以及缴纳时限。按照我国《社会保险法》规定，用人单位应当按照国家规定的本单位职工工资总额的比例缴纳基本养老保险费，计入基本养老保险统筹基金；职工应当按照国家规定的本人工资比例缴纳基本养老保险费，计入个人账户。据调研，2012 年上海民办高校专职教师年均收入应发 56920 元，实发 48453.83 元，均低于当年广东平均的年收入 61092 元。除民办学校教师本身待遇确实较低外，一部分民办学校存在按较低的工资标准（指数化月平均工资）缴纳社保的情况，民办学校教师最终拿到的社保待遇也较低。

三是机关事业单位普遍推行了补充性的职业年金制度。职业年金是指机关事业单位及其工作人员在参加机关事业单位基本养老保险的基础上建立的补充养老保险制度。2015 年国务院出台《国务院办公厅关于印发机关事业单位职业年金办法的通知》（国办发〔2015〕18 号），规定职业年金缴费基数与基本养老保险一致，单位缴费比例为本单位工资总额的 8%，个人缴费比例为本人缴费工资的 4%。这些费用将直接计入职业年金个人账户。以 8000 元为标准，60 岁退休，连续缴纳 15 年、25 年、40 年的个人，每月可再支取职业年金 1243.17 元、2071.94 元、3315.11 元。即便机关事业单位与企业基本养老保险缴纳一致，在机关事业单位存在职业年金的情况下，也将存在上述社保待遇上的差异。

就目前的养老保险体制而言，在 2014 年 10 月 1 日之前，企、事业单位差距巨大。在此时间以后，民办学校和公办学校在养老保障方面，体制上的障碍已经消除，但现实中交费渠道和方式却存在显著差别。公办教师无论是个人账户还是职业年金，全部由财政支付；而民办学校教师都是通过学校来支撑，因此差别非常大。为让民办学校教师在退休以后也能够得到公办学校教师相当的退休金，就必须建立职业年金或补充养老保险制度。这也将导致民办学校办学成本攀升，亟须政府进行民办教师权益保障机制创新，解决分类管理后民办学校教师养老保障和职业不稳定等问题。

因此，政府应积极落实民办高校教师与公办高校教师平等的法律地位，加强对民办高校教师权利的保护。落实民办高校教师职称评定、教龄与工龄的认定、人事档案的挂靠、社保关系的接转和在户籍迁移、住房待遇、子女就学等方面执行当地同级同类公办高校人才引进的制度。从事学历教育的营利性民办高校教师可参照公办高校人才引进政策执行；政府给予营利性和非营利性民办高校教师的教龄津贴待遇、公屋租用待遇应该相同。省级财政对民办高校教师，应如同对基础教育民办学校教师一样，给予从教一年不少于 2000 元的从教津贴待遇，并逐步提高。可由政府牵头，建立政府、学校和教职工三方共同负担的民办高校教职工年金（补充养老金）各承担 1/3 的"三三制"。① 上海市财政对建立年金制度的民办高校拨付师资队伍奖励经费；2013 年上海民办高校缴纳教师年金总额1800 万元，市财政给予相应的师资队伍专项经费；为提高民办学校教师在职收入，上海市教委将专职教职工收入与学校学费收入、办学结余挂钩，并设定比例要求，作为核定民办学校政府扶持专项资金的重要依据之一。② 杭州、宁波等地早在 10 年前就开始实施一个政策：对于民办学校替教师缴纳养老保险的社会统筹部分，数额是缴费工资的 20% 进行财政资助，一般是在 1/3—1/2。③ 政府对民办高校教师所缴纳的养老保险的社会统筹部分也可参照这些经验，提供相应财政资助。

政府还可使符合条件的民办高校教师有机会参加事业单位养老保险，政府提供相应补助，扶持民办高校稳定师资队伍，提高可持续发展的能力。有学者曾以民办学校 8000 元工资为例，分别以高档 8000 元（工资的100%）、中档 4800 元（工资的 60%）、低档 3200 元（工资的 40%），作为 2015 年"五险"的缴费基数，拟定了 2015 年北京市民办学校城镇职工高、中、低档的基本社会保险缴纳方案，为完善民办高校社会保障分类管理提供了选择或参考。（如表 5 - 5 与表 5 - 6 所示）。

---

① 张铁明：《抉择——民办教育分类管理新起点新挑战》，广东人民出版社 2017 年版，第121 页。

② 周海涛等著：《民办学校分类管理政策研究》，经济科学出版社 2016 年版，第 171 页。

③ 张铁明：《抉择——民办教育分类管理新起点新挑战》，广东人民出版社 2017 年版，第85 页。

表 5 - 5　　　　　　2015 年民办学校城镇职工社会保险单位缴纳部分

缴纳险种 计费基数（元）、比例（％）及金额（元）	养老保险			失业保险			工伤保险			医疗保险			生育保险			单位费用合计（元）
	缴费基数	单位缴纳比例	单位缴纳金额	缴费基数	单位缴纳比例	单位缴纳金额	缴费基数	单位缴纳比例	单位缴纳金额	缴费基数	单位缴纳比例	单位缴纳金额	缴费基数	单位缴纳比例	单位缴纳金额	
高档（工资的 100％）	8000	20	1600	8000	1.00	80	800	0.30	24	8000	10	800	800	0.80	64	2568
中档（工资的 60％）	4800	20	960	4800	1.00	48	4800	0.30	14	4800	10	480	4800	0.80	38	1540
低档（工资的 40％）	3200	20	640	3200	1.00	32	3878	0.30	12	3878	10	388	3878	0.80	31	1103
北京市最低要求	2585	20	517	2585	1.00	26	3878	0.30	12	3878	10	388	3878	0.80	31	974

资料来源：裴淑红，杨金玉，潘诗美等：《对民办学校社会保障分类管理制度改革的探讨》，《Commercial Accounting》2016 年第 7 期。

表 5 - 6　　　　　2015 年民办学校城镇职工社会保险个人缴纳部分

缴纳险种 计费基数（元）、比例（％）及金额（元）	养老保险			失业保险			医疗保险			个人费用合计（元）
	缴费基数	个人缴纳比例	个人缴纳金额	缴费基数	个人缴纳比例	个人缴纳金额	缴费基数	个人缴纳比例	个人缴纳金额（元）	
高档（工资的 100％）	8000	8	640	8000	0.20	16	8000	2%+3	163	819

续表

缴纳险种	养老保险			失业保险			医疗保险			个人费用合计（元）
计费基数（元）、比例（%）及金额（元）	缴费基数	个人缴纳比例	个人缴纳金额	缴费基数	个人缴纳比例	个人缴纳金额	缴费基数	个人缴纳比例	个人缴纳金额	
中档（工资的60%）	4800	8	384	4800	0.20	10	4800	2%+3	99	493
低档（工资的40%）	3200	8	256	3200	0.20	6	3878	2%+3	81	343
北京市最低要求	2585	8	207	2585	0.20	5	3878	2%+3	81	293

资料来源：裴淑红，杨金玉，潘诗美等：《对民办学校社会保障分类管理制度改革的探讨》，《Commercial Accounting》2016 年第 7 期。

四　发挥符号和规劝工具的积极作用：厘清分类管理的认识误区

符号和规劝工具背后实施的逻辑假设是：客体可能不认同实现该目的的方式或者该目的背后的价值取向。目前民办高校分类管理推进过程中就普遍存在误解和分歧，这也集中体现了立法者以及行政管理者对于民办高等教育的困惑，需要运用符号和规劝工具进一步厘清认识误区，达成共识，为民办高校分类管理营造一个良好的社会舆情环境。

民办高校是否认同和支持政府制定的相关政策，往往与政策符合民办高校现实需要的程度密切相关。符号和规劝工具的有效运用，要求政府制定的政策能与民办高校的政策诉求联系起来。唯有如此，才能让民办高校自觉自愿地遵从政府制定的各项政策与法规。政府可采用决策启发的方式树立一批非营利性"高水平民办高校"，对其给予政策奖励及支持，以引导、劝诫其他民办高校以非营利性"高水平民办高校"为榜样，努力向其靠齐。政府通过运用符号和规劝工具，为一批办学公益效应凸显的非营利性民办高校贴上"高水平"的标签，让其先发展起来，可树立榜样，鼓励更多的民办高校选择公益性办学，为保障民办高等教育公益性的实现营造良好的发展环境。此外，政府的政策导向不能过于偏向非营利性民办高校，也要关注并迎合营利性民办高校的发展诉求，提供优秀营利性民办高校的典范并进行表彰，从而引导营利性民办高校在追求经济效益的同时兼顾社会效益。唯有通过有效政策工具的选择，促使营利性民办高校与非营利性民办高校并行发展，才能使民办高校分类管理政策真正发挥作用。

作为我国在民办高等教育领域的重要制度创新，民办高校分类管理政策的设计和实施必然要受到当前社会观念的影响。换句话说，分类管理的制度性成功必须依赖于社会对民办高等教育观念的转变。只有全社会对民办高等教育有了正确的认识，这项创新才可能实现其价值。而这个观念的主体不仅包括政府主管部门与民办高校从业者，还包括全社会所有自然人和社会组织。长期以来，受多种因素影响，社会各界对民办高等教育存在着感性误读和认识扭曲，对民办高等教育的本质和内涵并没有恰当理解，对民办高校分类管理的认知滞后于制度的创新。民办高等教育在其发展过程中并没有注重自身形象的树立和维护，更让这种错误观念成为民办高等教育制度创新的深层次阻力，[①] 尤其是在"非营利"导向的背景下，营利性民办高校难免存在"社会抵触现象"。而营利性民办高校"社会抵触现象"的实质是人与人之间的矛盾对抗现象，具体而言是营利性民办高校在"营利"过程中，出资人、举办者、学生及其家长、教职工以及民众之间的矛盾对抗现象，矛盾产生的诱因是"营利"。[②] 因此，政府还需要积极运用符号和规劝工具消除社会对民办高校分类管理的认识误区，引导社会理解支持并积极投入到民办高校分类管理工作中来。

（一）消除营利性民办高校会影响教育公益性的认识误区

长期以来，我国民众对"营利"存有偏见，尤其是认为发展营利性教育会影响教育的公益性。事实上，以美国为代表的发达国家的高等教育发展经验表明，教育公益性与非营利性没有必然的因果关系，民办（私立）高校的公益性和营利性之间并不存在必然矛盾。公益性是办学之后

---

① 王诺斯、张德祥：《制度创新视阈下民办高校分类管理的现实困境分析》，《中国高教研究》2017年第2期。

② 宋广伟：《论我国营利性民办高校"社会抵触现象"的突围策略》，《黑龙江高教研究》2017年第4期。

形成的社会影响，而营利性是有关办学行为和办学盈利处理的一种制度安排，"二者既不属于同一范畴的一对矛盾，也不存在直接的对应关系，营利性并不一定妨碍民办学校的公益性，非营利性也不一定增加学校的公益性。"① 也就是说，民办教育公益性和营利性是可以并存的，只要政府监管到位，通过政策解释、政策引导、政策感召去干预和教育民办教育消费者进行理性的选择，以矫正营利性可能对教育公益性的冲击，营利性民办高校也会发挥其应有的作用，为社会培养合格人才。目前我国社会在一定程度上存在着"非营利性 = 公益性"和"营利性 = 非公益性"的简短一一对应做法和认识误区；实际上，无论是非营利性民办学校还是营利性民办学校，都承担着培养社会主义建设者和接班人的使命，都为扩大教育机会、增加教育选择作出了贡献，都是社会主义教育事业的重要组成部分，同样具有公益属性。②

此外，还有不少人认为实施分类管理政策，提高办学成本，可以导致有营利动机的举办者退出民办高等教育市场，可以使民办高校举办者队伍更加纯洁，增强民办高等教育的公益属性，这是一种非常危险的舆论。因为推动世界变革发展的主要源泉和主导动力，是人类社会的各种营利性活动，唯有认识到这一点，分类管理的价值和意义才能真正被大众深刻认识，才能为营利性民办院校提供优良的政策环境，扶持营利性院校发展才会成为政府的自觉行为。③ 为有效引导民办高校向营利性过渡，当前政府可积极运用符号和规劝工具，鼓励以下四种民办高等教育机构向营利性发展模式转型④。

一是与资本市场有机结合的民办高校。如新东方教育科技集团、中国枫叶教育集团、大红鹰集团等，这些机构已经在资本市场的制度和法律框架内或者以国外注册的形式进入了资本市场；从目前来看，资本市场与高

---

① 文东茅：《论民办教育公益性与可营利性的非矛盾性》，《北京大学教育评论》2004 年第1 期。

② 周海涛、景安磊：《民办教育将获得多重正效——聚焦新〈民办教育促进法〉》，《中国教育学刊》2007 年第 3 期。

③ 吴华：《新法实施的担忧和期待》，《教育与经济》2016 年第 6 期。

④ 雷承波、阚明坤：《我国发展营利性民办高校若干难点分析及相关建议》，《教育与职业》2017 年第 4 期。

等教育的结合主要集中在"高科技产业板块",即使是以学校教育为主题的"高等教育板块",也是采用国外上市的方式,以规避当时我国法律制度的限制,例如,重庆海联职业技术学院在澳大利亚证交所上市投资的职业教育,双威教育在美国纽交所上市投资的广西师范大学漓江学院等,对于这种类型的高等教育机构,教育行政部门一定要积极鼓励和大力扶持,它们也很有可能成为我国民办高校分类管理后营利性高校发展模式的主力军。

二是那些有着辉煌的过去、深厚的文化底蕴,但由于管理不善,盲目扩张,内部资产债务混乱等原因导致学校资金断链,濒临破产的民办高校。例如,安徽文达集团曾一度是民办教育的标杆,旗下多所学校获得"中国一流民办大学""全国民办职业培训机构先进单位""最具影响力教育机构"等荣誉,然而2015年9月却突然宣布破产,主要原因是集团内部债务混乱,使其陷入了债务的泥潭,初步估计负债约20亿元;这类民办高校的管理层、教师队伍、教学设备还比较完整,一旦有新的资金融入,就可以通过法定程序转让或者入股等形式进行资产重组;因此这类民办高校是我国短期内发展营利性大学试点最具可行性的,也是最便捷的一条途径。基于此,教育行政部门应大力鼓励这类资金断链的民办高校积极向营利性民办高校转型,给予它们最大的扶持力度和优惠政策,充分利用现有的基础设施和成熟的外部环境,通过以点带面、逐步区域化的形式发展营利性民办高校。

三是专修学院。专修学院是在特定历史时期,在教育部和省级教育行政部门积极鼓励下诞生的专门承担国家学历文凭考试试点的民办高等院校。近年来随着普通高校的大规模扩招和公办高校普遍举办全日制自考助学班,专修学院面临严峻的生存考验,加之专修学院不具备独立颁发高等教育学历文凭资格,这进一步削弱了专修学院的竞争力。由于专修学院大都教学硬件条件好、地理位置优越,鼓励其转向营利性发展模式或许是不错的选择,专修学院选择营利性发展模式后,可以通过进一步的努力,争取具备独立颁发高等教育学历文凭的资格,甩掉高额合作管理费的包袱,而使自己成为社会认可的营利性大学。

四是风险投资机构和国外的营利性教育集团。由于教育资金具有良好的抗风险能力、持续的稳定性和可预见性,再加上国家的大力扶持和人们的高度重视，越来越多的风险投资机构和国外的营利性教育集团开始青睐教育事业，例如，自 2004 年老虎基金进入中国教育行业投资新东方教育科技集团开始，先后有雅思培训机构、国际顶级投资机构等风险投资机构进入民办教育领域。有效运用符号和规劝工具，有利于引导民间资本和国外资本进入营利性民办高等教育领域，增强高等教育多元化供给能力。

（二）消除民办高校是特殊时代下公立高校的补充，现在乱象丛生，不如取消的错误观点

诸如此类观点抹杀了民办高校对我国高等教育发展做出的积极贡献，也否定了民办高等教育的人才培养优势；诚然，与公立高校相比，目前民办高校的办学质量、办学层次与招生入学分数等方面都比较低，整体实力与公办高校相差较大；但是，民办高校几十年来为社会培养了数百万计的高素质人才，创造了大量的高等教育学习机会，相当程度上满足了大众对高等教育的刚性需求，这样的成就是不容忽视的；特别是在应用型人才培养方面，民办高校以其灵活的机制、雄厚的企业背景等优势表现不俗；而且还要看到，我国民办高校的 30 年发展是自力更生的，基本上没有国家的财政投入，一旦民办高校有了促进其发展的良性环境，势必有机会同发达国家的私立高等教育一样迅速崛起，高水平民办大学并非不能企及；另外，民办高等教育对于国家整体高等教育结构优化极具意义，可以提供高等教育的差异化和精英化培养，同时也可以同公立高等教育产生竞争，促进良性高等教育竞争市场的形成，不能因为现在民办高等教育的弱小态势，就否定它可以期许的未来。[①] 因此，要积极运用符号和规劝工具，认真贯彻"积极鼓励、大力支持、正确引导、依法管理"的方针，帮助社会各界认识到民办高等教育的价值与作用。

（三）逐步转变观念，消除民办高校"内部人"的抵触心理和情绪

民办高校"内部人"主要包括出资人、举办者与教职工，"内部人"中抵触者通常为教职工，包括学校聘请的职业校长。民办高校"内部人"对学校的抵触现象表现为：教职工对学校的认可程度低，与学校之间离心离德；少有在学校长期工作的打算，短期打工现象普遍；敬业程度不够，

---

① 王诺斯、张德祥：《制度创新视阈下民办高校分类管理的现实困境分析》，《中国高教研究》2017 年第 2 期。

责任心不强，不顾及学校声誉及利益，缺乏职业荣誉感；同事之间关系冷漠，互不关心，与领导之间缺乏有效的沟通与交流；工作中应付差事，对教研缺乏兴趣；民办高校聘请的职业校长与民办高校举办者之间的权利博弈和价值观冲突普遍等。①究其原因，主要在于：举办者重经济收益，钱字当头，为了获取盈利容易削减教育成本，从而影响教育质量；教师被视为"营利"工具而没有得到足够重视，工资低、福利少和社会保障差；裙带关系，家族式管理，任人唯亲和缺乏科学管理，导致教师上升通道封闭，没有为学校发展建言献策的话语权，普遍缺乏荣誉感、归属感与主人翁感；缺乏有效的激励机制，不能体现多劳多得，优质优酬，教师工作量过大，工作时间长，一人多岗等。

要改变这种情况，首先也是最重要的，就是要充分运用符号和规劝工具，加强宣传和普法，扭转举办人、教师等"内部人"的观念，尤其是举办人和校长的观念。要让民办高校举办者和管理者充分认识到，教育其本质是公益性的，民办学校即使是营利性民办学校都应该把公益性，把培养人、发展人放在第一位，没有了公益性，营利性也难以维持，要办教育就不能想着发大财，要想发大财就不适合办教育；要认识到教师是民办高校的核心竞争力，加强教师队伍建设，保障教职工的利益。其次，也要运用符号和规劝工具，加强对民办高校教职工的观念引导，增强其对民办高校的认同感，树立正确的价值观、责任感和荣誉感，通过观念的转变，带来行为上的变化，积极投入民办高校立德树人事业。山东英才学院校长夏季亭指出，"营利性和非营利性的选择各有利弊，选择营利性，意味着学校可以取得合理回报，但在办学水平、学校资金、社会声誉等方面的挑战可能更大；选择非营利性，可能意味着更多的政府扶持，但办学者需要对产权、分配有所割舍，民办学校应在正确认识学校发展需求的基础上合理选择"。②为此，政府可以积极运用符号和规劝工具，组织民办高校分类管理相关政策的宣讲与解读，帮助民办高校核心利益相关者深化认识，化解对分类管理的困惑与抵触。

---

①　宋广伟：《论我国营利性民办高校"社会抵触现象"的突围策略》，《黑龙江高教研究》2017年第4期。

②　郭二榕、景安磊：《推动分类管理促进民办教育健康发展》（观点摘编），《中国高教研究》2017年第3期。

（四）引导民众转变对民办高校的错误看法，实现对民办高校行动上的支持

民众对民办高校在行动上的抵触现象比较明显，主要表现为：能够进入好的公办高校情况下不会主动选择民办高校，进入民办高校就读是在无法进入好的公办高校时的"无奈选择"；学生及其家长与民办高校之间的关系不够融洽，民办高校常常需要想方设法"留住学生"，从各个方面迎合学生及其家长；学生家长以及民众对民办高校收取较高学费的接受程度低，对民办高校"营利"不能接受或接受程度低，尤其对高额"营利"不能接受。① 这种对民办高校不准确的理解和"无奈选择"严重损害了民办高校的生源质量，制约了民办高校的长足发展。弗里德曼曾指出："所有学校生产的教育服务都具有公共产品属性，私立教育也服务于公共利益，承担了社会责任，从这个角度来讲，所有学校其实都是公立学校。"② 我国民办高等教育发展迅速，规模庞大，已经成为高等教育体系中的重要组成部分。分类管理后，非营利性民办高校将获得更多的公共财政资助，营利性民办高校也将获得更多的办学自主权，民办高等教育的质量将会有较大的改善。积极引导民众转变观念，选择适合的学校，既有利于自身的发展，也有利于为民办高等教育的发展提供根本动力，平衡高等教育资源。

总之，观念更新与变革是制度的支撑，分类管理要达到预期的效果，一定要首先在观念上形成对营利性民办高校与非营利性民办高校的正确认知，破除过去对于民办高等教育的各种误解。同时，在分类管理新形势下，大众对民办高校的其他一些不准确的认识（如表5-7所示）也要及时地通过宣传和讲解进行纠正与化解。此外，基于对政策连续性和稳定性的考虑，目前社会各界还有不少人认为，要允许举办者"维持现状"，尊重其"不做选择"的权利，认为过早要求民办学校"选边站队"，消除政策的灰色地带，不利于调动社会力量办学积极性，甚至会"促退"民办教育发展；而理论和实践表明，从立法和行政规制上对民办学校实施分类

---

① 宋广伟：《论我国营利性民办高校"社会抵触现象"的突围策略》，《黑龙江高教研究》2017年第4期。

② 邬大光：《从民办教育看教育的公益性与营利性》，《光明日报》2016年12月6日第14版。

管理，是从源头上破解我国民办学校法人属性不清，相关政策难以落实的根本举措。[①] 由于观念容易根深蒂固，非一朝一夕所能改变，这就需要政府加强符号和规劝工具的运用，对全体社会成员加强宣传和引导，普及关于民办高等教育的基本常识，介绍民办高等教育的价值和远景，肯定民办高校分类管理的意义，为分类管理的开展营造良好的观念氛围和舆情环境。

表 5-7 关于民办高校分类管理的六个误区

误区一	非营利性民办高校等于公办高校
误区二	非营利性民办高校收费等于低收费
误区三	非营利性民办高校教职工薪酬等于低酬金
误区四	非营利性民办高校监管等于更严格的政府管理
误区五	营利性民办高校得不到政府资助
误区六	非营利性民办高校办学等于放弃管理权

资料来源：徐绪卿：《认真学习领会 加快推进落实 促进健康发展——〈民办教育促进法修正案〉学习研讨会综述》，《浙江树人大学学报》2017 年第 3 期。

五 积极探索学习工具的有效运用：重视分类管理的评估与规划

前文分析已经表明，学习工具无论是在民办教育管理政策文本当中，还是在民办教育政策实践当中，都很少被采纳使用。这一方面与政府传统的公共管理模式有关；另一方面也与政府长期以来对民办高等教育机构持有的防范、戒备态度有关。学习工具作为一种"自下而上"，"自内而外"的治理手段，运用得当，往往能收到其他政策工具所不能企及的效果。优化民办高校分类管理的政策工具选择，必须要充分发挥学习工具的作用。推广学习工具的应用，具体可从以下两方面加强。

（一）培育第三方认证评估机构

由院校协会、行业协会或其他类型第三方机构对高等教育机构进行评估认证，是目前世界上高等教育领域使用最广泛的一种认证形式。这些机构专业性强、较为独立，且相对比较公正，在学校准入认证、质量评估、

[①] 董圣足：《"分类管理"，破解民办教育发展难题》，《人民教育》2016 年第 23 期。

行为监督和财务监管等方面发挥着不可替代的作用。譬如在美国，高等教育领域的认证机构有区域性认证机构和专业性认证机构，获得权威认证机构的认证，是美国高校进入高等教育市场的准入证，也是保障高等教育质量的重要手段。正如美国著名教育家伯顿·克拉克所说："认证是指高等教育中，通过检查、评估或两者兼而有之，使院校或院校中的专业得到认可，达到可接受的最低标准的质量控制和质量保证的过程。"[①] 除了非营利性民办高校注重认证，营利性民办高校也很看重全国性、专业性认证机构的认证，并将获得认证视为对其办学质量的肯定和招生营销的凭证。从国内实践经验来看，我国目前缺乏专门的民办高等教育评估机构，已有针对民办高校的评估大多是行政性评估，民办高校的自我评估、专家评价和社会评估较为缺乏。从表5-8可以看出，全国各地民办教育评估模式多种多样，专业化的教育中介组织还没有在民办教育评估中居于主导地位。

表5-8　　　　　　　　　　国内民办教育评估模式

类别	评估机制	典型经验	优点	缺点
政府主导型	政府直接聘请评估专家进行民办学校评估	北京市民办高校教育教学综合评估	权威性、社会认可度高，政府支持，优势明显	带有明显的行政集权制特点，评估难以民主化、制度化、科学化
政府授权型	政府教育行政部门授权直属评估机构组织评估	江苏、广东、上海设立教育评估专业机构		
科研实验型	专业研究中自主评估	北京师范大学民办教育研究与服务中心	不受行政部门的支配，具有较高的专业技术和权威	在教育评估方面还缺乏公信力和权威性，认证体系不完善
市场运作型	民办中介组织代理评估	江西省高等教育评估所、云南省现代教育评估中心		

[①]　B. Clark & N. Guy. *The Encyclopedia of Higher Education.* Oxford：Pergamon Press，1992，p. 18.

续表

类别	评估机制	典型经验	优点	缺点
学校自主型	民办学校自身评估	广东培正学院专门的教育质量督导与评估机构	得到的信息真实、全面，便于对学校做出全面诊断	缺乏外界专家的指导，缺少宽广视野，难以准确判断自身存在的不足

资料来源：杨东平主编：《2020：中国教育改革方略》，人民出版社 2010 年版，第 190 页。

因此，吸取世界先进国家的有益经验，同时总结我国已有实践，应建立公正的、独立的、令人信服的、与政府部门不存在利害关系的第三方认证机构。具体实施方案如下：[①] 第一步是自愿申请，政府认可。第三方认证机构在自愿申请前提下，教育行政部门严格按照市场准入制度对组织机构的注册资金、专家人数、专职人员以及认证能力等进行严格的审核。对符合要求的组织机构及时向社会公布，在规定的期限内无异议后才能委以认证资格。第二步是明确权责，泾渭分明。教育行政部门把管理和具体操作分开，把具体的操作权下放至第三方认证机构。同时，教育行政部门与第三方认证机构应明确双方的职责，杜绝出现"真空地带"。第三步是建立科学的专家数据库。第三方认证机构专家数据库的专家人数应符合相关规定，并尽量囊括全国各地本领域内知名的专家。在拟定专家名单时，应采取随机抽取的形式，同时做好相应的保密工作。第四步是及时公开认证结果，完善反馈机制。认证工作结束后，应及时向社会公布评估结果，并将相应专家的指导意见及时反馈回学校。若对评估结果存在异议，学校应立即向第三方认证机构反馈，第三方认证机构在接收到反馈信息后，应在规定的时间内再次组织认证并给出相应的结论。若学校对复评结果还不满意，可以再次向上一级的第三方认证机构提出终评。第五步是加大对第三方认证机构的监管。教育行政部门应加强对第三方认证机构认证过程的监

---

① 雷承波、阙明坤：《我国发展营利性民办高校若干难点分析及相关建议》，《教育与职业》2017 年第 7 期。

管，一旦发生不实的认证行为，应严格按照规章制度对其进行处罚，并与其年度绩效挂钩，情况严重者可以降低资质等级，甚至取消其认证资格。

为了适应多样化高等教育发展格局，应该按照分类指导原则，加快建立多元化的评价标准和评价体系，科学评价各类民办高校的办学质量，鼓励民办高校克服盲目攀高思想，立足于各自的办学类型和办学特色，努力在同类型高校中办出水平。[①] 为此，第三方认证评估机构要建立一套完善的民办高校分类管理评估体系，包括科学的机构信用评估机制与信用等级体系、科学的机构业绩测评制度、考核办法和明确规范的机构监督、奖励和惩罚机制等，使之成为民办高校分类发展的行动指南，从而促进各类民办高校按照评估指标，加强自我学习、自我评估，达到以评促建、以评促改之目的。譬如，为保障营利性民办高校的办学质量，可以通过第三方评估机构的介入，分三阶段进行："第一阶段，营利性民办高校自评后向具备条件的第三方教育评估机构提出评估申请，第三方教育评估机构参照营利性民办高校质量评估相关指标和自评报告，对其进行全面评估。第二阶段，评估时明确学术性系统与商业性系统指标，关注商业性与学术性交互作用结果；营利性民办高校的教育质量产生于学术性与商业性这两大系统的相互作用，学术性系统是指为了追求真理和提高教育质量而需要的各种资源以及资源间的互动，包括培养保障、培养过程和培养成效三个部分；商业性系统是指为了实现营利而需要的资源及商业化管理体系，两者交互影响，构成第三方教育评估机构对营利性高校进行教育质量评估的五大指标，即招生选拔、教学资源、教学管理、实习实训及学生学业成就，由第三方教育评估机构据此进行评估并形成报告。第三阶段，客观公开的教育质量评估报告成为公众了解营利性民办高校办学质量的窗口；评估报告也为营利性民办高校改进教育质量提供了反馈依据，由此公众及相关利益主体、营利性民办高校和第三方评估报告之间便构成一个三角动态循环系统；一轮评估结束后，营利性民办高校为了保证良好的社会声誉以获得更多的办学资源，需持续申请第三方教育评估，如此实现螺旋式循环上升；在这个循环过程中，营利性民办高校想要获得办学保障尤其是生源、经费

[①] 徐绪卿：《我国民办高校治理及机制创新研究》，中国社会科学出版社2017年版，第284页。

等关键性支撑，必须依赖第三方教育评估报告，因此，营利性民办高校不会过分追求商业性价值而忽略学术性价值，反而会致力于商业性与学术性间的动态制衡，从而保障教育质量"①。

在美、澳、英等国，都把高校内部的自我评估作为教育质量保障的十分重要的一个环节，私立高校也是如此，甚至比公办高校更强调自我评估；我国目前在外部评估尚不完备的情况下，加强民办高校内部的自我评估就显得尤为重要，这是其进行质量管理和控制的主要手段。② 值得强调的是，由于已有的民办高校一般主要参照公办高校评估指标进行评估，对建筑面积、师生比、土地等硬件标准要求较高，分类管理后，应提高非营利性民办高校与营利性民办高校评估指标的区分度与适切性。尤其是对营利性民办高校的评估，应更加侧重对办学质量的评估，把就业率及就业质量作为评估的关键指标，并把评估结果以适当的方式向社会公布，使教育消费者能够熟知营利性民办高校的办学质量评估结果，并成为他们选择民办高校的依据，这样就可以充分发挥市场机制的作用，引导消费者"用脚投票"，倒逼营利性民办高校不断提高教育质量。③

（二）推进民办高校分类管理的战略规划

战略规划是一种积极主动、面向未来的管理方式，也是一种有效促进我国民办高等教育长足发展的学习工具，在西方发达国家的高等教育管理中被普遍应用。时代的飞速变迁使得我国民办高等教育发展环境也在发生变化，在国家总体战略规划指引下，民办高等教育战略规划也要引起教育主管部门和各民办高校的高度重视。为深入贯彻落实《国家教育事业发展第十三个五年规划》，地方政府及公办高校都在积极制定区域高等教育"十三五"规划和学校"十三五"规划。地方教育主管部门要从国家教育发展战略的高度，把民办高等教育纳入区域高等教育"十三五"规划范畴，制定宏观的、长远的民办高等教育发展规划，指导各类民办高校在内外环境存在模糊性和不确定性的情况下选择切合实际的发展路径。

---

① 朱浩、崔梦川：《第三方教育评估下营利性民办高校质量保障体系构建——基于商业性与学术性的特征分析》，《浙江树人大学学报》2019 年第 2 期。

② 黄藤主编：《中国民办教育研究》，华东师范大学出版社 2015 年版，第 417 页。

③ 王一涛、高飞：《中国营利性民办高校探索：必要、可能及对策》，《山东高等教育》2015 年第 2 期。

加强规划指导，促进民办高等教育健康发展，既是政府的义务，也是政府不可推卸的责任；本地区民办高校应该办多少？规模和类型应如何布局？这是只有政府规划才能解决的问题；政府在制定国家和区域规划时，应将民办高校发展作为教育事业发展总体规划的规定内容，协调各类高等教育的发展空间和服务面向；与此同时，还要积极引导民办高校制定适合自身情况的"十三五"规划，帮助学校找准自己在国家和区域高等教育体系中的位置，根据不同定位明确各自的发展目标和思路，确定公立高校和民办高校各自不同的发展重点，协调高等教育市场和教育资源，既要避免重复建设和不良竞争，也要避免出现趋同化；要重点督促学校制定好三个规划：一要科学定位，根据分层分类争创一流、形成特色的指导思想，搞好学校的事业发展规划；二要搞好学科建设和人才队伍建设规划；三要搞好校园建设规划，营造校园文化的园区载体。[①] 值得强调的是，当前尤其要加强分类管理战略规划的培训与研讨，教育部发展规划司可组织对全国各省民办教育政策制定部门进行业务培训，全面解读新修订的《民办教育促进法》《关于鼓励社会力量兴办教育促进民办教育健康发展的若干意见》《民办学校分类登记实施细则》《营利性民办学校监督管理实施细则》等政策文本的出台背景、具体条文在省级层面的制度设计考量，从而确保全国各地能够对民办教育分类管理达成某些共识，确保各地的民办高校分类管理实践不偏离国家政策的基本方向和要求。对于民办高校自身而言，战略规划在很大程度上是一所学校长期使命、文化和传统的体现和载体，制定战略规划不仅是一个适应环境的组织理性行为，更应该成为组织惯性，从而为学校的发展形成科学、规范且稳定的预期。政府应激励民办高校通过制定分类战略规划，做好发展定位、人才建设、资源统筹、管理优化等方面的制度安排，形成自身办学特色和核心竞争力，促进学校的优质特色发展。

[①] 　徐绪卿：《我国民办高校治理及机制创新研究》，中国社会科学出版社 2018 年版，第263—264 页。

参考文献

一　著作类

1. 陈振明:《政策科学——公共政策分析导论》,中国人民大学出版社 2003 年版。

2. 陈庆云:《公共政策分析》,北京大学出版社 2006 年版。

3. 〔荷〕范福格特:《国际高等教育政策比较研究》,浙江教育出版社 2001 年版。

4. 〔美〕弗里曼:《战略管理:利益相关者方法》,王彦华等译,上海译文出版社 2006 年版。

5. 〔美〕福勒:《教育政策学导论》,江苏教育出版社 2007 年版。

6. 方芳、钟秉林:《我国民办高等教育财政支持制度研究》,北京师范大学出版社 2016 年版。

7. 郭占元:《当代中国民办高等教育发展概论》,吉林科学技术出版社 2005 年版。

8. 高鸿业:《西方经济学》,中国人民大学出版社 2010 年版。

9. 黄藤主编主编:《中国民办教育研究》,华东师范大学出版社 2015 年版。

10. 戚德忠、卢志文、董圣族主编:《温州民办教育发展报告(2010—2015)》,科学出版社 2017 年版。

11. 〔加〕莱文:《教育改革——从启动到成果》,教育科学出版社 2004 年版。

12. 〔美〕理查德·鲁克:《高等教育公司:营利性大学的崛起》,于培文译,北京大学出版社 2006 年版。

13. 黎军、宋亚峰:《中国民办高等学校研究》,民族出版社 2016

年版。

14. 宁骚：《公共政策学》，高等教育出版社 2011 年版。

15. 丘昌泰：《公共政策——当代政策科学理论之研究》，巨流图书公司 1995 年版。

16. ［美］斯蒂格利茨：《政府为什么干预经济》，中国财富出版社 1998 年版。

17. 王宗敏、徐广宇：《中国民办学校研究》，天津科学技术出版社 1999 年版。

18. 王佐书：《中国民办教育发展报告》，科学出版社 2014 年版。

19. 吴合文：《高等教育政策工具分析》，北京师范大学出版社 2011 年版。

20. 熊耕：《美国高等教育协会组织研究》，知识产权出版社 2010 年版。

21. 徐绪卿：《我国民办高校治理及机制创新研究》，中国社会科学出版社 2017 年版。

22. ［日］喜多村和：《学校淘汰的研究》，东信堂股份有限公司 1989 年版。

23. 杨东平：《2020：中国教育改革方略》，人民出版社 2010 年版。

24. ［美］约翰·奥伯利·道格拉斯：《加利福尼亚思想与美国高等教育：1850—1960 年的总体规划》，周左宇译，教育科学出版社 2008 年版。

25. 张成福、党秀云：《公共管理学》，中国人民大学出版社 2001 年版。

26. 张文显：《法理学》（第三版），高等教育出版社 2007 年版。

27. 张利国：《民办学校产权制度研究——以分类管理为视角》，中国民主法制出版社 2016 年版。

28. 张铁明：《抉择——民办教育分类管理新起点新挑战》，广东人民出版社 2017 年版。

29. ［美］詹姆斯·E.安德森：《公共政策制定》，中国人民大学出版社 2009 年版。

30. ［美］詹姆斯·杜德斯达：《21 世纪的大学》，刘彤译，北京大学出版社 2005 年版，第 38 页。

31. ［日］中村忠一：《大学倒闭》，东洋经济新报社 2002 年版。

32. 曾小军：《民办高等教育政府干预研究》，中国社会科学出版社 2014 年版。

33. 周海涛：《民办学校分类管理政策研究》，经济科学出版社 2018 年版。

二　论文类

1. 邴浩：《政策工具视角下的高校人事制度改革》，《复旦教育论坛》 2014 年 6 期。

2. 陈爱民：《民办高等教育分类管理与社会资源优化分配》，《教育发展研究》2017 年第 3 期。

3. 陈文联、黄夏雨：《民办高校分类管理的非正式制度障碍及解决路径》，《浙江树人大学学报》2018 年第 3 期。

4. 陈文联：《举办者视阈下民办高校分类管理制度的调适与创新》，《中国高教研究》2018 年第 5 期。

5. 董圣足：《民办学校分类管理：冲突与调适》，《教育经济评论》 2016 年第 2 期。

6. 董圣足：《“分类管理”，破解民办教育发展难题》，《人民教育》 2016 年第 23 期。

7. 董圣足：《新政之下地方民办教育制度调适与创新的若干思考》，《浙江树人大学学报》2017 第 2 期。

8. 杜世雄、惠向红：《民办高校公共财政扶持政策的实施现状与改进对策——基于广东、陕西和上海三省（市）的考察》，《浙江树人大学学报》2018 年第 1 期。

9. 杜林杰：《民办高等教育的“陕西现象”》，《西部报告》2018 年第 10 期。

10. 冯芳：《教育中介组织发展的现实困境与出路》，《当代教育科学》 2014 年第 21 期。

11. 方芳：《分类财政扶持营利性和非营利性民办高校的问题研究》，《教育与经济》2016 年第 2 期。

12. 方芳：《政府"为何"和如何资助民办高等教育？——来自美国的经验与启示》，《国家教育行政学院学报》2017 年第 3 期。

13. 费坚、李斯明、魏训鹏：《基于复杂性范式的非营利性民办高校风险治理》，《教育发展研究》2018 年第 23 期。

14. 郭二榕、景安磊：《推动分类管理促进民办教育健康发展》（观点摘编），《中国高教研究》2017 年第 3 期。

15. 国家教育发展研究中心：《教育产业化不是教育政策的方向》，《求是》2006 年第 7 期。

16. 高宏赋：《非营利性民办高校的政府财政支持研究》，《浙江树人大学学报》2018 年第 1 期。

17. 何金辉、张继玺、邱国华：《中国民办教育回溯：1992—2004》，《教育发展研究》2005 年第 5 期。

18. 侯华伟、林小英：《教育政策工具类型与政府的选择》，《教育学术月刊》2010 年第 4 期。

19. 黄双：《德里克·博克的高等教育思想及启示》，硕士学位论文，湖南师范大学，2013 年。

20. 黄瑶：《弗里德曼教育经济思想研究》，硕士学位论文，沈阳师范大学，2015 年。

21. 环建芬：《民办高校分类管理问题的法律探析》，《复旦教育论坛》2016 年第 3 期。

22. 何国伟：《我国非营利性民办高校获公共财政资助现状——基于我国四所非营利性民办高校的调研》，《江西科技师范大学学报》2016 年第 2 期。

23. 黄藤：《从办学实践谈民办高校分类管理》，《教育经济评论》2016 年第 2 期。

24. 黄洪兰、柳海民：《探索营利性与非营利性民办高校分类管理——以吉林华桥外国语学院为例》，《高校教育管理》2018 年第 7 期。

25. 黄明东、陶夏：《教育政策工具的复合属性透视》，《教育学术月刊》2018 年第 3 期。

26. 胡茂波、朱梦玫、伍海泉：《美国私立高校财政资助分类管理制度的变迁及启示》，《当代经济管理》2018 年第 5 期。

27. 江虹、鞠光宇:《美国政府对营利性和非营利性私立高校的分类管理研究》,《高教探索》2016 年第 1 期。

28. 鞠光宇:《分类管理制度下民办高校法人治理结构构建研究》,《高教探索》2017 年第 1 期。

29. 康乔:《民办教育中介组织业务探讨》,《教育理论与实践》2008 年专刊。

30. 林小英、侯华伟:《教育政策工具的概念类型:对北京市民办高等教育政策文本的初步分析》,《教育理论与实践》2010 年第 25 期。

31. 鲁昕:《认真贯彻落实〈规划纲要〉促进民办教育蓬勃发展》,《湖南民办教育》2010 年第 6 期。

32. 刘立生:《我国民办高校发展中政府的作用——以江西省为例》,硕士学位论文,南昌大学,2011 年。

33. 刘永林:《民办学校分类登记法律体系构建:主要进展、实践诉求与优化路径》,《浙江树人大学学报》2019 年第 3 期。

34. 罗腊梅:《民办高等教育政策变迁研究》,博士学位论文,西南大学,2015 年。

35. 罗悦:《分类管理制度下四川省营利性民办高校教师队伍建设研究——以 L 学院为例》,硕士学位论文,四川师范大学,2017 年。

36. 李津石:《教育政策工具研究的发展趋势与展望》,《国家教育行政学院学报》2013 年 5 期。

37. 李津石:《我国高等教育"教育工程"的政策工具分析》,《中国高教研究》2014 年 7 期。

38. 李虔:《税收政策与私立高校分类管理:美国经验及其启示》,《国家教育行政学院学报》2015 年第 8 期。

39. 李虔:《国外私立学校分类管理怎么做——世界主要国家的改革经验与启示》,《教育发展研究》2015 年第 Z1 版。

40. 李虔:《国际私立高校分类管理的背景、模式和趋势》,《山东高等教育》2016 年第 8 期。

41. 李勤、钟建芳:《制度视阈下的我国民办高校法人治理结构分析》,《黑龙江高教研究》2014 年第 9 期。

42. 李文章:《我国民办高等教育的现状、问题与趋势:广东为例》,

《浙江树人大学学报》2015 年第 1 期。

43. 李文章:《利益相关者视角下的民办高校分类管理政策选择》,《黄河科技大学学报》2015 年第 5 期。

44. 黎军、宋亚峰:《我国民办高校发展现状及对策研究——高等教育普及化阶段到来前的思考》,《教育与教学研究》2017 年第 2 期。

45. 雷承波、阙明坤:《我国发展营利性民办高校若干难点分析及相关建议》,《教育与职业》2017 年第 4 期。

46. 李维民:《陕西民办高校营利性、非营利性选择研究》,《黄河科技大学学报》2018 年第 3 期。

47. 李维民、银冰冰:《新修订的〈民办教育促进法〉视角下的陕西民办高校分类管理研究》,《法学教育研究》(辑刊) 2018 年第 4 期。

48. 马思放:《教育政策工具初探》,《学术观察》2009 年第 2 期。

49. 彭虹斌:《新课程改革中的政策工具选用研究》,《教育科学研究》2014 年第 2 期。

50. 潘懋元:《中国大陆民办高等教育基本情况与发展中的若干问题》,《民办教育研究》2005 年第 2 期。

51. 潘奇:《新政下民办高校收费管理制度改革走向》,《浙江树人大学学报》2018 年第 1 期。

52. 荣利颖:《教育聚焦:农村中小学布局调整政策工具分析》,《中国人民大学教育学刊》2014 年第 2 期。

53. 任奉龙:《分类管理背景下民办高校发展的现实困境与对策研究——以辽宁省为例》,《中国高等教育评估》2018 年第 1 期。

54. 宋广伟:《论我国营利性民办高校"社会抵触现象"的突围策略》,《黑龙江高教研究》2017 年第 4 期。

55. 石火学:《教育政策视角下的教育公平与效率问题研究》,《清华大学教育研究》2010 年第 10 期。

56. 唐贤兴:《政策工具的选择与政府的社会动员能力——对"运动式治理"的一个解释》,《学习与探索》2009 年第 3 期。

57. 田晓庆:《加速落实民办高校分类管理政策的实践路径》,《现代教育科学》2018 年 12 期。

58. 吴华:《营利性民办学校应该享受税收优惠》,《中国教育学刊》

2007 年第 3 期。

59. 吴华：《新法实施的担忧和期待》，《教育与经济》2016 年第 6 期。

60. 吴华、王习：《营利性民办学校应该享受税收优惠》，《中国教育学刊》2017 年第 3 期。

61. 吴合文：《改革开放以来我国高等教育政策工具的演变分析》，《高等教育研究》2011 年第 8 期。

62. 王一涛、高飞：《中国营利性民办高校探索：必要、可能及对策》，《山东高等教育》2015 年第 2 期。

63. 王一涛、徐绪卿、宋斌：《非营利性民办学校举办者权益的合理保护》，《中国教育学刊》2017 年第 3 期。

64. 王一涛、石猛、王磊：《〈民办教育促进法修正案〉对我国民办高等教育基本格局的影响》，《浙江树人大学学报》2017 年第 3 期。

65. 王文萃、徐煜：《美国营利性大学教育质量问题及奥巴马政府应对政策》，《湖北师范学院学报》（哲学社会科学版）2015 年第 4 期。

66. 王华、王德清：《民办学校举办者利益诉求与国家需要的矛盾及化解路径》，《中国教育学刊》2017 年第 3 期。

67. 王诺斯、张德祥：《制度创新视阈下民办高校分类管理的现实困境分析》，《中国高教研究》2017 年第 2 期。

68. 王诺斯：《营利性与非营利性民办高校分类管理研究》，博士学位论文，大连理工大学，2017 年。

69. 文东茅：《论民办教育公益性与可营利性的非矛盾性》，《北京大学教育评论》2004 年第 1 期。

70. 魏建国：《"非营利"内涵的立法界定及其对民办教育发展的意义——从〈慈善法〉出台到〈民办教育促进法〉修改》，《华中师范大学学报》（人文社会科学版）2017 年第 1 期。

71. 徐绪卿：《贯彻落实〈民办教育促进法〉新法的若干思考》，《复旦教育论坛》2017 年第 2 期。

72. 熊子瑞：《分类管理中非营利性民办学校法人财产权困境与对策——基于〈民办教育促进法〉的修订》，《兵团教育学院学报》2017 年第 1 期。

73. 袁青山：《美国私立营利性和非营利性大学的分类管理和启示》，

《现代教育科学》2011 年 5 期。

74. 岳经纶：《专项资金与农村义务教育：政策工具的视角》，《深圳大学学报》（人文社会科学版）2008 年第 4 期。

75. 姚荣：《简述教育改革政策工具设计的三种模式》，《上海教育科研》2014 年第 5 期。

76. 杨莉：《浅议分类管理后四川省民办高校的扶持政策构建》，《四川行政学院学报》2018 年第 1 期。

77. 余中根：《〈民法总则〉法人制度视野下民办高校分类管理存在的问题与解决机制研究》，《高教探索》2019 年第 1 期。

78. 张端鸿：《中国高等教育改革与发展的政策工具分析》，《复旦教育论坛》2013 年 1 期。

79. 张胜军、张乐天：《1978 年以来我国民办高等教育政策建设的历史、成就与问题》，《黑龙江高等教育》2007 年第 12 期。

80. 周海涛，景安磊：《民办教育将获得多重正效——聚焦新〈民办教育促进法〉》，《中国教育学刊》2007 年第 3 期。

81. 曾祥志：《陕西民办高校分类管理政策分析》，《中国电力教育》2012 年第 35 期。

82. 赵爽：《政策工具视角下 T 市中小学教师交流政策反思》，《当代教育科学》2013 年第 20 期。

83. 曾小军：《民办高等教育中介组织发展的动因、障碍与对策》，《浙江树人大学学报》2016 年第 1 期。

84. 曾小军、苏美权：《自费出国留学中介监管的政策工具选择研究——基于政策文本的内容分析》，《广州公共管理评论》，社会科学文献出版社 2016 年版。

85. 曾小军、喻世友：《美国联邦政府对营利性高等教育的财政资助》，《高等教育研究》2018 年第 6 期。

86. 朱浩、崔梦川：《第三方教育评估下营利性民办高校质量保障体系构建——基于商业性与学术性的特征分析》，《浙江树人大学学报》2019 年第 2 期。

三　英文类

1. A Asonuma. "Finance reform in Japanese higher education". Higher Education, Vol. 43, No. 1, 2002.

2. Arne Duncan. Statement from U. S. Secretary of Education Arne Duncan on Federal Court Upholding Gainful Employment Regulation [EB/OL]. https: //www. ed. gov/news/press - releases/statement - us - secretary - education - arne - duncan - federal - court - upholding - gainful - employment - regulation.

3. B. Clark & N. Guy. The Encyclopedia of Higher Education. Oxford: Pergamon Press, 1992, p. 18.

4. Christopher V. Lau. Policy Issues in For - profit Higher Education [D] . Evanston, Illinois, 2015, p. 34.

5. David Deming, Claudia Golldin & Lawrence Katz. "For - Profit Colleges". The Future of Children, Vol. 23, No. 1, 2013.

6. Daniel C. Levy. "Public Policy for Private Higher Education: A Global Analysis". Journal of Comparative Policy Analysis Research & Practice, Vol. 13, No. 4, 2011.

7. Francesca Pucciarell, Andreas Kaplan. "Competition and strategy in higher education: Managing complexity and uncertainty". Business Horizons, Vol. 12, No. 1, 2016.

8. Hansmann, H. "Reforming Nonprofit Corporation Law". University of Pennsylvania Law Review, Vol. 129, No. 3, 1981.

9. John F. Conne. "Administrative Compensation in Private Nonprofits: The Case of Liberal Arts Colleges". Quarterly Journal of Business & Economics, Vol. 44, No. 1, 1982.

10. Jeffery A. Summers. "Net tuition revenue generation at private liberal arts colleges". Education Economics, Vol. 12, No. 3, 2004.

11. John Aubrey Douglass. "The Rise of the For - Profit Sector in US Higher Education and the Brazilian Effect". European Journal of Education, Vol. 47, No. 2, 2012.

12. L. B. Jakiel. "The gainful employment rule and for – profit higher education in the United States". Edited by Mahsood Shah & Chenicheri Sid Nair. A Global Perspective on Private Higher Education. Elsevier, 2016, p. 320.

13. Matthew Munro. "Where The Federal Government Falls State Legislatures Can Succeed: Eliminating Student Debt By Regulating For – Profit Colleges And Universities". Journal Of College And University Law, Vol. 41, No. 3, 2015.

14. Nelson, L. A. Another Round Inside Higher Education [EB/OL]. http://www. insidehighered. com/news/2011/06/08/harkin_ hearing_ on_ for_ profit_ colleges.

15. R Millard. "State Programs to Provide Financial Support for and Coordination of Nonpublic Higher Education". Educational Finance, Vol. 11, No. 5, 1974.

16. R Hahn. "The Global State of Higher Education and the Rise of Private Finance Issue Brief". Institute for Higher Education Policy, Vol. 22, No. 6, 2007.

17. Stephanie Riegg Cellini, Latika Chaudhary. "The labor market returns to a for – profit college education". Economics of Education Review, Vol. 43, No. 5, 2014.

18. Shaviro D N. "Rethinking Tax Expenditures and Fiscal Language". Tax Law Review, Vol. 57, No. 6, 2003.

19. The Harvard Law Review Association. "Forgive And Forget: Bankruptcy Reform In The Context Of For – Profit Colleges". Harvard Law Review, Vol. 128, No. 4, 2015.

20. Thomas Wolf. Managing a Nonprofit Organization: Updated Twenty – First – Century Edition. New York: Simon&Schuster Inc, 1990, p. 30.

21. Tressie McMillan Cottom. The Trouble Rise Of For – Profit Colleges In The New Economy. New York: The New Press, 2017, p. 98.

22. U. S. Government Accountability Office. For – Profit Colleges: Undercover Testing Finds Colleges Encouraged Fraud and Engaged in Deceptive and

Questionable Marketing Practices〔EB/OL〕. http://www. gao. gov/new. i-
tems/d10948t. pdf.

23. William Zumeta. "State Policies and Private Higher Education in the
USA: Understanding the variation in Comparative perspective". Journal of
Comparative Policy Analysis, Vol. 13, No. 4, 2011.

24. William Zumeta. "Meeting the demand for higher education without
breaking the bank". Journal of Higher education, Vol. 67, No. 4, 1996.

25. William G. Tierney. "The Role of For – Profit Colleges and Universi-
ties in American Higher Education". International Higher Education, Vol. 69,
No. 5, 2012.

26. William Beaver. "Fraud in For Profit Higher Education". Social
Science And Public Policy, Vol. 49, No. 3, 2012.

四　报纸和网站类

1. 李强、徐林:《给民校"民办事业单位"待遇》,《南方日报》2011
年6月16日第2版。

2. 罗腊梅:《我国民办高等教育存在问题与应对之策》,《光明日报》
2014年11月2日第6版。

3. 邬大光:《从民办教育看教育的公益性与营利性》,《光明日报》
2016年12月6日第14版。

4. 艾瑞深中国校友会网的博客:《校友会2018中国民办大学排行榜
150强》, http://blog. sina. com. cn/s/blog_ 48ba1ffd0102xepz. html。

5. 广州日报数据和数字化研究院:《民办高等教育发展报告(广东
2018)》, http://www. gzgddi. com/index. php? m = content&c = index&a =
show&catid = 17&id = 154。

6. 广东省财政厅:《关于2018年高校创新强校工程资金安排方案的
公　示　》, http://www. gdczt. gov. cn/zwgk/ggtz/201804/t20180402　_
933590. htm。

7. 李媛:《全国政协委员任芳:履职五年,我从旁观者变成责任人》,
http//www. sxdaily. com. cn/n/2017/0313/0376 – 6135682. html。

8. 李敏:《营利性民办学校的公司章程与普通的公司章程法律地位有

哪些区别？》，https：//mp. weixin. qq. com/s/6gE_ ulhJJt10IBaYaqjyiwJHJ&
safe = 0。

9. 陕西省教育厅发展规划处：《2017 年陕西省教育事业发展统计公报》，http：//www. snedu. gov. cn/news/tjsj/201807/04/14206. html。

10. 搜狐网：《从首例民办学校举办者知情权案追问民办学校举办者的权利和义务》，http：//www. sohu. com/a/137592764_ 379440。

11. 张铁明：《广东民办教育发展的新创举及政策创新回顾》，http：//www. xzbu. com。

12. 章露红：《贯彻"民促法"新法新政地方配套政策的重点与亮点》，http：//epaper. rmzxb. com. cn/detail. aspx？id = 407054。

13. 中华人民共和国教育部：《国家中长期教育改革和发展规划纲要（2010—2020 年）》，http：//www. moe. gov. cn/srcsite/A01/s7048/201007/t20100729 - 171904. html。

14. 中华人民共和国教育部：《民办学校将构建分类管理、差别化扶持政策体系》，http：//news. xinhuanet. com/politics/2015 – 04/14/c _ 1114967569. html。

15. 中国新闻网：《李克强一个月两次外出考察何以频提"双创"？》，http：//www. chinanews. com/gn/2015/09 – 26/7546376. Shtml。

16. 中华人民共和国教育部：《2017 年全国教育事业发展统计公报》，http：//www. moe. gov. cn/jyb_ sjzl/sjzl_ fztjgb/201807/t20180719_ 343508. html。

17. 中华人民共和国教育部：《全国高等学校名单》，http：//www. moe. gov. cn/srcsite/A03/moe_ 634/201706/t20170614_ 306900. html。

附　录

附录1　民办高校分类管理政策评价访谈提纲(董事长、校长)

1. 您认为民办高校是否应该进行分类管理,划分为营利性民办高校和非营利性民办高校?

2. 您认为目前民办高校分类管理,存在哪些方面的障碍?

3. 要想促进非营利性民办高校发展,需要有哪些配套措施或政策支持? 要想促进营利性民办高校发展,需要有哪些配套措施或政策支持?

4. 您认为政府、民办高校举办者和管理者、民办高校教师和媒体以及社会民众,应该在促进民办高校分类管理中发挥什么作用? 或者如何发挥作用?

5. 您预测将来的民办高校会更多的朝着非营利性方向发展,还是朝着营利性方向发展?

6. 您学校当前的办学状况与营利性办学/非营利办学的区别是什么?

7. 您更倾向于自己所在的学校朝着非营利性方向发展,还是营利性方向发展? 理由是什么?

8. 选择营利性办学,对政府有哪些需求、期待,政策上需要作什么调整?

附录2　民办高校分类管理政策评价调查问卷(管理者)

尊敬的先生/女士:

您好!

为了全面了解民办高校管理者对民办高校分类管理政策的评价,更加全面把握目前民办高校分类管理存在的问题,同时,寻求解决问题的策略和途径,为政府相关部门完善政策提供建议,"民办高校分类管理政策工具选择研究"项目组拟开展《民办高校分类管理政策评价调查》。我们希望能得到您的密切配合,填答本问卷。项目组严格遵循《中华人民共和国统计法》的相关规定,对您填答的结果绝对保密,并仅用于总体统计分析。

感谢您的配合!

"民办高校分类管理政策工具选择研究"项目组

A. 基本信息

A1. 您的身份是?

A. 学校举办者　　　B. 董事会成员　　　C. 学校管理者

D. 举办者兼管理者　E. 党组织负责人

A2. 您从事民办教育工作的年限是?

A. 1—5 年　　　　　B. 6—10 年

C. 11—20 年　　　　D. 20 年以上

A3. 贵校的办学层次是?

A. 高职高专院校　　B. 独立学院　　　C. 独立设置的本科院校

A4. 贵校学科专业布局特色是？

A. 理科为主   B. 工科为主   C. 商科为主

D. 文法为主   E. 艺术类为主   F. 综合

A5. 贵校的办学年限？

A. 5 年以下（含 5 年）   B. 6—10 年

C. 11—15 年   D. 16—20 年   E. 20 年以上

A6. 贵校目前的在校生规模是？

A. 2000 人以下   B. 2000—5000 人

C. 5000—10000 人   D. 10000 人以上

A7. 贵校目前专职教职工规模是多少人？

A. 1000 人以下   B. 100—3000 人   C. 300—5000 人

D. 500—10000 人   E. 10000 人以上

A8. 截至 2017 年年底，贵校的固定资产总值大约是？

A. 2000 万元以内   B. 2000 万—5000 万元

C. 5000 万—1 亿元   D. 1 亿元以上

A9. 贵校的初始出资类型是？

A. 捐资办学   B. 出资不要求取得合理回报

C. 出资要求取得合理回报

D. 投资办学   E. 其他

A10. 目前贵校办学经费来源主要是？

A. 举办者投入   B. 学费收入   C. 政府拨款

D. 校产收入   E. 社会捐赠

A11. 每年政府资助总额占贵校办学经费的比例是：＿＿＿%。

B. 非/营利性倾向及原因

B1. 当前社会对民办高等教育是否存在以下观念，你支持哪种：（可多选）

A. 民办高校企业论：把民办高校当作民营企业同等看待

B. 高等教育纯粹论：高校就是高校，不管民办还是公办，都不能有营利行为

C. 民办高校无用论：民办高校是特殊时代下公办高校的补充，现在

乱象丛生，不如取消

　　D. 不同意以上观点

　　B2. 你认为民办高校分类管理采取营利性和非营利性两分法是否合理？

　　A. 合理　　　　　　　B. 不合理

　　B3. 在民办高校分类管理问题上，你支持以下哪种观点：

　　A. 在具体分类扶持政策不明朗的情况下，选择非营利性可能是"等死"，而选择营利性则无疑是"找死"，所以难以抉择

　　B. 相比较而言，选择营利性可能只是"短痛"，选择非营利性可能是"长痛"，所以主张选择走营利性道路

　　C. 要允许举办者维持现状，尊重其不做选择的权利，过早要求民办高校选边站队，不利于调动社会力量办学积极性，甚至促退民办高等教育发展

　　D. 不同意以上三种观点

　　B4. 分类管理背景下，您的意向是？

　　A. 营利性办学　　　　B. 非营利性办学

　　B5. 影响您作出营利性和非营利性选择的决定因素是？

　　A. 产权归属　　　　B. 办学成本　　　　C. 利益回报

　　D. 税收优惠　　　　E. 扶持政策　　　　F. 社会评价

　　B6. 如果选择登记为营利性办学，企业所得税是最主要的税收问题，您觉得税率多高较为合理？

　　A.　15%　　　　　　B.　20%

　　C.　25%　　　　　　D.　25% 以上

　　B7. 你希望自 2017 年 9 月 1 日新政生效以来，民办高校作出非营利性或营利性"法人类型"选择的过渡期是：

　　A.　2 年　　　　　　B.　3 年

　　C.　4 年　　　　　　D.　5 年

　　B8. 以下是关于民办高校分类管理政策内容的表述，请选择您认为最合适的选项。

	非常不同意	比较不同意	中立	比较同意	非常同意
实行营利性、非营利性民办高校差异化扶持和管理政策					
登记管理上，非营利性民办高校以民办事业单位法人或民办非企业法人登记管理；营利性民办高校以企业法人登记管理					
财政拨款上，非营利性民办高校纳入国家财政支持体系；营利性民办高校不获得直接财政拨款					
税收优惠上，非营利性民办高校享有与公办学校同等待遇；营利性民办高校可酌情给予优于普通企业的待遇					
教学用地上，非营利性民办高校以行政划拨方式获得教育用地；营利性民办高校以出让方式获得教育用地					
内部治理上，两类学校都实行董事会或理事会制，非营利性民办高校实行监事制度；营利性民办高校须设置独立董事					
定价收费上，非营利性民办高校实行备案公示制，专户管理；营利性民办高校由市场调节，专户管理					
外部监督上，加强两类学校在招生、收费、教学、财务、学校治理等方面的监督举措，实现对非营利性民办高校更全面、更细致、更严格的监管制度					

C. 政策评价及诉求

C1. 新修订的《民办教育促进法》关于民办高校产权方面的规定，你支持的观点是：（可多选）

A. 营利性和非营利性民办高校法人财产权规定比较明确

B. 营利性和非营利性民办高校财产占有权和使用权规定比较明确

C. 营利性和非营利性民办高校财产收益权规定比较明确

D. 营利性和非营利性民办高校剩余财产处分权规定比较明确

E. 营利性和非营利性民办高校法人财产权的规定有待进一步明确

F. 非营利性民办高校的收益权存在不确定性

G. 营利性和非营利性民办高校剩余财产处分的规定不够明确

C2. 贵校所应缴纳的税收，包括：（可多选）

A. 增值税　　　　　　B. 企业所得税　　　C. 关税

D. 城镇土地使用税　　E. 城市维护建设税　F. 房产税

G. 土地增值税　　　　H. 耕地占用税　　　I. 契税

J. 印花税

C3. 贵校享有的政府扶持包括：（可多选）

A. 购买教育服务　　　B. 助学贷款　　　　C. 奖助学金

D. 转让闲置的国有资产　　　　　　　　　E. 政府补贴

F. 基金奖励　　　　　G. 捐资激励　　　　H. 其他：_____

C4. 您认为贵校最需要获得政府的扶持是：（可多选）

A. 保障土地供应　　　B. 加大财政扶持　　C. 落实税收优惠

D. 落实办学自主权　　E. 其他：_____

C5. 你最希望政府在哪些方面加大扶持力度：（限选三个以内）

A. 购买教育服务　　　B. 助学贷款　　　　C. 奖助学金

D. 转让闲置的国有资产　　　　　　　　　E. 政府补贴

F. 基金奖励　　　　　G. 捐资激励

C6. 您认为贵校最需要获得的政府财政支持是：（限选两个以内）

A. 普惠性支持，如税收减免、贷款贴息、土地使用优惠等

B. 绩效性支持，如绩效奖励、项目资助等

C. 学生资助，如奖助学金、助学贷款等

D. 教师资助，如教师社保、福利、培训资助等

C7. 您最期待民办高校享有的税收优惠政策，包括：（限选两个以内）

A. 明确民办高校资产过户免税

B. 明确非营利性民办高校举办进修班、培训班取得的收入免税

C. 降低民办高校获得免税资格的认定条件

D. 明确非营利性民办高校的学费免税

E. 明确营利性民办高校的所得税优惠

C8. 你认为当前地方政府在推进分类管理的制度设计过程中，亟须完善的是：（可多选）

A. 关于财产清算、产权明晰与分类登记制度的问题

B. 关于财务会计、资产管理与财政资助制度的问题

C. 关于质量保障、人事制度和现代治理体制的问题

D. 关于土地性质、税收政策与办学退出机制的问题

E. 其他：_____

C9. 在民办高校退出方面相关的法规，你支持的观点是：（可多选）

A. 民办高校退出方面的法规比较健全

B. 对营利性和非营利性民办高校的退出规定不完善

C. 民办高校退出后的学生权益保障不健全

D. 营利性民办高校和非营利性民办高校之间的相互转化没有规定

C10. 从法律规定和现实来看，民办高校的法人治理结构，你支持的观点是：（可多选）

A. 民办高校法人治理结构比较完善

B. 营利性民办高校与非营利性民办高校的法人治理结构不分

C. 民办高校治理结构的规定缺乏操作性

D. 民办高校决策机构组成、任期规定和权力分配不明确

E. 内部治理结构中没有设置监督机构

C11. 以下是关于民办高校分类管理政策预期成效的表述，请选择您认为最合适的选项

	非常不同意	比较不同意	中立	比较同意	非常同意
分类管理模式符合国际惯例					
分类管理政策对教育全局改革有利					
分类管理政策对形成完善的民办高等教育发展体制机制有利					
分类管理未必是现阶段民办高等教育改革理想的制度安排					
分类管理政策未必能很好解决当前民办高等教育的问题					
分类管理改革涉及多个政府部门间的沟通协调，落实难度大					
分类管理改革能调动民办高校利益相关者的积极性					
分类管理改革能促使非营利性民办高校各项扶持优惠政策的落实和完善					
进一步推进民办高校分类管理的政策效果将非常好					

C12. 除了国家层面已经明确的鼓励与扶持措施外，您认为在我省的配套政策中，还应该增加哪些方面的具体扶持措施？请尽可能详细地列举。

C13. 请填写您对制定我省地方性民办教育配套政策的其他具体建议。

再次感谢您的支持与配合！

附录3 民办高校分类管理政策
评价调查问卷(教师)

尊敬的先生/女士:

您好!

为了全面了解民办高校教师对民办高校分类管理政策的评价,更加全面把握目前民办高校分类管理存在的问题,同时,寻求解决问题的策略和途径,为政府相关部门完善政策提供建议,"民办高校分类管理政策工具选择研究"项目组拟开展《民办高校分类管理政策评价调查》。我们希望能得到您的密切配合,填答本问卷。项目组严格遵循《中华人民共和国统计法》的相关规定,对您填答的结果绝对保密,并仅用于总体统计分析。

感谢您的配合!

"民办高校分类管理政策工具选择研究"项目组

A. 基本信息

A1. 您在该学校工作了____年?

A2. 您的教龄是?

A. 5 年以下   B. 6—10 年

C. 11—20 年   D. 20 年以上

A3. 您目前的职称是?

A. 助教/实习研究员   B. 讲师/助理研究员

C. 副教授/副研究员   D. 教授/研究员

A4. 贵校的办学层次是？

A. 高职高专院校　　　　B. 独立学院

C. 独立设置的本科院校

A5. 贵校的学科专业布局特色是？

A. 理科为主　　　　　B. 工科为主　　　　　C. 商科为主

D. 文法为主　　　　　E. 艺术类为主　　　　F. 综合

A6. 贵校的办学性质是？

A. 营利性　　　　　　B. 非营利性

B. 非/营利性倾向及原因

B1. 当前社会对民办高等教育是否存在以下观念，你支持哪种：（可多选）

A. 民办高校企业论：把民办高校当作民营企业同等看待

B. 高等教育纯粹论：高校就是高校，不管民办还是公办，都不能有营利行为

C. 民办高校无用论：民办高校是特殊时代下公办高校的补充，现在乱象丛生，不如取消

D. 不同意以上观点

B2. 你认为民办高校分类管理采取营利性和非营利性两分法是否合理？

A. 合理　　　　　　　B. 不合理

B3. 在民办高校分类管理问题上，你支持以下哪种观点：

A. 在具体分类扶持政策不明朗的情况下，选择非营利性可能是"等死"，而选择营利性则无疑是"找死"，所以难以抉择

B. 相比较而言，选择营利性可能只是"短痛"，选择非营利性可能是"长痛"，所以主张选择走营利性道路

C. 要允许举办者维持现状，尊重其不做选择的权利，过早要求民办高校选边站队，不利于调动社会力量办学积极性，甚至促退民办高等教育发展

D. 不同意以上三种观点

B4. 分类管理背景下，您希望您所在学校的发展方向是？

A. 营利性办学　　　　　B. 非营利性办学

B5. 您认为影响学校作出营利性和非营利性选择的决定因素是？

A. 产权归属　　　　　B. 办学成本　　　　　C. 利益回报

D. 税收优惠　　　　　E. 扶持政策　　　　　F. 社会评价

B6. 在正式做出营利性和非营利性选择前，您认为民办高校最要紧的工作是？

A. 认真研究政策　　　B. 完善法人治理结构

C. 清资核产　　　　　D. 妥善处置办学结余

E. 其他：_____

B7. 您认为民办高校的教师和公办高校的教师最大的差距体现在哪里？（限选三个以内）

A. 评优表彰　　　　　B. 工资待遇　　　　　C. 职务评聘

D. 课题申报　　　　　E. 生活环境　　　　　F. 教学条件

G. 医疗保险　　　　　H 其他：_____

B8. 以下是关于民办高校分类管理政策内容的表述，请选择您认为最合适的选项

	非常不同意	比较不同意	中立	比较同意	非常同意
实行营利性、非营利性民办高校差异化扶持和管理政策					
登记管理上，非营利性民办高校以民办事业单位法人或民办非企业法人登记管理；营利性民办高校以企业法人登记管理					
财政拨款上，非营利性民办高校纳入国家财政支持体系；营利性民办高校不获得直接财政拨款					
税收优惠上，非营利性民办高校享有与公办学校同等待遇；营利性民办高校可酌情给予优于普通企业的待遇					
教学用地上，非营利性民办高校以行政划拨方式获得教育用地；营利性民办高校以出让方式获得教育用地					
内部治理上，两类学校都实行董事会或理事会制，非营利性民办高校实行监事制度；营利性民办高校须设置独立董事					

续表

	非常不同意	比较不同意	中立	比较同意	非常同意
定价收费上，非营利性民办高校实行备案公示制，专户管理；营利性民办高校由市场调节，专户管理					
外部监督上，加强两类学校在招生、收费、教学、财务、学校治理等方面的监督举措，实现对非营利性民办高校更全面、更细致、更严格的监管制度					

C．政策评价及诉求

C1. 新修订的《民办教育促进法》关于民办高校产权方面的规定，你支持的观点是：（可多选）

A. 营利性和非营利性民办高校法人财产权规定比较明确

B. 营利性和非营利性民办高校财产占有权和使用权规定比较明确

C. 营利性和非营利性民办高校财产收益权规定比较明确

D. 营利性和非营利性民办高校剩余财产处分权规定比较明确

E. 营利性和非营利性民办高校法人财产权的规定有待进一步明确

F. 非营利性民办高校的收益权存在不确定性

G. 营利性和非营利性民办高校剩余财产处分的规定不够明确

C2. 贵校享有的政府扶持包括：（可多选）

A. 购买教育服务　　　B. 助学贷款　　　C. 奖助学金

D. 转让闲置的国有资产　　　　　　E. 政府补贴

F. 基金奖励　　　G. 捐资激励

H. 其他：＿＿＿＿＿＿＿＿＿＿

C3. 您认为贵校最需要获得政府的扶持是：（可多选）

A. 保障土地供应　　　B. 加大财政扶持　　　C. 落实税收优惠

D. 落实办学自主权　　　E. 其他：＿＿＿＿＿＿＿＿＿

C4. 您认为民办高校教师最需要的支持和帮助是：（限选两个以内）

A. 住房保障　　　B. 生活补贴　　　C. 科研资助

D. 进修平台   E. 其他：_____

C5. 您最希望政府在哪些方面加大对贵校的扶持力度：（限选三个以内）

A. 购买教育服务   B. 助学贷款   C. 奖助学金

D. 转让闲置的国有资产   E. 政府补贴

F. 基金奖励   G. 捐资激励

C6. 您认为贵校最需要获得的政府财政支持是：（限选两个以内）

A. 普惠性支持，如税收减免、贷款贴息、土地使用优惠等

B. 绩效性支持，如绩效奖励、项目资助等

C. 学生资助，如奖助学金、助学贷款等

D. 教师资助，如教师社保、福利、培训资助等

C7. 您最期待民办高校享有的税收优惠政策是：（限选两个以内）

A. 明确民办高校资产过户免税

B. 明确非营利性民办高校举办进修班、培训班取得的收入免税

C. 降低民办高校获得免税资格的认定条件

D. 明确非营利性民办高校的学费免税

E. 明确营利性民办高校的所得税优惠

C8. 您认为当前地方政府在推进分类管理的制度设计过程中，亟须完善的是：（可多选）

A. 关于财产清算、产权明晰与分类登记制度的问题

B. 关于财务会计、资产管理与财政资助制度的问题

C. 关于质量保障、人事制度和现代治理体制的问题

D. 关于土地性质、税收政策与办学退出机制的问题

E. 其他：_____

C9. 在民办高校退出方面相关的法规，您支持的观点是：（可多选）

A. 民办高校退出方面的法规比较健全

B. 对营利性和非营利性民办高校的退出规定不完善

C. 民办高校退出后的学生权益保障不健全

D. 营利性民办高校和非营利性民办高校之间的相互转化没有规定

C10. 从法律规定和现实来看，民办高校的法人治理结构，您支持的

观点是：（可多选）

A. 民办高校法人治理结构比较完善

B. 营利性民办高校与非营利性民办高校的法人治理结构不分

C. 民办高校治理结构的规定缺乏操作性

D. 民办高校决策机构组成、任期规定和权力分配不明确

E. 内部治理结构中没有设置监督机构

C11. 以下是关于民办高校分类管理政策预期成效的表述，请选择您认为最合适的选项

	非常不同意	比较不同意	中立	比较同意	非常同意
分类管理模式符合国际惯例					
分类管理政策对教育全局改革有利					
分类管理政策对形成完善的民办高等教育发展体制机制有利					
分类管理未必是现阶段民办高等教育改革理想的制度安排					
分类管理政策未必能很好解决当前民办高等教育的问题					
分类管理改革涉及多个政府部门间的沟通协调，落实难度大					
分类管理改革能调动民办高校利益相关者的积极性					
分类管理改革能促使非营利性民办高校的各项扶持优惠政策的落实和完善					
进一步推进民办高校分类管理的政策效果将非常好					

C12. 除了国家层面已经明确的鼓励与扶持措施外，您认为在我省的配套政策中，还应该增加哪些方面的具体扶持措施？请尽可能详细地列举。

C13. 请填写您对制定我省地方性民办教育配套政策的其他具体建议。

再次感谢您的支持与配合！

附录4 民办高校分类管理政策评价调查问卷(学生)

亲爱的同学:

你好!

为了全面了解民办高校学生对民办高校分类管理政策的评价,更加全面把握目前民办高校分类管理存在的问题,同时,寻求解决问题的策略和途径,为政府相关部门完善政策提供建议,"民办高校分类管理政策工具选择研究"项目组拟开展《民办高校分类管理政策评价调查》。我们希望能得到您的密切配合,填答本问卷。项目组严格遵循《中华人民共和国统计法》的相关规定,对您填答的结果绝对保密,并仅用于总体统计分析。

感谢你的配合!

"民办高校分类管理政策工具选择研究"项目组

A. 基本信息

A1. 您目前就读?

A. 专科生　　　　　B. 本科生　　　　　C. 硕士研究生

A2. 您的专业是?

A. 自然科学　　　　B. 社会科学　　　　C. 艺术学科

D. 人文学科　　　　E. 其他

A3. 贵校的办学层次是?

A. 高职高专院校　　B. 独立学院　　　　C. 独立设置的本科院校

A4. 贵校学科专业布局特色是？

A. 理科为主　　　　B. 工科为主　　　　C. 商科为主

D. 文法为主　　　　E. 艺术类为主　　　F. 综合

B. 非/营利性倾向及原因

B1. 当前社会对民办高等教育是否存在以下观念，你支持哪种：（可多选）

A. 民办高校企业论：把民办高校当作民营企业同等看待

B. 高等教育纯粹论：高校就是高校，不管民办还是公办，都不能有营利行为

C. 民办高校无用论：民办高校是特殊时代下公办高校的补充，现在乱象丛生，不如取消

D. 不同意以上观点

B2. 你认为民办高校分类管理采取营利性和非营利性两分法是否合理？

A. 合理　　　　　　B. 不合理

B3. 在民办高校分类管理问题上，你支持以下哪种观点：

A. 在具体分类扶持政策不明朗的情况下，选择非营利性可能是"等死"，而选择营利性则无疑是"找死"，所以难以抉择

B. 相比较而言，选择营利性可能只是"短痛"，选择非营利性可能是"长痛"，所以主张选择走营利性道路

C. 要允许举办者维持现状，尊重其不做选择的权利，过早要求民办高校选边站队，不利于调动社会力量办学积极性，甚至促退民办高等教育发展

D. 不同意以上三种观点

B4. 分类管理背景下，您希望本校的发展方向是？

A. 营利性办学　　　B. 非营利性办学

B5. 您认为影响学校作出营利性和非营利性选择的决定因素是？

A. 产权归属　　　　B. 办学成本　　　　C. 利益回报

D. 税收优惠　　　　E. 扶持政策　　　　F. 社会评价

B6. 您认为民办高校的学生和公办高校的学生最大的差距体现在哪里？（限选三个以内）

A. 评奖评优　　　　B. 升学就业　　　　C. 社会评价

D. 生活环境　　　　E. 教学质量　　　　F. 国家资助政策

G. 医疗保险　　　　H. 其他：_____

B7. 以下是关于民办高校分类管理政策内容的表述，请选择您认为最合适的选项

	非常不同意	比较不同意	中立	比较同意	非常同意
实行营利性、非营利性民办高校差异化扶持和管理政策					
登记管理上，非营利性民办高校以民办事业单位法人或民办非企业法人登记管理；营利性民办高校以企业法人登记管理					
财政拨款上，非营利性民办高校纳入国家财政支持体系；营利性民办高校不获得直接财政拨款					
税收优惠上，非营利性民办高校享有与公办学校同等待遇；营利性民办高校可酌情给予优于普通企业的待遇					
教学用地上，非营利性民办高校以行政划拨方式获得教育用地；营利性民办高校以出让方式获得教育用地					
内部治理上，两类学校都实行董事会或理事会制，非营利性民办高校实行监事制度；营利性民办高校须设置独立董事					
定价收费上，非营利性民办高校实行备案公示制，专户管理；营利性民办高校由市场调节，专户管理					
外部监督上，加强两类学校在招生、收费、教学、财务、学校治理等方面的监督举措，实现对非营利性民办高校更全面、更细致、更严格的监管制度					

C. 政策评价及诉求

C1. 您认为贵校最需要获得政府的扶持是：（可多选）

A. 保障土地供应　　B. 加大财政扶持　　C. 落实税收优惠

D. 落实办学自主权　　E. 其他：_____

C2. 您最希望政府在哪些方面加大对贵校的扶持力度：（限选三个以内）

A. 购买教育服务　　　B. 助学贷款　　　　C. 奖助学金

D. 转让闲置的国有资产　　　　　　　　　E. 政府补贴

F. 基金奖励　　　　G. 捐资激励

C3. 您认为民办高校的学生最需要哪方面的支持和帮助：（限选两个以内）

A. 评奖评优　　　B. 升学就业　　　C. 教学质量

D. 生活环境　　　E. 国家资助政策

F. 其他：_____

C4. 您认为贵校最需要获得的政府财政支持是：（限选两个以内）

A. 普惠性支持，如税收减免、贷款贴息、土地使用优惠等

B. 绩效性支持，如绩效奖励、项目资助等

C. 学生资助，如奖助学金、助学贷款等

D. 教师资助，如教师社保、福利、培训资助等

C5. 您认为当前地方政府在推进分类管理的制度设计过程中，亟须完善的是：（可多选）

A. 关于财产清算、产权明晰与分类登记制度的问题

B. 关于财务会计、资产管理与财政资助制度的问题

C. 关于质量保障、人事制度和现代治理体制的问题

D. 关于土地性质、税收政策与办学退出机制的问题

E. 其他：_____

C6. 以下是关于民办高校分类管理政策预期成效的表述，请选择您认为最合适的选项

	非常不同意	比较不同意	中立	比较同意	非常同意
分类管理模式符合国际惯例					
分类管理政策对教育全局改革有利					
分类管理政策对形成完善的民办高等教育发展体制机制有利					
分类管理未必是现阶段民办高等教育改革理想的制度安排					

续表

	非常不同意	比较不同意	中立	比较同意	非常同意
分类管理政策未必能很好解决当前民办高等教育的问题					
分类管理改革涉及多个政府部门间的沟通协调，落实难度大					
分类管理改革能调动民办高校利益相关方的积极性					
分类管理改革能促使非营利性民办高校的各项扶持优惠政策的落实和完善					
进一步推进民办高校分类管理的政策效果将非常好					

C7. 除了国家层面已经明确的鼓励与扶持措施外，您认为在我省的配套政策中，还应该增加哪些方面的具体扶持措施？请尽可能详细地列举。

C8. 请填写您对制定我省地方性民办教育配套政策的其他具体建议。

再次感谢您的支持与配合！

后　记

　　本书出版在即，回顾自己十多年的学术研究生涯，我对民办高等教育研究的兴趣源自攻读硕士阶段。期间以"民办高等教育成本分担"为主题撰写了硕士论文，公开发表了几篇相关论文，并作为首位研究生代表，获得了广州大学"十佳学生"荣誉称号并留校任教。我由一名中学教师华丽转身为高校教师，我把它归因于老师们的栽培与厚爱、亲人们的关心与照顾，也归因于自己选择"民办高等教育研究"所带给我的幸运。因此，自 2005 年在广州大学任教以来，我一直把民办高等教育管理作为学术研究旨趣，醉心于此领域的研究，乃至于 2010 年在中山大学攻读博士时依然在此领域耕耘。

　　2006 年发表论文《民办高校核心竞争力的新制度经济学分析》《民办教育集团化经营的经济学分析》；2007 年发表论文《民办高等教育营销的动因、障碍及发展路径》《教育集团核心竞争力的经济学阐释》；2008 年主持广州市属高校社科计划项目《广州市民办高等教育营销管理模式与策略研究》；2009 年发表论文《民办高校引入营销理念与招生策略》《利益相关者视角下民办高校关系营销战略研究》《民办高等教育资金困境与需求价格弹性分析》；2010 年发表论文《广州市民办高校营销管理障碍及发展路径探微》；2011 年主持教育部人文社科项目《基于民办高等教育公益性实现的政府干预问题研究》和广东省哲学社科项目《民办高等教育地方政府干预研究》，2011 年还公开发表论文《适度干预：论政府在民办高校发展中的作用》《民办高等教育社会捐赠不足的制度分析》；2012 年主持广州市教育科学规划项目《民办高等教育地方政府干预研究：以广州市为例》，发表论文《政府干预民办高等教育的经济学分析》；2013 年发表论文《民办高等教育成本分担的路径依赖分析》《台湾私立大学公共财政资助的经验及启示》；2014 年出版专著《民办高等教育政府干预研究》，发表论文《制度创新：公共财政资助民办高等教育的发展路径》《政府干预民办高等教育的动因分析》；2015 年主持教育部人文社科项目《民办高校分类管理政策工具选择研究》和广州市哲学社科项目《自费出国留学中介监管的政策工具选择研究：以广州市为例》；2016 年发表论文《民办高等教育中介组织发展的动因、障碍与对策》《自费出国留学中介监管的政策工具选择——基于政策文本的内容分析》《政策工具视角下民办高校分类管理的障碍及突破》；2017 年发表论文《日本高等教育国际化：动因、政策与挑战》；2018 年主持广州市哲学社科项目《民办高校党委领导作用实现方式与保障机制研究：以广州市为例》，发表论文《美国联邦政府对营利性高等教育的财政资助》；2019 年主持广东省哲学社科项目《民办高校基层党组织负责人影响力研究》，发表论文《民办高校党建工作的认可度及改进对策——基于广州市 3 所民办高校的调查》和《民办高校党委领导作用实现的路径选择》。

　　本书是在我主持的 2015 年教育部课题研究成果基础上修改而成的。其中，我的学生苏美权参与了各种文献资料的收集、梳理与数据的分析，付出了大量时间与精力，表示衷心感谢！博士同学粟莉参与了民办高等教育政策发展历程的写作，中山大学南方学院严五胤老师为实证调查提供了便利，一并表示感谢！中国社会科学出版社冯春凤主任为本书的排版、校对与出版付出了辛勤的劳动，表示诚挚谢意！

　　学海无涯，忆苦思甜！我将以本书的出版为起点，继续在民办高等教育管理研究领域砥砺前行，致力于不断生产观念、改变观念，以更好质量的学术作品回馈亲朋好友们对我的厚爱。

曾小军

2019 年 12 月于广州大学桂花岗校区